本书撰写人员名单

主　　编：鲁可荣

副 主 编：鲁先锋　杨广生

撰写人员：鲁可荣　鲁先锋　胡　榕　杨广生
　　　　　汪雪芬　李琳琳

新时代中国县域脱贫攻坚案例　研究丛书

泗县

脱贫攻坚与乡村振兴有效衔接

全国扶贫宣传教育中心／组织编写

人民出版社

目 录
CONTENTS

前　言

习近平主席在 2020 年新年贺词中指出，2020 年是具有里程碑意义的一年。我们将全面建成小康社会，实现第一个百年奋斗目标。2020 年也是脱贫攻坚决战决胜之年。坚决打赢脱贫攻坚战，如期实现现行标准下农村贫困人口全部脱贫、贫困县全部摘帽。3 月 6 日，习近平总书记在决战决胜脱贫攻坚座谈会上的重要讲话中进一步指出，党的十八大以来，在党中央坚强领导下，在全党全国全社会共同努力下，我国脱贫攻坚取得决定性成就。脱贫攻坚目标任务接近完成，贫困人口从 2012 年年底的 9899 万人减到 2019 年年底的 551 万人，贫困发生率由 10.2% 降至 0.6%，区域性整体贫困基本得到解决。贫困群众收入水平大幅度提高，自主脱贫能力稳步提高，贫困群众"两不愁"质量水平明显提升，"三保障"突出问题总体解决。今年脱贫攻坚任务完成后，我国将提前 10 年实现联合国 2030 年可持续发展议程的减贫目标，世界上没有哪一个国家能在这么短的时间内帮助这么多人脱贫，这对中国和世界都具有重大意义。因此，系统全面总结中国脱贫攻坚的创新实践以及一系列成功经验，可以为发展中国家更有效地开展贫困治理和减贫工作提供积极的有益借鉴和实际应用性参考。

中共中央、国务院印发的《乡村振兴战略规划（2018 — 2022年)》（以下简称《乡村振兴战略规划》）指出，要把打好精准脱贫攻坚战作为实施乡村振兴战略的优先任务，推动脱贫攻坚与乡村振兴有机结合相互促进。2020年中央一号文件指出，要集中力量完成打赢脱贫攻坚战和补上全面小康"三农"领域突出短板两大重点任务。要确保脱贫攻坚战圆满收官，确保农村同步全面建成小康社会。随着国家精准扶贫战略的不断推进，越来越多的贫困村逐步脱贫出列，为从脱贫攻坚迈向乡村振兴打下了坚实的基础。因此，4月21—23日习近平总书记在陕西考察时强调指出，脱贫摘帽不是终点，而是新生活、新奋斗的起点。接下来要做好乡村振兴这篇大文章，推动乡村产业、人才、文化、生态、组织等全面振兴。党的十九届五中全会指出，要优先发展农业农村，全面推进乡村振兴。要实施乡村建设行动，深化农村改革，实现巩固拓展脱贫攻坚成果同乡村振兴有效衔接。因此，系统总结梳理贫困县和贫困村的脱贫攻坚所取得的成就以及丰富的实践经验，可以更好地促进"十四五"时期实现巩固拓展脱贫攻坚成果同乡村振兴有效衔接。

受中国农业大学"中部省份脱贫攻坚经验总结"总课题组的委托，浙江农林大学文法学院鲁可荣教授领衔的研究团队（鲁先锋副教授、胡榕副教授、杨广生博士、李琳琳博士、汪雪芬博士以及相关专业的研究生等）承担了安徽泗县脱贫攻坚经验总结的研究任务，于2019年9—10月赴泗县开展脱贫攻坚工作的实地调研。在泗县县委县政府以及相关职能部门的大力支持下，课题组通过广泛收集阅读相关地方文献、政策文件、工作总结、汇报材料以及开展深入的关键人物访谈、小组座谈会等实地调查研究方法，较为系统全面地掌握了泗县近年来开展脱贫攻坚工作的政策文件、数据资料以及典型案例等。实地调研完成后，课题组集中时间和精力整理相关资料、统计调查数据、讨论写作框架和思路，形成《农业大县脱贫攻坚与乡村振兴有效衔接的泗县实践研究报告》。

在此基础上，经过征询多位相关专家意见，几经修改完善，最终完成《泗县：脱贫攻坚与乡村振兴有效衔接》的专著。主要是通过对近年来泗县脱贫攻坚治理实践的实地调查，系统总结分析泗县立足农村贫困特点和致贫原因，以脱贫攻坚统揽县域经济社会发展，开展脱贫攻坚与乡村振兴统筹发展的实践，并探索研究通过乡村价值再造以及内生动力培育，促进农业大县脱贫攻坚成果巩固与乡村振兴有效衔接的基本路径。主要包括以下五个部分内容。

一、泗县农业农村贫困特点及致贫原因。泗县共有 168 个行政村、1796 个自然庄，行政村面积大、人口多，几乎每个行政村都有 10 个以上自然庄（村民小组），人口多在 5000 人以上。2012 年，泗县被列为国家扶贫开发工作重点县，贫困人口 6.54 万人，贫困发生率为 9.07%。泗县贫困特点主要呈现为以下三个方面：贫困村量多、面广、点散；村级集体经济薄弱，缺少发展后劲，传统农业发展滞后，农民增收困难；贫困村区位偏远、基础设施严重落后、基本公共服务缺失导致村落空心化严重，村庄发展失去内生动力等。农村致贫原因主要在于：地处省际边界和市际边界，基础设施落后，因缺乏有效的发展条件而导致相对发展型贫困；农村基础设施、基本医疗卫生以及劳动技能培训等公共服务落后，导致部分农村人口能力型贫困。

二、泗县农村贫困治理创新的主要实践创新。近年来，泗县围绕脱贫摘帽与高水平同步小康的目标任务，以脱贫攻坚统揽县域经济社会发展，立足农业农村发展现状、贫困特点及致贫原因，充分挖掘利用乡村多种功能和价值，探索性地开展农村贫困有效治理实践。第一，坚持"三精准"理念，精准开展农村贫困治理，主要包括：精准化识别，明确扶贫对象；精细化施策，发挥政策效应；精确化分工，落实扶贫责任。第二，有效实施住房、教育、医疗"三保障"扶贫，满足贫困群众及弱势群体的基本社会保障。第三，强化产业扶贫和就业扶贫、创业扶贫"三业"联动，提升脱贫攻坚与乡村发展的产业基础。第四，统筹基础设施、基本公共服务、基本村容村貌等"三基"协同建设，着力补齐脱贫攻坚短板和促进城乡融合发展。第五，搭建宣传载体、爱心载体、法治载体"三大平台"，培育文明乡风，激发贫困治理和乡村发展的内生动力。

三、泗县脱贫攻坚取得的主要成效主要体现在两个方面。第一，直接减贫效果：贫困人口和贫困发生率不断降低，脱贫率持续提高以及贫困人口收入明显增长；贫困村有序出列，村集体经济收入不断提高。第二，间接减贫效果：贫困村特色产业有效发展，农民收入大幅提升；加强了农村基层组织能力建设，培育了一支"一懂两爱"的农村工作队伍；促进了县域全面发展和城乡融合发展。

四、泗县脱贫攻坚实践经验及政策启示。作为安徽省欠发达地区的农业大县，泗县脱贫攻坚与县域经济社会发展统筹融合的实践创新经验对于欠发达地区的传统农业大县有效实施脱贫攻坚工作以及与乡村振兴有机衔接具有理论政策启示和现实借鉴价值。主要包括：加强党对脱贫攻坚的全面领导，以脱贫攻坚统揽县域经济社会发展；强化上下联动扶贫扶志，激发多元主体共同参与贫困治理，培育乡村振兴的组织人才力量，激发乡村振兴的内生动力；挖掘和利用乡村价值，有效地促进乡村产业发展、生态宜居和乡风文明，因地制宜地促进脱贫攻坚与乡村振兴有效衔接。

五、促进脱贫攻坚成果巩固拓展与乡村振兴有效衔接的基本路径。探索通过乡村价值再造以及内生动力培育，促进农业大县脱贫攻坚与乡村振兴有效衔接。贯彻新发展理念，探索以实现农村居民对美好生活新需求为宗旨的脱贫攻坚成果巩固与乡村振兴有效衔接的共融共享共建机制；立足农业大县农村特色资源，重新发现和重塑乡村价值，实现产业兴旺和绿色发展，促进脱贫攻坚与乡村振兴有效衔接；基于农业大县后发发展优势，强化上下联动扶贫扶志，激发多元主体的文化自信和内生动力，促进脱贫攻坚与乡村振兴的有效衔接。

限于课题组的研究水平、研究时间等，本研究只是基于近年来泗县在脱贫攻坚工作中，立足农业大县丰富的农业农村资源，有效实现脱贫攻坚与农村可持续发展实践创新的梳理分析，管中窥豹式地提出通过乡村价值再造以及内生动力培育，探索促进农业大县从脱贫攻坚迈向乡村振兴的基本路径，从而为2020年彻底打赢脱贫攻坚战以及

推动脱贫攻坚成果巩固与乡村振兴有效衔接提供理论研究基础和实践
借鉴。书中肯定存在诸多不成熟之处，恳请各位专家学者、扶贫实践
工作者及广大读者批评指正。

鲁可荣

2020 年 11 月 20 日于浙江

农林大学文法学院

第一章

攻坚起点：泗县农村贫困状况、贫困特点及致贫原因

第一节 泗县概况及农业农村发展现状

一、泗县概况

泗县地处安徽东北门户，是淮河生态经济带核心区，北与江苏徐州市睢宁县相邻，东与江苏宿迁市泗洪县和宿豫县接壤，西与宿州市灵璧县相依，南与蚌埠市五河县和固镇县相连。距离安徽省会合肥市233公里，距离宿州市90公里。县域总面积1856平方千米，辖15个乡镇、1个省级经济开发区（泗县当涂现代产业园）。2019年末全县户籍人口96.09万人，其中城镇人口23.09万人，乡村人口73万人。全年城乡居民人均可支配收入17363元，同比增长10.4%。其中，城镇居民人均可支配收入29571元，同比增长8.7%；农村居民人均可支配收入12675元，同比增长10.7%。

泗县境内地形地貌多样。北部是古黄河泛滥堆积而成的冲积平原，由西北向东南略倾斜，海拔18—21米，面积1140平方千米，占总面积63.8%。东南部是由北向南走向的剥蚀堆积、山麓发育、起伏不平的裙状斜面，海拔20—38米，延伸29千米，面积114平方千米，占全县面积6.4%；中部为东北向西南走向的间断岛状残山丘陵，基岩出露，海拔50—157米，继续延伸55千米，面积48平方千

图 1-1 泗县行政区划

米，占全县面积 2.7%。其余是河间平原和滩涂湿地，海拔 14—16 米，面积 485 平方千米，占全县面积 27.1%。境内属暖温带半温润性季风气候，四季分明，气候湿润，雨量适中，光照充足，无霜期长，气候资源较为优越，适于各类农作物生长，尤其是农林牧生产条件得天独厚。同时，由于受季风气候影响，泗县县域冷暖干湿变化较大，容易导致旱涝风雹等气象灾害交替发生。

泗县历史悠久，人文荟萃，早在夏朝即始建制，原为泗州府所在地，古称虹乡、泗州。不同历史时期泗县建制历经调整变更，历为县、郡、州、专署治所。中华人民共和国成立后，分别归属安徽省皖北行署宿县地区、蚌埠专区、宿县专区和宿州市。泗县精心打造的"六大名片"包括：世界文化遗产隋唐大运河唯一活态遗址、国家级首批非物质文化遗产泗州戏、中国山芋之乡、石龙湖国家湿地公园、中国药物布鞋、皖东北革命根据地。近年来，随着中央及地方政府不断加大对中部地区公共交通基础设施建设，泗县原来落后的交通条件大为改变，343、104 国道和 303、329 省道穿境而过，泗许高速、徐明高速全线贯通，宿淮铁路客货运开通运营，处于长三角、合芜蚌"两小时经济圈"辐射之内。新汴河航道破土动工，合新高铁、通用机场等项目稳步推进。

图 1-2 泗县在安徽省的区位

二、泗县农业农村发展现状及存在的主要问题

（一）农业农村发展现状

泗县地处淮北平原东部，平原广袤，河沟纵横。泗县是安徽省传统的农业大县，拥有耕地面积近 200 万亩，林地面积 59.6 万亩，可养水面 6.45 万亩，全县总人口 96 万余人，其中农业人口 75 万余人。粮食作物有小麦、玉米、大豆、山芋、水稻、绿豆、红小豆等；经济作物主要有蔬菜、花生、水果、苗木花卉、畜牧水产、中草药等。常年小麦种植面积 180 万亩；玉米种植面积 75 万亩；大豆种植面积 50 万亩；畜存栏 70 万头；山芋种植面积在 25 万亩左右，年产鲜山芋 50 万吨，加工淀粉 12 万吨，年产粉丝 5 万吨；金丝绞瓜 2018 年种植面积在 5000 余亩，2019 年增加到 2 万亩；蔬菜种植面积发展到 25 万亩，其中设施蔬菜 8 万亩；水果种植面积在 2 万亩；中草药种植面积 5000 亩。

泗县是全国新增 1000 亿斤粮食生产能力规划的核心区，是农业部划定小麦、夏玉米、高蛋白大豆、生猪、肉牛、肉羊优势区，是"中国山芋之乡""中国金丝绞瓜之乡""园林城市""安徽省畜牧生产十强县"。2014 年，泗县被农业部评为"全国粮食生产先进单位"。

（二）泗县农业农村发展主要特点

农村总体产业结构为南经北粮。南部瓜菜、花生、水稻、山芋、水产养殖等农业特色产业发展较快，北部以粮食作物为主。2018 年三产结构为 24.0∶30.5∶45.5，GDP 为 208.94 亿元，其中一产 50.05 亿元，拉动 GDP 增长 0.9 个百分点，对经济增长的贡献率为 11.2%。近年来，泗县农业产业重点围绕南北两条产业扶贫示范带，加快农村产业结构调整，大力实施"百果园、花世界、绿泗州"工程，促进农村三产融合发展。

在产业布局上着力打造"一区四园"。以黑塔镇、草庙镇、墩集镇东部区域为中心创建 10 万亩山岗地杂粮生产区；以 104 国道以东 343 国道以南为中心，打造 50 平方公里石龙湖田园综合体城南游园；以草庙油桃、墩集草莓、开发区葡萄为基础打造 10 万亩城市东部果园；以泗城三湾、胡陈、长沟汴河设施农业为中心打造 10 万亩城市西部菜园；以屏山花卉苗木基地为基础打造城市北部花园。

在发展路径上积极探索新型庭院经济模式。结合全县开展农村人居环境"三大革命""三大行动"，积极探索林果菜、小商贸及文化旅游休闲、小商品手工加工等新型庭院经济发展模式。支持农户利用空闲场地栽种樱桃、石榴、苹果、梨、葡萄等果树，发展药材、金丝绞瓜、金菜等时令蔬菜种植。鼓励有条件的地方打造一批风情小村小镇，以农村房屋、庭院为阵地发展电子商务、度假休闲、文化旅游、农家乐等庭院服务。根据全县各乡镇生产生态条件和经济发展水平，因地制宜梯次推进泗县庭院经济发展，重点培育发展一批典型示范村、示范户。

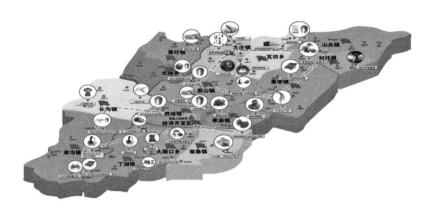

图 1-3　泗县农业产业布局

（三）泗县农业农村发展存在的主要问题

基础条件相对较弱，农业综合生产能力还需提高。虽然"十二五"期间加大了农业基础设施建设的力度，农业生产条件得到一定改善，但是抗御自然灾害能力不强的状况从根本上仍未得到改观，特别是抗大灾和突发性灾害的能力还很弱，农业生产缺乏安全保障。

农村集体经济薄弱，农村发展缺少后劲。自 20 世纪 80 年代农村实行家庭联产承包责任制以来，泗县农村村集体所拥有的耕地、山林、池塘等集体资源以及集体房产、积余的少量资金等"三资"悉数被分到农户。此后，大多数农村集体经济难以有效发展。尤其是 2006 年全面取消农业税之后，村级集体经济积累更加薄弱，村级公共事务和公共服务只能靠政府财政转移支付来维持运转。

农业产业化水平相对低，农产品结构性供求矛盾突出。虽然近年来龙头企业的数量也在不断增加，但是相比发达地区仍存在龙头企业数量相对少、规模小、实力弱，特别是具有带动种植业发展的农产品加工、储运、保鲜的龙头企业少，产业化程度不高。

传统种植业的从业者老龄化严重。近年来，随着农村大量劳动力外出进城务工，大多数小农户仍然以种植传统农作物为主，特色主导产业不明显；农业生产经营者老龄化严重，产业发展后劲不足。

农产品的质量安全与农民增收的矛盾比较突出。一方面消费者对农产品的质量和安全水平要求越来越高；另一方面新的市场价格机制没有形成，优质优价的问题没有完全解决，从事农业生产的生产成本增加，农民收入减少，相对效益降低，普通农民从中很难得到实惠，收入难以有效增长。

对于农业产业的扶贫认识和资金投入不足。当地很多领导干部认为农业产业属于高风险、高投入、高技术、低利润、回报周期长的产业，导致农业资金投入偏低，产业扶贫资金短缺。尤其是贫困户认为农业产业受自然灾害、市场行情、疫病防控、技术指导等方面因素的制约，发展产业积极性不高，有畏难情绪。

第二节　泗县农村贫困历史回顾、贫困特点及脱贫实践历程

一、泗县农村贫困历史回顾

由于泗县所处的地理位置和暖温带半温润性季风气候，降雨量主要集中于5、6月份梅雨季节。境内平原和山丘相连接、湖洼和岗陵相拱抱的地形特点，是导致泗县历史上水旱灾害频繁的一个重要因素。西南部湖洼地较多，自古就有"地僻人烟冷，鱼多水气腥"之说。丘陵岗地偏于东南，地势高，土壤贫瘠，易受旱灾，古有"土皮薄，砂礓窝，庄稼没有野草多，三日不雨苗枯黄，一场大雨似湖泊"的民谣。清康熙十九年（1680年），泗州城陷没于洪泽湖，演绎出了"水母娘娘沉泗州"的传说；清光绪十四年（1888年）五月，"大水，遍地行舟"。

民国时期，泗县经济、社会发展十分落后。全县区域内的耕地有71.89%是三、四等劣质土壤，农业基础设施非常薄弱，耕作粗放，农业生产长期低而不稳。农村水利失修，抗灾能力差，水旱灾害频繁发生。例如，民国十年（1921年）夏历5月6日至8月16日，连续降雨101天，县境内一片汪洋。民国二十一年（1932年）七八月间，连刮18天干热风，全县霍乱流行，死亡逾万人。长期以来，泗县劳动人民生活十分艰难，平民百姓大多衣不蔽体、食不果腹，常处于饥寒交迫之中，温饱问题长期得不到解决。正常年景每年春季二三月份，乡村农户常常是"千家数粒炊，万户吞菜汤"；城镇居民多为"有家无生计，无食沿街乞"。遇到荒歉岁月，更是"逃荒背乡井，路有饿死骨"的惨景。人均寿命偏低，男女平均寿命仅为34.74岁。1949年，全县农业总产值仅为1915万元（按1990年不变价计算），粮食亩产仅百斤左右，水旱年头只收几十斤、十几斤，甚至颗粒无收。

在中华人民共和国成立至1957年，经过土地改革和对工业、农业的社会主义改造，生产关系发生重大变革，全县经济社会都有较大发展。1957年，粮食亩产量达到156.8斤，比1949年增加56.4斤；农业总产值达10126万元，比1949年增加8211万元。1958年到1962年，受"左"的影响及严重的自然灾害，农业遭受严重破坏，1962年农业总产值只有7373万元，人民生活出现严重困难。改革开放前，由于农业基础设施落后，应对自然灾害能力薄弱，粮棉产量低而不稳，农民收入少，大部分农民生活在贫困线以下。1978年，全县农业总产值仅为5亿元（按1990年不变价计算），粮食总产量为17.5万吨，农民人均纯收入为45元；与1949年相比，30年间粮食产量仅增长1.09倍，农民收入仅增长35元。

党的十一届三中全会以后，泗县实行农村家庭联产承包责任制，加快推进经济体制改革，经济社会发展速度加快，人民生活水平显著提高。从1982年起，泗县连续4年人均产粮过千斤，成为全国138

个农业翻番县之一。1985 年全县农业总产值达 26492 万元，比 1949 年增长 9 倍多，农民收入显著增长。农业产业形成了南部红瓜籽、花生、西瓜、山芋、特种水产养殖，中部蔬菜和北部棉花、蚕桑、水果的产业化格局，是安徽省蚕桑生产基地、全国棉花大县、优质棉基地县和全国山羊板皮基地县、瘦肉型生猪基地县、安徽省畜牧养殖业"十强县"。红瓜籽产量居全国首位，以其质优远销东南亚、日本和欧美，年创汇 400 万美元。1998 年，在遭受历史上罕见自然灾害的情况下，全县地区生产总值 20.9 亿元，比 1978 年翻了三番多，年均递增 12.9%；农业总产值（按 1990 年不变价计算）10.96 亿元，比 1978 年增长 6 倍；粮食总产量 41.35 万吨，比 1949 年增长 4.9 倍，比 1978 年增长 2.7 倍；棉花总产量 7581 吨，比 1949 年增长 50 倍，比 1978 年增长 5.3 倍；油料总产量 5.32 万吨，比 1949 年增长 152 倍，比 1978 年增长 17 倍；肉类总产量 5.95 万吨，比 1978 年增长 8.4 倍；水产品总产量 2.48 万吨，比 1978 年增长 99 倍。工农业总产值 20.45 亿元，是 1978 年的 17 倍；财政收入 1.17 亿元，是 1978 年的 19 倍；国有固定资产投资总额 2.59 亿元，是 1978 年的 159 倍。

2000 年以来，随着市场经济和城市化、工业化快速发展，国家宏观政策着重倾斜于城市和工商业发展，弱化了对农业农村的政策扶持，导致农业发展滞后以及从事农业生产的比较效益低下。同时由于泗县近邻上海和合肥等大中城市，大量农村劳动力外出进城从事非农产业就业，出现了越来越多的抛荒地和"空心村"，农村遭遇发展瓶颈。再加上农村交通、饮水等基础设施落后以及医疗卫生等社会保障欠缺，导致不少农村居民重新陷入"发展型相对贫困"窘境。2012 年，泗县被列为国家扶贫开发重点县，全县农村年人均纯收入在国家贫困线 2300 元以下的贫困人口有 12.89 万人，占全县农业总人口的 15.13%。2013 年 3 月，泗县扶贫办组织开展贫困人口建档立卡监测工作，全县共有贫困户 45067 户，贫困人口 12.9163 万人，占全县农业总人口的 14.9%。

二、泗县农村贫困特点及致贫原因分析

（一）泗县贫困村分布及贫困特点

泗县县域总面积 1856 平方千米，辖 15 个乡镇、1 个省级经济开发区（泗县当涂现代产业园）。全县共有 168 个行政村、1796 个自然庄，行政村面积较大、人口较多，每个行政村大多数都有 10 个以上自然庄（村民小组），人口多在 5000 人以上。2014 年，全县有 174 个行政村，其中 65 个行政村为贫困村，占 37.4%。从表 1-1 和图 1-4 可以看出，泗县贫困村分布及贫困特点主要表现为：

第一，贫困村多、面广、点散。2014 年，全县 65 个贫困村分散于全县 15 个乡镇和 1 个省级经济开发区；其中，黑塔镇有 7 个贫困村，草沟镇、丁湖镇、屏山镇各有 6 个贫困村，瓦坊乡、山头镇各有 5 个贫困村，占贫困村总数的 53.8%。最少的泗城镇、开发区、草庙镇也都各有 1 个贫困村。

表 1-1　2014 年泗县 65 个贫困村分布情况

所属乡镇	每个乡镇贫困村数量（个）
黑塔镇	7
屏山镇、丁湖镇、草沟镇	6
瓦坊乡、山头镇	5
大杨乡、大庄镇、长沟镇、大路口乡、黄圩镇、刘圩镇	4
墩集镇	3
泗城镇、草庙镇、开发区	1

第二，贫困村基础设施比较落后，农业产业发展基础薄弱，依靠传统农业产业增收困难。例如，黑塔镇的 7 个贫困村，草沟镇、丁湖

镇、屏山镇的6个贫困村在各自的镇里所处位置偏僻，距离主干道较远，基础设施比较落后，传统农业产业难以有效发展，农民增收困难。

第三，贫困村区位偏远、基础设施严重落后、交通不便以及公共服务缺失，村落空心化严重。例如，大杨乡4个贫困村、瓦坊乡5个贫困村、黄圩镇4个贫困村、刘圩镇4个贫困村、山头镇5个贫困村、大庄镇4个贫困村地处泗县最北端，草沟镇6个贫困村、丁湖镇6个贫困村、墩集镇3个贫困村、大路口乡4个贫困村、长沟镇4个贫困村地处泗县最南端，基本上都是与外省或本省邻县交界，长期以来一直处于政策难以惠及的洼地，基础设施严重落后，交通不便，基本公共服务缺失。大部分贫困村是"晴天尘土飞，雨天泥水路，圈厕连成片，垃圾随处堆"。由于传统农业产业发展滞后，大量劳动力外出务工，贫困人口和"空心村"不断增多。

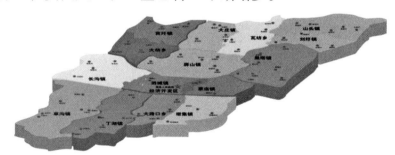

图1-4 泗县贫困村分布情况（注：图中红星处为贫困村）

（二）致贫原因分析

第一，泗县地处省际边界和市际边界，基础设施落后，导致发展型相对贫困。从泗县所处的地理区位图上可以看出，泗县是宿州和安徽的东北门户，北面与江苏徐州睢宁县相邻，东与江苏宿迁泗洪县和宿豫县接壤，西与安徽宿州市灵璧县相依，南与蚌埠市五河县和固镇县相连。长期以来，由于泗县处于省际和市际交界处而成为偏远县城，从省级到市级的各项涉农政策与资金惠及泗县农村的力度与其他县域相比差别较大，交通十分闭塞，农村水利、电力等各项基础设施更为落后，传统农业发展非常滞后，农民收入主要来源于单一的农业收入，与周边其他县市相比，处于农村综合型发展洼地，导致农村人口处于发展型相对贫困状态。尤其是 2000 年以后，随着城市化、工业化迅速发展，泗县大概有 30 万农村劳动力纷纷外出到周边的合肥、南京、上海等发达地区和城市打工，老人、妇女、儿童等老弱妇孺留守于乡村，形成了越来越多的"空心村"，更加剧了农村发展型相对贫困。

图 1-5　泗县地理区位

从图 1-6 可以看出，1990 年泗县农民人均纯收入仅为 429.3 元，比安徽省农民人均纯收入 539.16 元少 109.86 元。2000 年泗县农民人均纯收入为 1685.05 元，比安徽省农民人均纯收入 1934.6 元少 249.55 元，比宿州市农民人均纯收入 1801 元少 115.95 元。2012 年泗县农民人均纯收入为 6552 元，比安徽省农民人均纯收入 7161 元少 609 元，比宿州市农民人均纯收入 6635 元少 83 元。

第二，农村基础设施、基本医疗卫生以及劳动技能培训等公共服务落后，导致部分农村人口能力型贫困。舒尔茨认为，贫穷的根本原

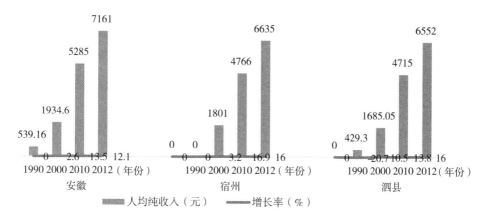

图 1-6　安徽、宿州、泗县 1990 年、2000 年、2010 年、
2012 年农村居民人均纯收入及增长率

因在于人力资本的匮乏，即缺乏身体健康、具有专业知识和技能且能够自由流动的高质量人力资本。"能力贫困"论认为贫困应该被视为基本可行能力的剥夺，主要表现为过早死亡、严重的营养不良（特别是儿童营养不良）、长期流行疾病、大量的文盲以及其他一些灾害。因此，解决贫困的根本之道是提高贫困者的个人能力。而贫困者能力的缺失又大多源于他们的人力资本的缺乏。贫困人口的人力资本不足，使得他们没有足够的"能力"去追逐生存和发展的机会，进而被社会排斥，处于社会的底层，过着贫困的生活。①

　　由于地理、文化和一些区域行为习惯等因素，泗县农村环境普遍脏乱差。农村居民饮食口味偏重，习惯高盐、高糖、高油食物，高血压、糖尿病、高血脂等慢性病较为普遍。从表 1-2 中可以看出，2014年泗县建档立卡贫困户致贫原因最主要的是因病、缺劳力和缺资金，2015 年至 2016 年建档立卡贫困户的主要致贫原因是因病、因残、缺劳力、缺资金。2016 年全县建档立卡贫困人口 29705 户，共计 78205人；其中因病致贫返贫 37562 人（包括长期慢性病 11983 人，大病

---

① 张友琴、肖日葵：《人力资本投资的反贫困机理与途径》，《中共福建省委党校学报》
　2008 年第 11 期。

3636 人，其他疾病 9732 人），占总贫困人口的 49.6%。之前提供的因病致贫返贫 12300 户 30065 人中，包括因残致贫 4714 人，致使因病致贫率略偏高。2017 年至 2018 年主要致贫原因是因病、因残、缺技术、缺劳力和缺资金。因此，由于泗县农田水利、交通、饮水、环境等基础设施落后，农业体力劳动繁重，环境卫生状况差，农村基本医疗卫生服务欠缺，导致农村居民身体健康状况普遍不佳，小病不能及时就医，久拖不愈成大病，从而致使主要劳动力因病丧失劳动能力而致贫，或者家庭成员大病就医因高额的医疗费而致贫。同时，由于泗县大量农村劳动力外出在建筑行业务工，经常会发生意外工伤事故致使肢体重度残疾，从而导致因残致贫。以上因病因残致贫的家庭普遍由于无法通过非农就业获得生活来源，只有依靠传统农业或者发展小规模经济作物种植和养殖业，但是又缺少劳动力、缺少生产资金以及缺少农业实用技术，导致部分农村人口陷入能力型贫困状态。

表1-2　2014—2018 年泗县建档立卡贫困户
致贫原因变化趋势

（单位：户/人）

年份 原因	2014 年		2015 年		2016 年		2017 年		2018 年	
	户数	人数	户数	人数	户数	人数	户数	人数	户数	人数
因病	16254	41252	14994	38502	14154	37562	12561	34916	12916	36684
因学	273	1072	394	1734	685	2396	411	1362	424	1429
因残	1490	3726	3193	8889	4521	12199	6373	18519	6845	20351
因灾	1773	5148	1248	3714	948	2967	738	2359	585	1833
缺技术	1079	3932	1134	3992	1082	3746	1368	4626	1899	6450
缺劳力	3228	6372	3350	6705	3619	6241	2717	4112	2120	3015
缺资金	2641	7748	2180	6819	1926	5474	1261	4135	854	2956
缺土地	735	2831	673	2634	629	2398	461	1860	407	1634
动力不足	1717	4513	1721	4528	1734	4215	998	3023	102	272
交通落后	55	162	33	107	17	46	0	0	0	0
其他	884	1805	562	1147	390	961	0	0	2	3

续表

年份 原因	2014 年		2015 年		2016 年		2017 年		2018 年	
	户数	人数	户数	人数	户数	人数	户数	人数	户数	人数
合计	30129	78561	29482	78771	29705	78205	26888	74912	26154	74627

经过几年来泗县脱贫攻坚工作实践，2014—2018 年累计脱贫 20750 户 64443 人，65 个贫困村全部出列，贫困发生率下降至 1.18%。然而，2018 年底剩余未脱贫人口的致贫原因依然是因病、因残、缺技术、缺劳力（图 1-7）。因此，必须要进一步加大农村基础设施、基本医疗卫生以及劳动技能培训等公共服务力度，着力有效提升剩余未脱贫人口的身体素质、文化素质、劳动技能等，从而彻底改变其能力型贫困状态，促进剩余未脱贫人口真正脱贫。2019 年 4 月经省政府批复，泗县正式退出贫困县序列。截至 2019 年底，全县尚有未脱贫人口 1053 户 1902 人。

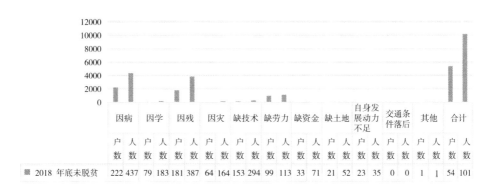

图 1-7　泗县 2018 年剩余未脱贫人口致贫原因

三、改革开放以来泗县农村扶贫实践历程

改革开放以来，为了不断提高和改善贫困地区人民生活水平和生活质量，党和政府始终致力于农村扶贫工作，并随着经济社会发展而

不断调整反贫困理念和策略，以应对农村贫困面临的新形势新问题。总体来看，农村扶贫实践主要经历以下六个阶段（表1-3）。

表1-3　改革开放以来农村扶贫实践历程

时间	模式	主要内容或措施	特征
1978—1985 年	体制改革推动减贫与区域性扶贫	制度创新促进经济增长、财政转移支付与技术支持	外部"输血"
1986—1993 年	政府主导的大规模开发式扶贫	人力资本投资、基础设施建设	外部"造血"
1994—2000 年	注重参与的开发式扶贫	注重多元主体参与、促进经济增长	内外"造血"
2001—2005 年	整村推进、多元化开发式扶贫	整村推进、产业扶持、劳动力转移培训	多元"造血"
2006—2012 年	惠农政策与开发式扶贫并举	多部门、多政策综合参与；开发式扶贫与救济式扶贫相结合	外部"输血"与多元"造血"结合
2013 年至今	精准扶贫	扶贫资源到村入户，激发内生发展动力	外部"输血"激发内部"造血"

改革开放以来，泗县县委县政府根据中央、省市关于农村扶贫相关政策精神和扶贫工作部署，结合全县农村贫困状况和特点，有针对性地开展了农村扶贫工作。总体来看，泗县农村扶贫工作实践主要经历了以下两个阶段。

（一）从单一的解决贫困户温饱逐步转变到多种形式的综合扶贫（1980—2012 年）[①]

1980 年 4 月，泗县民政局在墩集区墩集公社开展扶贫试点工作，并于 6 月在全县各公社、生产大队分别成立扶贫领导小组，开始扶贫工作。到 1985 年，全县共扶持贫困户 3298 户，投入扶贫经费

[①] 泗县地方志办公室：《泗县志（1986—2008）》，安徽人民出版社 2017 年版，第 481—482 页。

1250628 元，其中社队集体支出 543000 元，国家下拨 707628 元。在各级扶贫组织的指导下，受扶持的贫困户根据各自条件发挥内在潜力，通过开展生产承包、专业养殖、家庭副业和其他多种经营等途径，有 3035 户摆脱贫困，年人均收入 340 元。①

1986 年，泗县"双扶"（扶贫扶优）工作领导小组决定把扶贫工作纳入全县经济社会工作规划，将全县 3450 户扶贫对象三年内分三批扶持脱贫。全县抽调 2032 名干部参加包扶工作。同时县委县政府决定大力支持兴办和发展"双扶"经济实体，筹措"双扶"资金，实施扶贫"造血"工程，共兴办各种经济实体近 200 个，吸纳安排扶贫对象 1500 人就业。1986 年底，县财政向人均收入低于 120 元的 1298 户贫困群众共发放扶贫资金 509400 元。

1990 年，泗县县政府对农村一部分既不属于五保对象，又不具备扶持条件的常年困难户，列入社会扶贫救济给予救助。五年期间，共扶持常年困难户 4818 户，脱贫 2634 户，占扶持户的 54.7%。1991 年，县政府建立救灾扶贫周转金制度。当年投放扶贫周转金 157.9 万元，帮助灾民恢复建房 3130 间。其中连片建房 7 处，为 76 户灾民建房 227 间。

1986 年至 1997 年，全县共扶贫 8921 户，脱贫 4165 户，占扶贫户的 46.7%。共投放扶贫资金 418.3 万元、化肥 2668 吨、良种 47.5 吨、优质饲料 681.5 吨，减免农业税 245850 元、医疗费 4645 元、学杂费 31324 元。其中，民政部门利用扶贫基金、扶贫周转金实行有灾救灾、无灾扶贫，充分发挥救灾扶贫款的经济效益和社会效益。

总体来看，这一时期，泗县扶贫工作主要是从单一的帮助贫困户解决生活困难逐步转变到多种形式的综合扶贫，也取得了一些成效。

（二）新时代从实施精准扶贫到脱贫攻坚（2013 年至今）

党的十八大以来，以习近平同志为核心的党中央高度重视农村扶

---

① 泗县地方志编纂委员会：《泗县志》，浙江人民出版社 1990 年版，第 43 页。

贫工作。2013 年 11 月，习近平总书记在湖南湘西考察时，首次提出了"精准扶贫"：扶贫要实事求是，因地制宜。要精准扶贫，切忌喊口号，也不要定好高骛远的目标。随之，中共中央办公厅印发《关于创新机制扎实推进农村扶贫开发工作的意见的通知》，国务院机构出台《关于印发〈建立精准扶贫工作机制实施方案〉的通知》，对精准扶贫工作机制、重点工作和总体布局等方面都做了详尽规制，中国精准扶贫工作开始进入实践阶段。泗县县委县政府也充分贯彻落实上级党委政府关于脱贫攻坚的各项方针政策，积极开展精准扶贫工作，不断探索推进脱贫攻坚工作及其与乡村振兴的有机衔接。

第一，整体谋划大扶贫格局，率先探索精准扶贫精准脱贫路径。泗县于 2012 年被列为国家扶贫开发工作重点县。2014 年以来，泗县县委县政府认真贯彻习近平新时代中国特色社会主义思想和习近平总书记关于扶贫工作的重要论述，始终把脱贫攻坚作为最大政治任务、第一民生工程、最大发展机遇，以脱贫攻坚统揽经济社会发展全局，聚焦脱贫攻坚摘帽、高水平同步小康的目标任务，凝心聚力开展脱贫攻坚工作。制定了"532"城乡人口布局和"15826"城镇规划体系，形成了"1146"产业发展布局和"4+3"产业发展路径，开创了现代化五大发展美好泗县建设新布局。

2015 年，泗县县委县政府认真学习贯彻中央、省市关于精准扶贫主要政策精神，整体谋划大扶贫布局，制定了精准扶贫精准脱贫的实施意见、总体规划、专项规划及年度实施计划，启动实施"1334"脱贫攻坚行动，在全省乃至全国先行探索精准扶贫精准脱贫路径。2015 年 7 月，在全省率先启动健康扶贫专项行动，中央电视台《新闻联播》《人民日报》《安徽日报》、人民网、新华网等主流媒体多次报道泗县健康扶贫做法。

第二，认真贯彻精准扶贫方略，制定完善脱贫攻坚政策体系。2015 年 11 月 29 日发布的《中共中央　国务院关于打赢脱贫攻坚战的决定》（以下简称《打赢脱贫攻坚战的决定》）指出，要围绕

"四个全面"战略布局，充分发挥政治优势和制度优势，把精准扶贫、精准脱贫作为基本方略，坚持扶贫开发与经济社会发展相互促进，坚持精准帮扶与集中连片特殊困难地区开发紧密结合，坚持扶贫开发与生态保护并重，坚持扶贫开发与社会保障有效衔接。2016年，国务院印发《全国"十三五"脱贫攻坚规划》指出，国家注重扶贫同扶志、扶智相结合，激发贫困群众的积极性和主动性。

泗县县委县政府认真学习贯彻《打赢脱贫攻坚战的决定》以及习近平总书记关于扶贫工作的重要论述，将全县的脱贫攻坚工作定位为县委县政府最大的政治任务、最大的民生工程以及县域发展最大的机遇，坚持以脱贫攻坚来总揽全县的经济社会发展。2016年，出台了《泗县"十三五"脱贫攻坚规划》《泗县扶贫工作成效考核办法》等文件制度，形成"1+20+7"脱贫攻坚政策体系，同时，围绕习近平总书记关于精准扶贫的"六个精准""五个一批"重要论述，泗县进一步建立完善脱贫攻坚工作约束、扶贫对象退出、年度督查考核、社会参与、重大涉贫事项处置反馈、资金整合、监测管理等一整套工作体系，打好政策"组合拳"。

第三，因地制宜精准施策，有效推动精准扶贫各项政策措施落地生效。2017年1月，习近平总书记春节前夕赴河北张家口看望慰问基层干部群众时讲话指出，要因地制宜探索精准脱贫的有效路子，多给贫困群众培育可持续发展的产业，多给贫困群众培育可持续脱贫的机制，多给贫困群众培育可持续致富的动力。要把扶贫开发、现代农业发展、美丽乡村建设有机结合起来，实现农民富、农业强、农村美。

2017年，泗县县委县政府认真贯彻落实安徽省委省政府"六看六确保"基本要求和"四单""四严""四覆盖"精准扶贫工作机制，加快实施脱贫攻坚"十大工程"。围绕"两不愁三保障"，扎实开展"精准识别工作质量再提升"活动、"重精准、补短板、促攻坚"专项整改行动、"七个不落、一个不少"大排查，强化落实基础信息"六个完全一致"、环境卫生"六净一整齐"、生活条件改善"七不七要"、脱贫攻坚示范户"七有"及户脱贫"12334"等5项贫困户工作标准，规范实施脱贫攻坚示范村"七达标"及贫困村出列"1+7+2+5"等两项贫困村工作标准。通过规范标准，用足"绣花"功夫，推动精准落地见效。泗县脱贫攻坚工作2017年度考核取得全省第六、皖北第一的好成绩。

第四，聚焦脱贫攻坚摘帽总目标，持续巩固脱贫成果。2018年6月《中共中央　国务院关于打赢脱贫攻坚战三年行动的指导意见》指出，以习近平新时代中国特色社会主义思想为指导，充分发挥政治优势和制度优势，坚持精准扶贫精准脱贫基本方略，确保到2020年贫困地区和贫困群众同全国一道进入全面小康社会，为实施乡村振兴战略打好基础。

2018年，泗县县委县政府聚焦脱贫攻坚摘帽总目标，拿出"开局就是决战、扛责就要冲锋"的姿态，制定了《泗县2018年脱贫摘帽工作方案》《泗县脱贫攻坚摘帽推进方案》《关于打赢脱贫攻坚战三年行动实施意见》以及一系列配套文件，开展以"1+6+3"为主要内容的春夏秋冬四季攻势，发起向脱贫摘帽的最后总攻。成立脱贫攻坚摘帽总指挥部，下设16个战区指挥部和十大工作专班，在村级派驻工作队全覆盖的基础上，派驻进村包组专班，千名县直干部下沉到村到组，对照"两不愁三保障"，逐村逐户核查摸排，集中开展农村危房"清零"、人居环境整治、"双基"建设完善、政策落实推进、产业发展增效、基础管理提升"六大行动"，持续巩固提升脱贫成果。

第五，进一步夯实脱贫攻坚成果，为有机衔接乡村全面振兴奠定坚实基础。2019年4月，习近平总书记在解决"两不愁三保障"突出问题座谈会上的讲话中指出，目前"两不愁"基本解决了，"三保障"还存在不少薄弱环节。现在，脱贫攻坚战进入决胜的关键阶段，打法要同初期的全面部署、中期的全面推进有所区别，最要紧的是防止松懈、防止滑坡。各地区各部门务必一鼓作气、顽强作战，不获全胜决不收兵。

2019 年以来，泗县县委县政府持续深入学习贯彻习近平新时代中国特色社会主义思想以及关于扶贫工作的重要论述，认真贯彻落实习近平总书记在解决"两不愁三保障"突出问题座谈会上的重要讲话精神，围绕中央和省市关于脱贫攻坚战略决策部署，以春夏秋冬四季攻势行动为具体抓手，将中央脱贫攻坚专项巡视整改与省委巡视整改、贫困县退出专项评估反馈问题一体整改、一体推进，推动各项政策精准落地落实，进一步夯实脱贫攻坚成果，为有机衔接乡村全面振兴奠定坚实基础。

第二章

红色引擎：统领构建脱贫攻坚的治理体系

2015 年 11 月 27 日，习近平总书记在中央扶贫开发工作会议上的讲话中提出，越是进行脱贫攻坚战，越是要加强和改善党的领导。要把夯实农村基层党组织同脱贫攻坚有机结合起来。2017 年 6 月 23 日，习近平总书记在深度贫困地区脱贫攻坚座谈会上的讲话中指出，各级党政机关要积极向贫困地区选派干部，向贫困村选派第一书记和驻村工作队，让干部在脱贫攻坚中锻炼成长。各级党组织和组织部门要管好抓紧，确保第一书记和驻村干部用心用情用力做好帮扶工作。泗县县委高度重视于脱贫攻坚工作中加强党的建设，从领导组织体系、"三治"融合体系、多元政策体系等方面构建了红色引擎统领脱贫攻坚的治理体系，促进脱贫攻坚与乡村振兴有效衔接。

第一节　抓党建促扶贫：打造脱贫
攻坚的领导组织体系

2018 年 2 月 12 日，习近平总书记在凉山考察脱贫攻坚工作时强调，打赢脱贫攻坚战，特别要建强基层党支部。村第一书记和驻村工作队，要真抓实干、坚持不懈，真正把让人民群众过上好日子作为自己的奋斗目标。泗县县委坚持以脱贫攻坚统揽经济社会发展全局，将经济发展和改善民生作为工作的出发点和落脚点，把脱贫攻坚作为头等大事和第一民生工程来谋划、部署和推进，致力于抓党建促扶贫，创新实施"争创'五面红旗'、实施'五牌联动'、助推脱贫攻坚、引领乡村振兴"工程，打造脱贫攻坚"红色引擎"，凝聚群众思想共识，从而形成了以党的领导为统领、多元力量共同参与、作风建设为保障的脱贫攻坚统揽县域经济社会发展的组织体系。

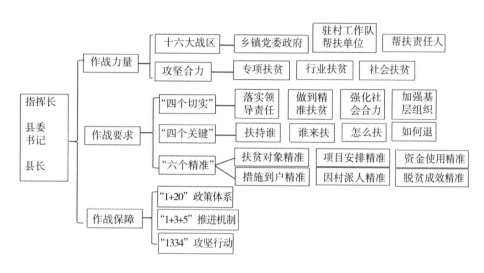

图 2-1 泗县脱贫攻坚的领导组织体系

一、党建引领：加强基层组织建设，引领和汇聚基层脱贫攻坚合力

坚持目标引领。泗县推深做实"一抓双促"工程，将村级承担的脱贫攻坚、基层党建、环境改善、乡风文明、信访维稳五项重点工作任务细化到每个红旗村的创建上，在全县村级基层党组织中开展"脱贫攻坚红旗村""环境改善红旗村""乡风文明红旗村""信访维稳红旗村""基层党建红旗村""五面红旗"争创，配套实施"五面红旗争创公示牌、村干部星级评定公示牌、扶贫小组长三面红旗争创公示牌、十星级文明户公示牌、双培双带先锋争创公示牌"等"五牌联动"工程。用"五面红旗"争创公示牌激发村级党组织和驻村

工作队争先进位意识，用"星级评定"公示牌和差异化奖惩措施激发村干部引领力，用"三面红旗"公示牌激发扶贫小组长办事力，用"双培双带"公示牌激发党员带动力，用"十星级文明户"公示牌激发群众内生力。通过"五面红旗""五牌联动"，将"一抓双促"工作细化、实化、具体化，在全县村级党组织树立起比学赶超的竞争意识，既解决了村级脱贫攻坚工作"怎么抓""谁来抓"的问题，又将一线攻坚力量全部凝聚到脱贫攻坚中来，汇聚强大的攻坚合力。

坚持压实责任。建立泗县扶贫开发领导小组"双组长制"和完善的指挥推进体系，县四大班子成员每人包保 1 个乡镇和 1 个村。建立"三小一大"扶贫例会模式，将每周扶贫例会下沉到乡镇召开。每月开展一次"四看三评两比"现场调度，看党建、看扶贫、看产业、看村容村貌，干部互评、乡镇点评、县级总评，比业绩、比干劲，动态全程记录驻村工作队和村"两委"履职情况。排名前 3 位的，优先推荐为"红旗村"。排名后两位的驻村工作队，由县分管领导和组织部、纪委负责同志逐人约谈，记入选派干部个人档案。

二、党建强村：建强村级扶贫工作队伍，夯实脱贫攻坚基层人才保障

农村是脱贫攻坚的主战场，村级是脱贫攻坚的最前哨，泗县坚持"村为主"的工作机制，通过建强"四支队伍"，推动力量全部向脱贫攻坚一线集结。具体措施包括：

选派精兵驻村帮扶。将"因村派人精准"作为落实"六个精准"的基础工程，严把"选优选强、优势组合、因村派人、跟进补充"四个环节，按照有镇村工作经验的必选、年轻后备干部必选、刚参加工作充满激情必选的"三必选"原则，把最能攻坚的人选出来、派下去。根据村级发展状况和扶贫任务轻重，明确贫困村驻村工作队长

全部由处级干部担任，每队 3 人；非贫困村全部由科级干部担任，每队 2 人，梯次配备、优势互补，增强工作合力。明确驻村工作队长任村级党组织第一书记、副队长任村级党组织副书记、队员任村级党组织委员，将选派帮扶干部全部纳入村级党组织，推进选派力量与本土力量的融合共促。全县抽调选派帮扶干部 433 名，组建驻村工作队 184 个，实现有扶贫开发任务的村级驻村帮扶力量全覆盖。驻村帮扶管理经验被中组部列为全国优秀典型教材。

育强脱贫致富"领头雁"。聚焦农村基层党组织带头人"难选、难育、难管、难留"问题，积极探索创新，健全完善机制，创新实施"本土优秀人才回引工程"，采取内选与外引相结合方式，重点从返乡大学毕业生、复员退伍军人、本地致富能手中选拔带头人，换届后全县 168 名村级党组织书记中，大专以上学历 103 人，占 61.3%。建立把党员培养成致富能手、把致富能手培养成党员、把党员致富能手培养成党组织带头人的"三培养"机制，全县致富能手型村级党组织书记 89 人，占 53%。同时，积极拓宽上升渠道，全县 21 名优秀村级党组织书记进入乡镇领导班子。此外，还坚持着眼长远培养基层组织干部队伍，面向 35 岁以下大专以上学历人员公开招聘后备干部 276 名，为村级党组织带头人队伍注入"源头活水"。

配强自然村扶贫末梢力量。出台在自然村选配扶贫小组长工作意见，按照"政治可靠、乐于奉献、办事公道、群众公认、长期在村、身体健康"的标准择优推选，全县 1796 个自然村配备 1822 名扶贫小组长，将力量延伸到基层最末梢，有力提升了村组整体工作。

及时补充下沉村级专班。开展"千名干部下村组"行动，从县直单位选派 1900 人组成 16 个镇级专班和 184 个村级专班，镇级专班由公、检、法、司、民等单位人员组成，每个专班 5 人，专司"法治+扶贫"工作。村级专班由县直单位班子成员担任班长，每个村级专班 9—12 人分片到组，实行网格化管理，根据阶段性工作重点，每月最后一周下沉到村，集中开展农村危房"清零"、农村人居环境整治、村级"双基"建设完善、扶贫政策落实推进、产业发展增效、基础管理提升"六大行动"等，将责任落实到每个村组，跟进补充自然村扶贫小组长在精准把握政策、推动工作落实等方面的不足，切实把脱贫攻坚"村为主"机制落细落实。

三、党建示范：充分发挥党员带头作用，激发和增强贫困群众的内生动力

在农村党员中广泛开展"党员一带三、致富路子宽"等活动，打造一村一个合作社、一个扶贫工厂、一项产业、一个双培双带示范基地的"四个一"模式。采取党支部领办合作社、村干部带头建立双培双带示范基地、党员大户就地培训贫困户等方式，帮助贫困人口就近就地就业。全县1.5万名党员帮助2万余名贫困群众致富增收。广泛发动群众。深入实施扶贫扶志工程，充分发挥新时代文明实践中心、"道德大讲堂"、"农民夜校"等宣传载体作用，切实增强贫困群众脱贫致富的信心决心。全县成立168个宣讲小分队深入村、组、户开展宣讲，开展"感党情""颂党恩"活动3230余次，覆盖贫困群众1.2万余人。

扎实开展"五面红旗"争创和"五牌联动"工程，真正将村级作为脱贫攻坚的主战场，将全县力量汇聚到脱贫攻坚的最前沿，全县农村基层党组织的凝聚力和战斗力明显增强，农村面貌焕然一新，社会治理明显改善，有力提振了广大干群的精气神，激发和增强贫困群众的内生动力，有效推动了各项脱贫攻坚工作顺利开展。

四、党建监督：以多层次多样化的考核督查，确保脱贫攻坚工作切实开展

强化监督执纪，加强基层组织能力建设。泗县县委组织部建立

"1+4+4"工作机制，组建1支20人的扶贫领域执纪专班、4个扶贫开发专项巡察组、4个乡镇工作室，突出抓好脱贫攻坚领域形式主义和官僚主义的立行立改，强化扶贫领域监督执纪问责。在市级对贫困村巡察全覆盖的基础上，对全县所有非贫困村实现巡察全覆盖。持续开展村级针对性教育、警示、管理、查处、加强队伍建设"五个一工程"，集中解决村级党风廉政建设中存在的普遍性问题、规律性原因和特殊性对象，推动全面从严治党向基层延伸。

坚持一线用人导向，激励基层干部为打好脱贫攻坚战努力工作。2018年2月12日，习近平总书记在打好精准脱贫攻坚战座谈会上的讲话中指出，要关心爱护基层一线扶贫干部，让有为者有位、吃苦者吃香、流汗流血牺牲者流芳，激励他们为打好脱贫攻坚战努力工作。泗县组织部门坚持扶贫一线用人导向，使脱贫攻坚成为检验干部政治意识的大考场、提升综合能力的大学堂、锤炼工作作风的大阵地、砥砺意志品德的大熔炉、施展青春才华的大舞台，以责任担重任，确保脱贫攻坚"不跑偏""有实效"。2015年以来，全县126名扶贫一线干部得到提拔或重用。

设立争创"五面红旗"村"五个一"工作制度，强化制度执行、监督与考核。为了深入推进"五面红旗"村争创工作，切实发挥"五面红旗"村的示范引领作用，提高农村党建工作整体水平，县委组织部建立了争创"五面红旗"村工作制度，并对制度的执行、监督与考核作出了明确而细致的规定。具体措施如下：

第一，每月一次"五面红旗"村争创推进会议。以乡镇为单位，每月召开一次争创推进会，乡镇党政班子成员，县委组织部联系乡镇人员及双包办工作人员，直属党组织书记，驻村工作队长，各单位分管党建、扶贫负责同志参加会议。会议召开形式为现场观摩、交流发言等。会议及时传达上级有关党建会议精神，安排部署党建、脱贫攻坚工作，点评所属党组织当月"五面红旗"村争创情况，落实上月问题整改情况，对党建工作和脱贫攻坚等中心工作落后的单位进行书面通报批评。将参会情况和每月工作完成情况作为年终党建工作目标考核的重要依据，年度内连续三次排名在末位的，对相关人员进行诚勉，取消"红旗村"评定资格和党内评先评优资格。

第二，每周一次暗访式抽查。县委组织部抽调人员对全县已经评定的"五面红旗"村和申报争创的"五面红旗"村每周进行一次暗访式抽查。通过座谈了解、实地走访对脱贫攻坚、基层党建、信访维稳、环境改善、乡风文明等中心工作推动情况进行随机抽查。同时查看上次检查和暗访反馈问题整改情况，抽查情况在县扶贫开发领导小组会议上通报。对连续抽查工作开展无明显变化或者整改落实不到位的予以通报批评，工作严重不力或者造成负面影响的，取消"红旗村"评比资格。

第三，每月一次考核评定。"五面红旗"村评选县直主管部门每月到村进行一次督查，全面掌握已经评定的"红旗村"工作开展情况，及时掌握当年申报的"红旗村"争创情况，肯定成绩，指出不足，及时查缺补漏。同时，认真开展申报红旗村的考核评定，按得分顺序排名，并将检查及评分情况每月 25 日前上报县委组织部。各乡镇党委也建立定期督查制度，每月 25 日前上报一次"五面红旗"村争创情况。对连续督查工作无进展或者指出问题整改不力的予以通报批评。督查情况由县委组织部汇总后及时向县委负责同志汇报。

第二节 "法治+"推扶贫：构建脱贫攻坚的"三治"融合体系

近年来，泗县坚持把脱贫攻坚工作摆在突出位置，充分发挥法治的规范引领作用，将法治与德治、自治、综治有机结合起来，构建脱贫攻坚的"三治"融合扶贫体系，有效助推了脱贫攻坚工作，也为乡村振兴与乡村有效治理打下了坚实的基础。

一、法治+德治：法治扶贫与道德教化齐头并进

泗县充分发挥法治扶贫以及道德教化对于脱贫攻坚的支撑作用，一手抓法治，一手抓德治，在脱贫攻坚中充分发挥"扶德扶志"的功效。

搭建法治宣讲平台。泗县全面推行"一村一法律顾问"制度，全县40个贫困村均签订法律帮扶协议书，为村民提供法律援助、咨询、宣讲培训服务。选派7名优秀的青年律师进入社区（村）担任法治副主任，推进法律进村入户和法治讲座、法律咨询"走进乡村"活动。开通一批"法治大喇叭"，每天利用早、中、晚三个时间段，广播宣传安全防范、依法维权、平安建设、惠民政策、孝善典型等，用通俗易懂的语言进行宣传教育，让村民从身边人、身边事上学到法、懂得孝、传承德。同时，积极整合司法、妇联等部门力量，发放农村法律法规宣传资料，依托民生工程开展法治主题文化下乡演出活动。

签订孝道扶贫协议。泗县在实施产业扶贫、健康扶贫、光伏扶贫等精准帮扶措施的同时，积极探索孝道扶贫之路。针对有儿有女的贫困户，动员说服子女切实履行赡养义务，让子女与父母签订孝道扶贫协议，村干部负责监督赡养义务履行情况，把孝文化用契约方式予以传承和弘扬，变社会扶贫为家庭助贫。2017年7月，泗县召开全县孝道扶贫暨城乡文明创建工作推进会。仅泗城镇就有700户贫困户子女签订孝道扶贫协议，有力推动了精准脱贫。

选树法治和道德扶贫典型。结合各种节假日活动，从爱岗敬业、助人为乐、孝老爱亲、诚实守信、见义勇为等方面深入挖掘身边典型，通过村民公开推荐、村务公开栏公示等程序，开展"最美泗州人""孝亲敬老好儿女""最美家庭""最美媳妇""最美婆婆"等评

选表彰活动，以扶德促脱贫，为扶贫工作注入强大正能量。

在上述"法治+德治"的基础上，泗县进一步提出了"法治+孝道"。针对在全县脱贫攻坚、十星级文明户创评工作中，部分村、社区存在子女居住宽敞明亮的安全住房，父母居住在危旧房屋中的现象，泗县人民法院、人民检察院、公安局、司法局、文明办、妇联等六家单位联合发布《关于敦促限期将被赡养人接入安全住房共同生活的通告》（以下简称《通告》），敦促赡养人将被赡养人接入安全住房。《通告》明确，对赡养人不履行赡养义务，不得参与文明户等评选活动。同时，加大选树孝老爱亲典型的力度，并进行广泛宣传。《通告》强调，因赡养人不履行赡养义务，人民法院根据申请，可减、缓、免诉讼费，入村巡回审理，司法行政部门提供免费法律援助，对案件快立、快审、快结、快执。

二、法治+自治：法治扶贫与村民自治相得益彰

泗县在脱贫攻坚工作中设法将法治理念与淳朴的乡风民俗有机融合起来，将法治与自治有效结合起来，引导贫困村民依法脱贫致富，收到"扶贫扶志"的良好效果。

完善村规民约。泗县指导各村制定修订村规民约，通过村民自律，引导村民加强自我教育、勤劳致富、诚实守信、依法办事的良好行为规范。全县65个贫困村都制定完善了村规民约，推动了村民们的思想观念更新，积极参与脱贫攻坚。例如，泗县大庄镇贫困村曙光村在原有村规民约中增加了"敬祖先、孝父母、睦家族、和邻里"等内容，引导村民重新树立良好的文明乡风，有力推动了法治扶贫与村民自治的有机融合。

推进移风易俗。泗县以行政村为单位建设家风馆，收集家风家训、村史村风等，通过举办"红色记忆民间藏品展""国学大讲堂"等活动，让群众在"润物无声"中接受本土优秀传统文化和红色

文化的熏陶。泗县还利用各镇村乡贤志愿者服务站，成立 127 个红白理事会，制定操办标准，近 300 个家庭取消大操大办，自觉遵照约定，推动婚丧嫁娶新风尚的形成。例如，泗城镇开展"推进移风易俗 倡导文明新风"大型活动，1 万余名干部群众现场签名宣誓。

加强自我管理。泗县在贫困户精准识别方面，依靠村民自治组织，充分发挥主人翁作用，严格落实"两评议一比对、两公示一公告"程序，严把农户申请关、入户调查关、民主评议关、公告公示关，确保该走的步骤一步不少，应有的环节一项不落，确保贫困户精准识别。

三、法治+综治：法治扶贫与综合治理双管齐下

泗县不断推进社会治理创新，加强贫困村社会治安综合治理工作，为脱贫攻坚提供安定社会环境，提振了贫困群众的"精气神"。具体做法如下：

落实治安防控措施。目前，泗县"天网"一期工程已经完工，数字化城市建设二期正在实施。逐步完善"1+2+N"（每贫困村配备 1 名正式干警、2 名辅警、N 名平安志愿者、乡贤志愿者）的人防队伍建设，开展治安防范、安全宣传、矛盾化解等工作。同时，结合"雪亮"工程建设，优先在贫困村推进视频监控建设，视频监控已覆盖全县每一个贫困村的主要路段和卡口，社会治安状况明显好转。

开展矛盾多元化解。完善警民联调机制，乡镇派出所、司法所、法庭等部门协作，开展矛盾纠纷调解工作。充分发挥乡贤的独特作用，全县 188 个村（社区）均成立乡贤志愿者工作站（夕阳红工作站），化解家事矛盾和邻里纠纷等。县乡村综治中心每天安排专人值班，综治、公安、司法部门人员参与协助处理矛盾纠纷。在乡镇、开发区扶贫工作站开通扶贫信访窗口，安排党政班子成员、村"两委"负责人接访，将扶贫工作中的一些矛盾纠纷化解在基层萌芽状态，为

脱贫攻坚提供良好的社会安定环境。

加强对特殊人群的管理和服务。泗县把有关精神障碍患者救治救助的政策文件梳理打包，编印成册，依法按政策加强对严重精神障碍患者的服务管理。每个贫困村都有包村公安干警和村医定期随访随诊、康复指导和帮扶救治。泗县除对严重精神障碍患者兑现医疗保险、民政救助、药费补贴等政策"红包"外，还落实严重精神障碍患者监护人"以奖代补"政策，对每户每月监护补贴200元。2018年将全县509名重症精神障碍患者全部纳入财政预算，为监护人购买责任保险，有力地助推了有易肇事、肇祸的严重精神障碍患者的贫困家庭脱贫致富。

第三节　多元政策助扶贫：完善脱贫攻坚的政策保障体系

自实施脱贫攻坚战以来，泗县着力建立和完善脱贫攻坚政策体系，切实强化各项保障措施，确保脱贫成效真正获得群众认可、经得起实践和历史的检验。尤其是2015年11月，中央扶贫开发工作会议后，泗县认真贯彻精准扶贫方略，落实"五个一批""六个精准"要求，于2016年出台了《泗县"十三五"脱贫攻坚规划》《泗县扶贫工作成效考核办法》等文件制度，形成"1+20+7"脱贫攻坚政策体系。此后，结合全县脱贫攻坚工作的具体情况，又分别出台了一系列政策，确保脱贫攻坚工作顺利有效实施。具体来说，这些政策主要包括三大类：宏观规划和方案、可操作性的政策和制度及机制、具体的管理与考核办法。

一、以宏观总体规划为引领，全力实施脱贫攻坚任务

这些综合的宏观政策主要是一些统揽全局的脱贫攻坚纲要、方案与行动计划。主要包括以下几方面的政策。

（一）制定出台《泗县精准扶贫精准脱贫规划纲要（2015—2018 年）》

2015 年泗县县政府印发了《泗县精准扶贫精准脱贫规划纲要（2015—2018 年）》，提出要以"提前两年脱贫"为总体目标，突出贫困户增收、贫困村集体经济增强和贫困村面貌改善，实现"两增加、两改善、两提升、两增强"。

"两增加"是指贫困人口收入明显增加和贫困村集体经济收入明显增加。其中，2015 年度，减少贫困人口 1.6 万人以上，15 个贫困村脱贫；2016 年度，减少贫困人口 2 万人以上，20 个贫困村脱贫；2017 年度，减少贫困人口 2 万人以上，20 个贫困村脱贫；到 2018 年，实现 6.54 万贫困人口整体脱贫，65 个贫困村全部脱贫，村年集体经济收入均达到 5 万元以上，其中 20% 的贫困村年集体经济收入均达到 10 万元。

"两改善"是指基础设施明显改善和公共服务水平明显改善。2018 年在全面实现农村网化工程的基础上，村级公路通达率、通畅率分别达到 100%。全面解决贫困村饮水安全问题，解决贫困农户无住房、住房不安全等问题。农村义务教育、职业教育和学前教育统筹发展。公共文化资源向贫困村倾斜。贫困地区标准化乡镇卫生院、村卫生室建设不断加快，大病保险享受对象的补偿待遇不断提高，每个乡镇卫生院都有全科医生。

"两提升"是指贫困人口文明素质明显提升和农村社会文明程度明显提升。以"文明户"评比、"泗州好人"评比、劳动技能培训等

为载体，培养有文化、懂技术、会经营的新型农民，全面提升农民整体素质；深入开展公民思想道德建设和文明创建，大力宣传好人好事，积极倡导文明新风，弘扬正能量，引领新发展。

"两增强"是指县域经济实力明显增强和发展后劲明显增强。到2018年全县生产总值实现211.4亿元，年均增长9%；财政收入12亿元，年均增长9%；农村常住居民人均可支配收入1.16万元，年均增长10%以上。粮经比达到7∶3；土地流转率达到40%，三次产业由32.9∶40.1∶27调整为27.2∶42.6∶30.2。

此后几年，泗县脱贫攻坚主要是围绕上述规划纲要而展开，同时为了完成上述脱贫攻坚目标，又相继出台了诸多意见与行动计划。

（二）深入落实精准脱贫和年度实施计划，不断落实脱贫攻坚具体政策措施

2015年6月10日，泗县县政府发布《关于深入实施精准扶贫精准脱贫的意见》，围绕"提前两年脱贫"为总体目标，提出到2018年全县6.54万贫困人口全部脱贫，全县65个贫困村全部脱贫，贫困村年集体经济收入达到5万元以上，实现"两增加、两改善、两提升、两增强"的具体脱贫攻坚目标。

《泗县精准扶贫精准脱贫项目2015年度实施计划》中对基础设施类及基本公共服务类项目、产业扶持类项目和技能培训类项目等作了详细部署。2016年的项目实施计划主要又细化了以下工作重点：强化建档立卡数据，实行动态管理；实施整村推进，促进贫困村经济社会全面发展；强力推进"双包"工作，充分发挥帮扶作用；大力开展智力扶贫，阻断贫困现象代际传递；实施"政策兜底"保障，确保特殊群体基本生活。此后，泗县又出台了《关于坚决打赢脱贫攻坚战的实施意见》，把行动措施规范化为管理类、项目类、政策类、考核类、问责类五项内容。

2016年为了贯彻落实习近平总书记视察安徽脱贫攻坚工作的重

要指示精神，泗县发布了《深入推进精准扶贫精准脱贫的意见》，要求各乡镇（开发区）、县直单位要深入学习、深刻领会，以习近平总书记重要讲话武装头脑、指导实践，坚持用习近平总书记重要讲话统一思想，切实做到精准识别、精准施策、精准帮扶、精准脱贫，采取稳定脱贫措施，建立长效扶贫机制，锲而不舍抓扶贫，确保如期打赢脱贫攻坚战。

2017—2019年，泗县的脱贫攻坚工作实施计划主要以基础设施、产业扶贫、公共服务为重点，确保大力实施"1334"脱贫攻坚行动，进一步夯实扶贫资料管理、信息化平台建设、扶贫专业队伍建设三大基础，进一步加快推进重点扶贫项目，进一步加大资金投入、完善资金监管机制、强化督查考核调度，做到精准落实、扶贫措施、扶贫效果全覆盖。为了进一步落实上述工作实施计划，泗县又出台了以下相关政策文件：《关于进一步提高脱贫攻坚工作整体成效的实施方案》《泗县精准扶贫工作质量"再提升"活动方案》《泗县"十三五"脱贫攻坚规划》《关于进一步加强脱贫攻坚统筹协调工作的通知》《关于开展扶贫领域突出问题专项整治的实施方案》《泗县脱贫攻坚摘帽推进方案》《关于构建全县脱贫攻坚宣传工作大格局的实施方案》《泗县2018年脱贫攻坚秋季攻势行动方案》《关于做好遍访行动集中推进阶段有关工作的通知》《泗县2018年脱贫攻坚冬季攻势行动方案》《泗县乡村振兴战略规划（2018—2022年）》《泗县2019年贫困户脱贫巩固提升方案》《泗县加强基层基本公共服务功能建设2019年工作要点的通知》《泗县2019年脱贫攻坚工作要点》《2019年全县农业特色产业扶贫工作重点》《泗县2019年度全面推进农村人居环境整治工作要点和分工方案》等，以及2019年脱贫攻坚春季、夏季、秋季和冬季行动方案。

二、完善脱贫攻坚工作制度机制，促进脱贫攻坚工作顺利开展

（一）出台脱贫攻坚相关工作制度

2015 年 7 月 18 日，颁布《关于建立泗县扶贫开发工作联席会议制度的通知》，该联席会议主要职责如下：统筹协调泗县扶贫开发工作，研究制定扶贫开发工作政策和措施；全面规划和制定泗县扶贫开发工作的中长期和年度实施计划；研究泗县精准扶贫、精准脱贫工作有关问题；研究制定泗县扶贫开发工作绩效评价体系。

2017 年 2 月 21 日，出台《关于建立泗县开发性金融支持脱贫攻坚工作联席会议制度的通知》，提出在泗县人民政府与国开行安徽分行统筹协调下，发挥政府对扶贫开发工作的组织推动作用，集中各方资源优势，强化扶贫开发业务基层管理。在规划编制、项目开发、融资方案设计等方面发挥扶贫开发顶层设计的作用；加强对贷款资金的管理使用及项目实施的宏观指导，建立和完善扶贫项目运作、资金运行管理和项目实施评价等方面制度；构建全流程风险防控机制，协调解决融资合作中的重大问题，确保项目规范建设，发挥最大效益，助推脱贫攻坚和政府信用建设。

2019 年，泗县县委办公室、泗县人民政府办公室印发了《关于精简会议文件的规定》《关于精简检查考核和材料报表的规定》《关于建立精简规范到村报表工作制度的实施细则》和《泗县激励干部担当作为十八条措施》，进一步从工作制度上细化落实和推动脱贫攻坚的各项工作顺利开展。

（二）完善脱贫攻坚的具体工作机制与办法

第一，明确脱贫攻坚工作领导与组织运行方式。2016 年 4 月 20

日，出台《加强扶贫组织机构建设、实现县乡村三级联动抓扶贫的意见》，指出为深入贯彻中央、省、市关于脱贫攻坚会议及文件精神，实行县乡村三级联动、多部门会同作战，县乡村扶贫工作无缝衔接，加强扶贫组织机构建设，实现县乡村三级联动抓扶贫。其中在县直单位层面，县直各部门均要成立扶贫开发领导小组，组长由单位主要负责人担任。乡镇（开发区）层面，乡镇（开发区）要成立扶贫工作领导小组，由党政主要负责人任组长，分管负责人任副组长，相关部门负责人担任成员。村（社区）级层面，各行政村（社区）都要成立扶贫开发领导小组，村（社区）党组织书记任组长，村（居）委会主任任副组长。

2016年4月30日，出台《关于选派科级以上党员领导干部到非贫困村任"脱贫攻坚第一书记"的实施意见》，选派县直党政群机关、企事业单位科级以上党员领导干部担任非贫困村"脱贫攻坚第一书记"，实现全县行政村脱贫攻坚帮扶全覆盖。"脱贫攻坚第一书记"要带领扶贫工作组，全面实施脱贫攻坚"123456"计划，深入推进"1334"脱贫攻坚行动，围绕解决好"扶持谁""谁来扶""怎么扶"三个问题，做到"六个精准"，按照"五个一批"脱贫路径，全面落实"脱贫攻坚十大工程"，整合各类扶贫资源，坚决打赢脱贫攻坚战。

2016年5月5日，发布《"百企帮百村"精准扶贫行动实施方案》，以民营企业为帮扶方，以建档立卡贫困村和贫困户为帮扶对象，以签约结对、村企共建为主要形式，力争用三到五年时间，动员全县民营企业参与、帮助65个贫困村加快脱贫进程，为打赢脱贫攻坚战、全面建成小康社会贡献力量。2016年8月10日，《关于进一步夯实泗县精准扶贫"双包"工作的实施意见》出台，提出单位包村，要求贫困村"不出列"、包村单位"不撤退"，以及干部包户，要求贫困户"不脱贫"，包保干部"不脱钩"。

此外，泗县人民政府办公室还针对产业、教育、宣传等方面的脱贫工作，发布了关于成立各种领导小组的政策文件，如《关于成立泗县特色种养业精准扶贫工作领导小组的通知》《关于教育扶贫的实施意见的通知》《泗县 2017 年脱贫攻坚宣传工作方案》《泗县社保兜底脱贫工程实施方案的通知》等。

第二，完善脱贫攻坚专项工作机制。2017 年，泗县人民政府办公室出台了《泗县扶贫开发工作"重精准、补短板、促攻坚"专项整改行动实施方案》《关于进一步加强非贫困村驻村帮扶工作的通知》《扶贫项目实施情况县乡村三级信息共享机制》《爱心超市建设及运转办法》等。2018 年，泗县县委办公室发布了下述专项工作通知：《关于推进我县深入学习贯彻习近平总书记扶贫工作重要论述的通知》《关于成立中央脱贫攻坚专项巡视泗县整改工作领导小组的通知》《关于派驻镇级危房整治工作专班及村级（社区）专班的通知》《关于做好遍访行动常态开展阶段有关工作的通知》《关于在扶贫系统进一步深入学习贯彻习近平扶贫工作重要论述和视察安徽重要讲话精神的通知》《关于加强村级扶贫专干、扶贫小组长工资待遇管理的通知》《泗县扶贫开发工作领导小组关于成立贫困县退出工作专班的通知》《泗县扶贫开发工作领导小组关于加快推进贫困村提升工程的实施意见》等。

此外，泗县脱贫攻坚摘帽总指挥办公室还针对专班工作，出台了一系列工作方案：《泗县集中开展农村危房清零行动实施方案》《泗县农村危房改造及环境整治专班工作推进方案》《泗县"三率一度"专班工作方案》《泗县脱贫攻坚摘帽产业发展（就业）专班工作方案》《泗县基础设施建设专班工作方案》《泗县基层基本公共服务工作专班方案》《泗县财政扶贫项目资金管理专班工作方案》《泗县脱贫攻坚兜底保障专班工作推进方案》《泗县脱贫攻坚摘帽期间信访维稳工作方案》《泗县脱贫攻坚摘帽宣传扶志专班工作方案》《泗县扶贫领域作风整治专班工作方案》《关于进一步做好农村危房集中清零的通知》。

第三，强化脱贫干部选拔与管理办法和措施。在干部选拔方面，2017年3月15日，泗县县委发布了《关于坚持在脱贫攻坚一线精准选用干部的通知》，指出要坚持在脱贫攻坚一线精准识别干部，坚持重脱贫攻坚实绩精准考核干部，坚持凭脱贫攻坚成效精准使用干部，坚持以脱贫攻坚机制精准管理干部。2017年5月12日，出台《关于选派干部到非贫困村任扶贫工作队长的通知》，选派县直党政群机关、企事业单位、乡镇科级干部及科级后备干部担任非贫困村扶贫工作队长，实现全县行政村脱贫攻坚帮扶全覆盖。2017年6月5日，泗县人民政府又发布《关于做好全县选派帮扶干部待遇落实的通知》。

在干部管理方面，印发了《泗县驻村扶贫工作队管理办法》，明确了驻村扶贫工作队长的主要职责是抓基层组织建设，抓精准扶贫推进，抓中心任务落实，抓产业经济发展，抓服务水平提升，抓监督检查指导。接着，又颁布了《关于做好自然村扶贫小组长配备管理工作的实施方案》，以更好地协助扶贫工作。

第四，明确脱贫攻坚的工作形式与方法。泗县在脱贫攻坚中采取扶贫推进会、扶贫建设站以及各种扶贫专项行动等多种工作形式和方法，并且专门发文明确落实推进。2017年8月17日，泗县县委办、政府办印发《关于进一步加强乡镇（开发区）扶贫工作站建设的意见》，要求乡镇（开发区）要设立扶贫工作站，并根据贫困人口配备6—10名工作人员。站长由乡镇（开发区）副科级干部或优秀股级干部担任，分管扶贫工作的班子成员原则上专职主抓。2017年8月18日，泗县印发了《泗县2017年脱贫攻坚"大干苦干实干40天，冲刺全省第一方阵"行动方案》，提出从基础管理、精准帮扶、措施落实、脱贫攻坚等四个方面入手，对全县脱贫攻坚工作再梳理，再细化，再强化，补齐短板，提升水平，确保减贫成果通过各级评估、检查、验收。

2018年，泗县又先后发布了《关于进一步做好扶贫"双包"工作的通知》《关于加强村级专班管理工作的通知》《关于进一步发挥国家公职人员在危房清零行动中示范带动作用的通知》《关于进一步加强村（社区）"两委"班子建设的意见》《关于做好 2018 年度村（社区）"两委"干部、村级党组织星级评定暨"五面红旗村"评选工作的通知》。

2019 年，泗县对在脱贫攻坚工作中的干部作风与纪律方面提出了更高的要求与更具体的规定，颁布了《关于进一步践行"三严三实"坚决整治形式主义官僚主义突出问题的实施意见》《关于开展"严规矩、强监督、转作风"集中整治形式主义官僚主义专项行动实施方案》《2019 年度扶贫领域腐败和作风问题任务分解方案》《关于做好脱贫攻坚宣传氛围中形式主义问题的通知》《中共泗县县委关于树立"五面红旗"全面推进村级党组织标准化建设的意见》等。

三、出台落实脱贫攻坚具体政策，保障脱贫攻坚工作顺利实施

（一）出台脱贫攻坚基础设施建设的相关政策

基础设施建设相关政策主要包括农村道路建设、环境整治、饮水安全等方面的规定。2017 年 11 月 20 日，泗县印发了《全面推进泗县农村公路村级道路建设工作方案的通知》。2018 年，泗县转发了《宿州市分散供养失能五保老人和建档立卡贫困户中的一级残疾人集中入住供养工作实施方案》，县政府出台了《关于大力推进"四好农村路"建设的实施意见》《泗县 2018 年全域推进农村人居环境整治工作方案》《泗县农村人居环境整治三年行动实施方案》《泗县农村饮水安全工程集中攻坚行动实施方案》《泗县人民政府办公室关于印发泗县农村亮化工程实施方案的通知》《关于支持乡镇帮助贫困户危房改造暨改善居住条件的通知》《关于开展基础管理提升月活动的通知》《2019 年高标准农田建设项目实施方案的通知》《泗县农村危房

清零验收考核方案》等。

2019年，结合"两不愁三保障"，泗县相继出台《泗县"两不愁三保障"和饮水安全突出问题大排查总方案》《泗县水利局饮水安全突出问题大排查方案》《泗县人民政府办公室关于印发泗县农村饮水安全工程运行管理办法的通知》《泗县农村村庄清洁集中攻坚行动方案》《泗县农村厕所问题整治专项行动方案》《农村人居环境整治村庄清洁行动方案》。

（二）落实健康扶贫相关政策

加强医疗与健康保障一直是泗县开展脱贫攻坚的重要工作。2015年出台了《泗县"健康促进扶贫行动"实施意见》，提出以卫生计生机构合并和资源整合为契机，以全县6.5万贫困人口为主要工作对象，积极开展健康促进扶贫行动，减轻贫困人口就医负担，满足人民群众健康需求，倡导预防为主、科学就医、优生优育，树立科学健康观，促进健康公平，营造健康文化，减少疾病发生，减少出生缺陷，降低因病致贫、因病返贫率，力争到2015年底，全县因病致贫人口脱贫率在30%以上，努力构建全县大健康格局。2016年，泗县进一步发布《2016年度贫困残疾人救助与康复实施细则》《泗县健康脱贫工程实施意见》《泗县贫困人口综合医疗保障制度实施方案》。

2017年，泗县政府和卫计部门、残疾人联合会等相继出台了《泗县贫困人口特殊医疗费用救助实施方案（试行）》《泗县健康扶贫工程示范县建设实施方案》《泗县健康脱贫综合医疗保障实施细则》《泗县"十三五"加快残疾人小康进程规划纲要的通知》《泗县卫计委关于印发泗县农村贫困人口大病专项救治工作实施方案（试行）的通知》《2017年贫困残疾人康复实施办法的通知》《泗县健康脱贫工作专项督查考核办法的通知》《泗县提高妇幼健康水平精准扶贫实施意见》《泗县2017年贫困家庭儿童营养改善项目实施方案》《泗县健康脱贫工作考核奖惩办法的通知》《关于对各乡镇（开发区）

精神智力、重度肢体残疾人和建档立卡贫困户中因残致贫没有办理残疾证的残疾人集中免费评残办证的通知》《关于做好泗县残联 2017 年扶贫轮椅申请、发放工作的通知》《关于建立健康脱贫"月点评、季通报"制度的通知》。

2018 年，泗县又出台了《2018 年新型农村合作医疗筹资工作实施方案的通知》《泗县 2019 年城乡居民医保筹资工作实施方案的通知》《泗县残疾儿童康复救助实施办法的通知》《健康促进三年攻坚行动方案（2018—2020 年)》。2019 年，相继出台《2019 年泗县城乡居民大病保险实施方案的通知》《泗县 2019 年泗县城乡居民医疗保险补偿方案的通知》《泗县卫健委"两不愁三保障"排查方案》《泗县医保局"两不愁三保障"排查方案》。

（三）加强实施教育扶贫相关政策

2017 年，泗县人民政府办公室出台《关于教育精准扶贫的实施意见》，提出着力构建以建档立卡贫困家庭学生为重点，兼顾特殊群体学生等其他贫困学生的教育扶贫工作机制，努力构建到校到人的扶贫体系，实现贫困村办学条件改善全覆盖、建档立卡贫困家庭学生资助全覆盖，从根本上阻断贫困代际传递。此后又相继发布以下政策：《关于做好农村建档立卡贫困户家庭经济困难学生资助工作的通知》《关于做好建档立卡家庭大学生办理生源地信用助学贷款全覆盖工作的通知》《泗县教体局关于建立教师帮扶建档立卡贫困家庭在校学生全覆盖工作机制的实施意见》《关于建立教师帮扶建档立卡贫困家庭在校学生全覆盖工作机制的实施意见》《泗县教育扶贫工作大排查活动方案》。

2019 年出台《泗县教体局义务教育有保障大排查实施方案》《关于开展"两不愁三保障"之"义务教育有保障"突出问题大排查的通知》《关于进一步做好控辍保学工作的通知》《泗县家庭经济困难学生认定工作实施办法》《泗县教育扶贫工程巩固提升实施方案》，

以及《关于组织开展科技特派员与贫困村结对服务工作的通知》。

（四）积极实施产业扶贫相关政策

光伏扶贫政策。2015 年 6 月 10 日，泗县发布《泗县光伏扶贫规划（2015—2018 年)》，提出以全国光伏扶贫试点县为契机，着力培育光伏产业，利用 4 年时间实施光伏扶贫工程。2016 年 8 月 8 日，出台《泗县光伏扶贫项目和收益分配管理办法（试行)》，2017 年 8 月 29 日，进一步出台《泗县光伏扶贫收益分配管理暂行办法及泗县光伏扶贫电站运营维护管理暂行办法的通知》。

电子商务扶贫政策。2016 年 1 月 7 日，泗县发布《加快我县电子商务发展实施意见》，以"互联网+行动计划"有关精神为指导，充分发挥市场对资源配置的决定性作用，坚持市场导向、政府推动、步骤科学、布局优化、产业联动、创新驱动的原则，以电子商务发展目标体系为指针，以政策体系、保障体系和服务体系建设为支撑，积极推进电子商务的广泛应用和深度发展，实现电子商务产业资源集聚，让互联网电子商务发展成果惠及泗县，努力将泗县打造成皖北电子商务经济强县。同年 3 月 20 日，出台《泗县电商产业精准扶贫实施意见》提出：以持续增加贫困群众收入为核心，创新扶贫开发方式，把电子商务纳入扶贫开发工作体系，扎实抓好党政推动、市场运作、基础配套、培训指导、试点示范等关键环节的工作，培育壮大贫困群众电商经营主体。此后，《泗县电子商务进农村整体实施方案》《电商扶贫项目奖补实施方案》《泗县村级电子商务服务网点管理办法》等相继出台。

种养产业扶贫政策。2015 年 6 月 10 日，泗县发布《泗县肉鸭产业扶贫专项规划》，2017 年 5 月 15 日，出台《2017 年泗县特色种养业扶贫工作方案》，2017 年 6 月 29 日，泗县人民政府办公室印发了《泗县脱贫攻坚期特色产业精准扶贫规划的通知》，此后又发布《泗县 2018 年薄壳山核桃产业发展实施方案的通知》《关于加快蔬菜、经果林发展促进产业扶贫实施方案》《关于加快蔬菜、经果林发展促进产业扶贫实施方案》等。

就业扶贫政策。2016年9月18日，泗县发布《就业脱贫工程实施方案》，提出以帮助农村有就业能力和愿望的贫困人口实现就业创业脱贫为目标，以增加贫困劳动者收入为核心，采取技能培训、发展产业、就业促进、创业带动、政策扶持、就业服务等手段，为贫困劳动者提供精准服务，引导、扶持贫困劳动者就业创业，增加贫困劳动者收入，确保如期完成脱贫攻坚任务。2017年，泗县人力资源和社会保障局相继出台《关于做好2017年全县就业扶贫有关工作事项的通知》《泗县就业脱贫工程督查考核暂行办法》和《关于落实就业脱贫实施意见有关政策的通知》。

乡村建设与旅游发展政策。2016年8月8日，泗县发布《泗县易地扶贫搬迁工作实施方案》，2017年4月1日，出台《关于进一步加强脱贫攻坚加快实施农村危房改造工作的通知》，要求精准确定改造对象、严格认定程序、严格执行建设标准、强化农村危房改造监管、实行现场核查制度。2017年，泗县人民政府办公室印发《关于切实做好易地扶贫搬迁有关工作的紧急通知》《关于支持乡镇帮助贫困户危房改造暨改善居住条件的通知》。2017年6月13日，泗县出台《泗县农村"资源变资产、资金变股金、农民变股东"改革试点工作实施方案》，提出经过两年的试点，全县90%以上村完成"三变"改革目标任务，80%以上的农民完成由农民变股民的转变，实现集体经济显著增强，农民财产性收入显著增加，带动贫困户脱贫效果明显，达到农民、经营主体、村集体三方共赢局面。2018年，发布《泗县集中开展农村危房清零行动实施方案》《泗县农村危房改造及环境整治专班工作推进方案》《关于进一步做好农村危房集中清零的通知》。2019年，出台了《泗县住建局"两不愁三保障"住房问题大排方案》《农村危房改造实施办法》。

为了促进乡村旅游发展，2016年9月14日，泗县出台《乡村旅游扶贫工程实施意见》提出：积极探索扶贫开发与乡村旅游有机融合的新途径、新方式，以发展休闲农业与乡村旅游、建设美丽乡村为目标，支持贫困村和贫困群众开展乡村旅游创业就业，丰富乡村旅游产品，建设融合现代农业、生态景观、乡土风情、休闲度假、文化娱乐、科普教育和农事体验于一体的旅游产业体系，促进农村产业结构调整和农民就业增收，分享旅游发展红利，实现稳定脱贫。此后，泗县又相继出台《关于进一步加快文化旅游业发展的意见》《泗县乡村旅游扶贫实施方案的通知》。

综上所述，为了更好地完成脱贫攻坚任务，泗县县委县政府出台了一系列脱贫攻坚政策，从而有效地促进了以下"六大脱贫攻坚工程"顺利开展。

脱贫质量巩固提升工程。紧盯未脱贫人口，分年度科学制定脱贫计划，筑牢退出保障；建立防范返贫机制、应急帮扶机制，强化预警分析，对已脱贫人口和已出列贫困村进行全覆盖对标"回头看"，确保2020年实现现行标准下贫困人口全部脱贫。坚持帮扶措施不变、驻村工作队不撤离、帮扶单位和帮扶联系人不脱钩，坚持因户施策，着力加大产业扶贫、就业扶贫、资产收益扶贫、社保兜底力度，持续夯实教育、医疗、住房"三保障"，确保支持力度不减，确保稳定脱贫增收，确保不落一村、不漏一人。

现代产业发展提升工程。依托"25811"产业发展规划，构建稳定的利益联结机制，实施"一村一品"推进行动、产业扶贫项目提升行动、"四带一自"深化行动，实施林业发展工程，深化光伏扶贫、旅游扶贫、电商扶贫。按照"1146"产业发展布局和"4+3"产业发展路径，聚焦机械电子、节能环保、农副产品深加工、品牌服装等主导产业，推动产业向规模化、集群化、高端化发展，构建现代产业体系。

"双基"建设完善提升工程。围绕农民群众最关心最直接最现实的利益问题，统筹推进交通、水利、电力、通信等基础设施建设，扎实做好路网建设、农田水利建设、电力建设、通信建设、村庄绿化美化亮化等工程，确保农村公路网络体系、通达能力和安全保障水平全面提升；自来水普及率、农村集中供水率、水质达标率"三率"稳定达标；农村电网改造升级工程和网络信息化工程建设全面增效。

农村人居环境提升工程。全力做好安徽省人居环境三年行动示范县创建，持续开展农村人居环境"三清四拆"工作，通过农村垃圾治理、农村改厕及粪污治理、农村生活污水治理、村容村貌整治、村庄规划、建设和管护机制"六个全覆盖"，推动农村环境整治提标扩面。

社会治理整治提升工程。深入开展扫黑除恶专项斗争，加快"雪亮"工程建设，推进综治中心规范化和社区网格化建设，充分发挥乡贤、村民理事会等作用，提高基层基础工作水平。进一步健全完善矛盾纠纷大调解工作格局，强化对信访矛盾分析和预警，切实将矛盾化解于局部，将问题解决在基层。

党的基层组织建设提升工程。深入实施"一抓双促"工程，以提升农村党组织的组织力和政治功能为重点，以"五面红旗村"创建和"五牌联动"为抓手，进一步发挥基层党组织战斗堡垒作用。实施强村带弱村工程，大力整顿软弱涣散党组织，深化"五个一"工程，加强基层党员干部素质建设，做好村"两委"和村级后备干部选拔培训工作，推动基层党组织全面进步、全面过硬。

四、以管理考核保障为落脚点，确保脱贫攻坚政策有效执行

为了对脱贫攻坚行动进行有效的监督，实行严格的管理、监督与考核措施尤为必要，泗县结合自身实践，制定了多样化的管理规则与考核办法。

（一）扶贫对象与管理

为了对扶贫对象实行更合理有效的管理，泗县相关职能部门出台了一些相关政策，主要包括《泗县 2017 年度扶贫对象动态管理工作的通知》《关于进一步完善扶贫对象精准识别和精准退出机制的实施意见》《泗县卫计委关于 2017 年调整后建档立卡贫困人口新农合报补工作的通知》《泗县人民政府办公室关于进一步加强农村低保制度与扶贫开发政策有效衔接的通知》《泗县后续帮扶和现固提升方案》等。

（二）扶贫项目与信息管理

2017 年，针对扶贫项目的管理与扶贫信息的公开，泗县出台了以下政策：《泗县扶贫开发领导小组关于建立和推行扶贫项目信息公开公示公告制度的通知》《泗县扶贫工程项目招标工作实施意见》《关于核实项目信息，做好项目前期评估工作的通知》《关于开展2017 年度扶贫项目督查及计划项目核实工作的通知》《关于对全县扶贫对象基础信息交叉复核督查的通知》《关于泗县 2017 年扶贫项目计划的批复》《泗县关于做好安徽省脱贫攻坚大数据管理平台信息维护的通知》，2018 年又出台了《泗县扶贫资金项目公示公告制度（试行）》。

（三）考核与问责

为了加强对脱贫攻坚工作的考核与问责，泗县根据相关政策要求，制定了严格的考核制度。2016 年，泗县就出台了《泗县脱贫攻坚工作问责办法（试行）》《泗县驻村扶贫工作队长管理考核办法》《泗县扶贫工作成效考核办法》。2017 年，县委县政府则在问责方面制定了更多的细则，如《关于全县扶贫工厂建设和就业脱贫情况的督查通报》《县四大班子脱贫攻坚专项督查方案》《泗县脱贫攻坚

"双包"督查考核管理办法》《泗县扶贫项目实施和资金支出报告、督查、通报制度》《关于进一步做好脱贫攻坚大排查工作的意见》《县四大班子脱贫攻坚大排查督查方案》《建立泗县扶贫审计整改工作长效机制的意见》《泗县纪检监察机关扶贫领域问题线索限时办结制度》《泗县健康脱贫工作考核奖惩办法的通知》《县级相关部门脱贫攻坚工作督查指南》。

随着脱贫攻坚工作的深入推进，中央及省市对扶贫工作中的作风问题提出了更高要求。2018 年和 2019 年，泗县出台了以下文件：《关于抓紧抓好脱贫攻坚各类监督检查发现问题整改不落实和形式主义官僚主义问题立行立改的实施方案》《泗县脱贫攻坚工作大排查方案》《关于进一步做好脱贫攻坚大排查有关工作的通知》《关于开展脱贫攻坚各类监督检查发现问题整改情况"回头看"并切实立行立改工作方案》《关于进一步做好脱贫攻坚巡视整改和春季攻势"两促进"的通知》《泗县脱贫攻坚整改工作方案》《2018 年市县党政领导班子和主要负责同志脱贫攻坚工作成效考核反馈问题整改方案》《泗县脱贫攻坚整改工作报告》等。

（四）脱贫攻坚的资金使用与管理

由于脱贫攻坚所涉及的资金数额较大，因此，对资金的管理也是重中之重。为了更规范地管理和使用各种项目资金，泗县在 2016—2017 年相继出台了以下规定：《泗县种养业扶贫到户项目奖补实施办法（试行）》《关于统筹整合使用财政涉农资金支持脱贫攻坚的实施意见》《泗县扶贫项目和扶贫资金管理办法（试行）》《泗县精准到村扶贫资金管理办法（试行）》《泗县精准到户扶贫资金管理办法（试行）》《泗县人民政府办公室关于进一步加强小额信贷扶贫资金管理的紧急通知》《泗县人民政府办公室关于成立泗县扶贫项目资金管理工作领导小组的通知》《泗县 2017 年度统筹整合使用财政涉农资金支持脱贫攻坚实施方案》。

根据脱贫攻坚工作的实际情况，2018 年开始，泗县对部分政策规定做了一定调整与补充，相继出台《泗县 2018 年统筹整合使用财政涉农资金支持脱贫攻坚实施方案（调整）的备案报告》《泗县特色种养业扶贫到户奖补实施办法》《扶贫小额信贷风险预警及处置预案》《关于完善上报泗县 2018 年度统筹整合使用财政涉农资金支持脱贫攻坚年终实施方案》《泗县扶贫资金项目公示公告制度（试行）的通知》。2019 年发布《泗县统筹整合财政涉农资金使用管理办法》《关于支持新型经营主体带动贫困户的产业发展项目建设实施方案》《关于下达泗县 2019 年统筹整合使用财政涉农资金支持脱贫攻坚实施方案的通知》《泗县光伏扶贫收益分配管理实施细则》等，进一步加强对脱贫攻坚相关资金的使用与管理工作。

▇ 小 结 以红色党建为引擎，构建脱贫攻坚与乡村振兴有效衔接的治理体系

党的十九届四中全会《中共中央关于坚持和完善中国特色社会主义制度、推进国家治理体系和治国能力现代化若干重大问题的决定》（以下简称《决定》）强调，健全党组织领导的自治、法治、德治相结合的城乡基层治理体系。乡村治理是基层治理的重要组成部分，是国家治理的基石。必须立足新时代乡村的新变化新形势新要求，加强党对乡村治理的集中统一领导，尊重群众的主体地位，坚持以党建为引领，以人民为中心，以问题为导向，以创新为关键，以制度为保障，把党的群众路线贯穿到乡村治理的各领域全过程。近年来，泗县全面贯彻落实党中央、国务院和省委省政府、市委市政府关于"三农"工作和脱贫攻坚战略的决策部署，以红色党建为引擎，构建了多元主体协调参与大扶贫工作与农村可持续发展的治理体系，现代农业加速发展，农村人居环境显著变化，农村民生改善明显，农

民获得感显著增强。农村社会面貌呈现新气象，农村改革取得重大突破，有效地促进了脱贫攻坚与乡村振兴的有机衔接。

一、围绕"两不愁三保障"，全面落实精准扶贫基本方略，将脱贫攻坚政策落实到位

从贫困发生率、脱贫人口错退率、贫困人口漏评率、有序实施兜底脱贫、贫困村全部出列、农村居民人均可支配收入增幅、基本公共服务、群众认可度、信息管理工作等方面指标，严格对照退出标准，进一步强化脱贫攻坚责任和监督。重点关注"六类边缘户"，做到因户施策，有针对性地落实政策扶持，确保"零漏评、零错退"。充分发挥脱贫攻坚"十大工作专班"作用，深入推进农村危房"清零"、人居环境整治、"双基"建设完善、政策落实推进、产业发展增效、基础管理提升等六大行动，压紧压实镇村主体责任和各级领导干部的包保责任，确保2018年高质量通过脱贫摘帽验收。

二、实施脱贫质量巩固提升工程，持续激发贫困群众的内生动力

泗县抓住中央和安徽省加大对革命老区、皖北地区脱贫攻坚支持的政策机遇，实施现代产业发展提升工程，深入推进产业扶贫"一村一品"、产业扶贫项目提升、"四带一自"三大行动，不断激发发展活力。实施"双基"建设完善提升工程，加大资金投入，优化资源配置，创新供给方式，完善服务功能。坚持统一规划、合理布局、协调发展、适度超前的原则，统筹推进交通、水利、电力、通信等基础设施建设。实施农村人居环境提升工程，着力推进农村垃圾治理、农村改厕及粪污治理、农村生活污水治理、村容村貌整治、村庄规划管理、建设和管护长效机制"六个全覆盖"，推动所有自然村达到干

净、整洁、有序的要求。实施社会治理整治提升工程，进一步提升人民群众的安全感、幸福感。实施党的基层组织建设提升工程，深入推进"一抓双促"，大力整顿软弱涣散党组织，加强基层党员干部素质建设，进一步提升基层党组织的凝聚力和战斗力。

三、制定实施脱贫后续帮扶计划，健全防范返贫、稳定脱贫的有效机制

泗县通过科学方法，对已脱贫人口在攻坚期内"脱贫不脱政策"，做到"扶贫政策不变、支持力度不减、包保责任不松"。持续开展"五级书记"遍访贫困对象推进乡村振兴行动。同时，为完善脱贫攻坚期内稳定脱贫政策措施，确保贫困人口有序稳定退出，泗县还制定了《泗县后续帮扶和巩固提升方案》，实施脱贫质量巩固提升行动、现代产业发展提升行动、公共服务保障提升行动、农村基础设施完善提升行动、党的基层组织建设提升行动、社会治理提升行动等"六大提升行动"，确保到2020年，与全国同步建成小康社会，现行标准下农村人口全部稳定脱贫，实现稳定持续增收、"两不愁三保障"，自我发展能力全面提升；出列贫困村基础设施、基本公共服务、人居环境持续改善，村级集体经济发展的"造血"功能明显增强，村特色产业不断壮大，有效带动群众增收致富；县域经济、社会、文化、生态文明快速发展，实施乡村振兴战略取得良好开局。

第三章

织网兜底：强化脱贫攻坚保障，
提升农民生活质量

2019 年 4 月 16 日，习近平总书记在解决"两不愁三保障"突出问题座谈会上的重要讲话中强调，到 2020 年稳定实现农村贫困人口不愁吃、不愁穿，义务教育、基本医疗、住房安全有保障，是贫困人口脱贫的基本要求和核心指标，直接关系攻坚战质量。总的看，"两不愁"基本解决了，"三保障"还存在不少薄弱环节。实现义务教育有保障主要是让贫困家庭义务教育阶段的孩子不失学辍学；实现基本医疗有保障主要是所有贫困人口都参加医疗保险制度，常见病、慢性病有地方看、看得起，得了大病、重病后基本生活过得去；住房安全有保障主要是让贫困人口不住危房。近年来，泗县全面贯彻落实党中央和省、市脱贫攻坚决策部署，扎实开展"两不愁三保障"及饮水安全大排查，有效推进农村危房改造，易地扶贫搬迁，让贫困户住有所居；精准实施教育扶贫，有效解决学有所教；全面落实健康扶贫，保障病有所医；织牢保障网、守住兜底线的低保扶贫，有效巩固脱贫和预防返贫，从而强化了脱贫攻坚基本保障，有效提升了农民生活质量。

第一节　推进危房改造和易地搬迁，
有效解决贫有所居

习近平总书记始终把"实现全体人民住有所居目标"作为一项重要改革任务。因此，做好贫困人口危房改造问题，是实现"两不愁三保障"目标的基本要求，是补齐民生短板、全面实现小康目标的重要内容。易地搬迁是落实"两不愁三保障"的另一项重要举措。泗县在脱贫攻坚工作中，按照"应改尽改、不落一户"的原则，加大农村危房改造力度。2014 年以来，累计投入资金 2.06 亿元，完成农村危房改造 14893 户，其中 2017—2018 年对建档立卡贫困户、分散供养特困人员、低保户、贫困残疾人家庭等四类对象中符合危改条件的 9512 户全部实施危房改造。加大棚户区改造力度，建成棚改安置房 29187 套，有效改善了困难家庭住房条件。采取集中安置方式，全面完成 541 户 2000 人的三年易地扶贫搬迁任务。泗县在易地扶贫搬迁工作中，坚持"组织领导、科学选址、集中安置、后续帮扶"的多维举措。在解决贫困户住房保障的基础上，实现搬迁户融入新居住地的生产生活，拓宽增收渠道，确保其搬得出、住得稳、能脱贫。

一、破旧立新，系统化布局危房改造

（一）泗县危房改造的社会背景

2014 年以前，泗县农村住房问题主要表现以下几个方面：一是农村闲置破旧房屋较多，相当多的住房存在安全隐患，威胁农民生命财产安全；二是农房建设质量不高，农村建筑工匠技术薄弱，大部分不具备建设资质；三是农民思想陈旧，房屋建设仍然沿袭传统自发建构模式，存在缺少规划设计、建筑结构简单、质量隐患等问题；四是农民建房审批不严，房屋建设零乱，农村私搭乱建现象较普遍，影响农村整体环境。

2014—2018 年，安徽省下达泗县农村危房改造任务 10402 户，实际完成 14893 户，拨付资金 21119.4 万元。其中建档立卡贫困户、分散供养特困人员、低保户、贫困残疾人家庭等"四类重点对象"为 12277 户，投入资金 19080 万元。

（二）泗县危房改造主要措施及取得的成效

1. 危房改造的主要措施

第一，加强政策宣传，减少政策执行阻力。泗县为解决危房整治的"硬骨头"，打好脱贫攻坚战，采用多种宣传手段，营造浓厚的社会氛围。既通过广播、电视、网络等新闻媒体形式宣传政策措施、成功经验和先进典型，营造良好的舆论氛围，同时通过召开专题动员会、广播会、宣传车、标语、展板、传单、倡议书、告知书、入户宣讲等灵活多样形式，提高宣传的针对性，提升宣传效果。发挥各驻村工作队的组织引领作用，动员和组织村民组长、党员代表、群众代表和危旧房屋户主到拆除现场观摩，结合实践宣传危房整治的相关政策，增进群众对政策的了解，提升居民参与积极性和能动性，推动居民从"不知晓"到"知晓"、从"不合作"到"合作"、从"要我改"到"我要改"的转变。

将宣传内容与孝道文化相结合，发挥先进模范和典型代表的引领作用。宣扬和谐的家庭价值观，加强家庭的内聚力，鼓励子女将独守危房的老人接入家庭，减少危房整治的压力。通过扶贫日文艺演出、下乡表演、村组宣讲动员会、上门宣讲等形式开展"孝道扶贫"系列主题活动，宣扬敬老爱幼、崇德向善的传统美德。通过开展"模范之家""好婆婆""好媳妇"等先进典型评选活动，塑造人人争做孝善儿女、户户争做孝善之家的良好社会氛围。通过摸底排查，鼓励社会对具有赡养条件而未承担赡养义务的子女进行监督，对按期将父母接入安全住房共同生居住的居民给予 2000 元奖励。

将宣传手段与决策规范化、民主化相结合，提高群众的满意度。规范流程管理，按照"七步走"工作模式，规范个人申请、集体评议、乡镇审核、县级审批、签订协议、组织实施、竣工验收的管理过程。通过政策明白卡、村公告栏、政府网站、新媒体、行风热线等方式，公开政策标准、补助对象等信息，加强政策执行的公开、公平、公正。

第二，细化政策方案，提升政策执行效果。泗县为推动危房改造政策的落实，一方面要求党政领导、乡镇、村组负责人深入学习中央文件精神，把握脱贫攻坚政策的内在要求。另一方面，紧密立足于地方实际，在农村危房改造方面，制定一系列配套文件，同时细化政策执行方案，创新工作方法，提升基层政府公共服务能力，确保政策执行效果。

以"绣花"态度做好危房普查。通过乡镇摸排和县扶贫、审计、民政、残联、发改、不动产、车管、市场监督管理等部门的大数据比对，核准危房改造对象，做好精准识别。按照相关政策规范要求，严控建设标准和建设规模。住建委每年年初组织全县农村危房改造工匠进行技术培训，并由泗县建筑设计室分别设计了20、40、60、90平方米的房型提供给农户选用。加强工程巡查、验收、拆危、入住、补助等事务管理。按照应改尽改、不落一户的原则，从2017年起对全县所有建档立卡贫困户、分散供养特困人员、低保户、贫困残疾人家庭等四类对象进行危房改造全覆盖。

以钉钉子精神推进危房改造。2014年以来，全县农村危房改造完成14893户，补贴资金全部发放到位。2018年10月，出台《泗县集中开展农村危房清零行动实施方案》，从10月8日到12月30日，全县集中开展农村危房清零工作。制定任务书和时间表，实行战区指挥长负责制，按照"县级统筹、乡镇主体、村级负责、专班推进"的工作机制，从县直各部门抽调647名干部职工组建镇级危房整治专班和村级专班。县四大班子成员作为所联系乡镇战区的第一指挥长，同时县委县政府从公、检、法、司抽调人员，向每个乡镇派驻1个工作专班，村级专班实行"3+1"模式，即每个行政村派驻3人组成脱贫摘帽专班，每个专班由1名科级干部带队，由县住建系统向每村选派1名联络员。严格工作责任，实行一日一报告、一周一排名，对行动迟缓、工作不力的村进行通报批评。依据《农村住房危险性鉴定标准》，完成 23 万处农户房屋安全排查评定工作。依据评定结果，集中对 72454 处 B 级房屋进行了修补，涉及贫困户及三类人群 5245 处；对 24945 处 C 级危房进行修缮加固，涉及贫困户及三类人群 2097 处；对 21086 处 D 级危房进行拆除，涉及贫困户及三类人群 1826 处；对 732 处公职人员农村闲置危房进行整治，拆除或修缮老年房 1763 处。根据验收结果，全县基本住房保障指标已经达到全省平均水平。2017 年度泗县脱贫攻坚考核取得全省第六、皖北第一的成绩。

表 3-1　农村危房清零汇总表

安全级别	整治方案	危房等级认定（处）	整治情况（处）	贫困户（户）	三类人群（人）	"回头看"	
						贫困户（户）	三类人群（人）
A 级：住房结构安全，未发现危险点	无须维修	—	—	25482	12975	—	—
B 级：结构基本安全，个别非承重结构构件处于危险状态	简易维修	72467	72454	2953	2292	—	—
C 级：部分承重结构不安全，构成局部危房	以修缮加固为主，拆除为辅	24956	24945	891	1206	82	119
D 级：承重结构不安全，构成整栋危房	须拆除或重建	25862	21086	803	1023	62	249

　　第三，聚合多方资金，夯实财力保障基础。泗县制定《泗县农村危房改造补助资金管理办法》等相关政策文件，严格落实中央和上级规定的农村危房改造标准。农村危房改造资金实施以农户自筹为主、政府补助为辅的供给方式。对于建档立卡贫困户、分散供养特困

人员、低保户、贫困残疾人家庭等四类重点群体，重建、修缮分别给予2万元、6000元补贴。根据《泗县农村破危房屋整治改善农村人居环境实施方案》，对于破危房屋的拆除补偿，依据土墙草顶、土墙瓦顶、砖墙瓦顶三种基本类型，分别按每平方米100元、150元、200元标准给予补偿。对于经村"两委"组织认定的无主破危房，实施无偿拆除。

从资金来源看，2014—2019年泗县危房改造资金总数达到22805万元，其中中央财政资金14150万元，省财政资金3198万元，市财政资金881万元，县财政资金4576万元。为解决贫困户危房改造成本增加和抗震设防安全要求的实际问题，2017年、2018年泗县财政分别单独列支3000万元、1000万元特惠资金，推动15个乡镇贫困户居住条件改善。

表3-2 泗县2014—2019年危房改造资金
来源拨付统计表

（单位：万元）

年度	中央	省	市	县	合计
2014	1003	354	—	50	1407
2015	1230	403	—	40	1673
2016	1625	600	—	300	2525
2017	2111	705	881	3100	6797
2018	5682	802	—	267	6751
2019	2499	334	—	819	3652
合计	14150	3198	881	4576	22805

表3-3 2014—2019年度危房改造任务完成情况统计表

年度	省下达任务（户）	实际完成户数（户）	拨付资金（万元）	资金拨付率（%）	省下达任务是否完成	备注
2014	1180	1180	1362.6	100	是	—
2015	2200	2200	2386	100	是	—

续表

年度	省下达任务（户）	实际完成户数（户）	拨付资金（万元）	资金拨付率（%）	省下达任务是否完成	备注
2016	2000	2001	2517.4	100	是	—
2017	2350	5322（提前实施2972）	8748.4	100	是	四类重点对象5322户（提前实施2972户）
2018	2672	4190	6105	100	是	四类重点对象4190户
2019	1059	1363	1981.2	100	是	—
合计	11461	16256	23100.6	—	—	—

第四，凝聚政策合力，扩大政策辐射效应。泗县在积极推进农村危房改造过程中，一方面，关注农村可持续发展的总体目标，扩大政策的总体效应；另一方面，将危房改造与区域城镇化、土地整理、孝道赡养、乡村振兴等政策目标紧密结合，发挥政策群之间的叠合效应。农村危房改造是一项覆盖面广、工作量大、矛盾集聚的系统性工程，需要创新思路、科学规划和统筹安排，以保障各项工作健康有序地进行。为此，泗县着力实施"三个统筹"策略，坚持危房改造与惠民发展统筹推进，将弱势群体的危房改造工作视为保民生、促发展、扩内需的攻坚举措，重视激发主体内生动力，推动农民生活水平稳步提高。坚持危房改造的多元资金统筹策略，按照农民自筹为主、其他补助为辅的原则，利用财政补助、群众自筹、社会捐助等多种途径，有效整合各类资金来源，突破资金瓶颈限制。坚持危房改造与环境美化、土地整理、城镇化等工作统筹推进，突出改造重点，兼顾其他，多模式多特色地推进危改工作有序进行。

2. 危房改造取得的主要成效

自 2014 年以来，泗县积极落实"两不愁三保障"政策目标，将农村住房安全保障作为脱贫攻坚的重要内容，全县以建档立卡贫困户、分散供养特困人员、低保户、贫困残疾人家庭等为重点对象，稳步推进农村危房改造和危房清零行动。2014 年至 2018 年，共投入资金 21119.4 万元，完成 14893 户房屋改造，超过安徽省下达的 10402 户农村危房改造任务。尤其 2017 年来，大幅度提高四类重点对象的危房改造数量，2017—2018 年两年内共完成 9512 户危房改造任务。2019 年截至 9 月底，省下达危房改造指标的 1059 户，实际完成 1363 户，农村贫困人口危房实现了应改尽改、应拆尽拆、应建尽建，农民群众的安全感、幸福感、获得感显著提升。

表 3-4 2014—2019 年危房改造统计表

年份	低保户（户）		五保户（户）		其他贫困户（户）		合计	
	重建	修缮	重建	修缮	重建	修缮	户数	金额（万元）
2014	190	81	125	34	606	144	1180	1362.6
2015	412	335	236	82	643	492	2200	2386.0
2016	596	328	275	71	406	325	2001	2517.4
	四类重点对象							
2017	3968	1354	—	—	—	—	5322	8748.4
2018	2565	1625	—	—	—	—	4190	6105.0
2019	831	532	—	—	—	—	1363	1981.2
合计	8562	4255	636	187	1655	961	16256	23100.6

注：本表根据泗县住建局相关数据整理而成，其中"低保户""五保户"和"四类重点对象"的重建、修缮分别补助 2 万元、0.6 万元；"其他贫困户"的重建补助、修缮分别补助 1 万元、0.4 万元。

为了彻底消除农村贫困户住房安全隐患问题，2018 年 10 月，全县开展农村危房清零行动，对 201067 户农村住房进行全覆盖排查，根据评定结果，对 24945 处 C 级危房进行修缮加固，完成了 21086 处

D 级危房拆除工作。

2019 年 8 月，根据住建部、财政部、国务院扶贫办《关于决战决胜脱贫攻坚进一步做好农村危房改造工作的通知》（建村〔2019〕83 号）要求，进行住房安全鉴定"回头看"活动，重点对全县所有建档立卡贫困户、分散供养特困人员、低保户、贫困残疾人家庭等四类对象开展拉网式核查。覆盖全县 15 个乡镇 1 个开发区 169 个行政村，其中 30129 户建档立卡贫困户中，C 类 82 户，D 类 62 户；全县 15683 户低保户、五保户、残疾家庭户等三类人群中，C 类 27 户，D 类 30 户。根据评定结果，对鉴定为 C、D 类的住房全部进行改造。

总体而言，泗县危房改造任务量大，时间较短，效果明显。从 2014 年以来，地方政府严格按照党中央、国务院的统一部署，认真领会文件精神，广泛发动干部群众，采取网格化普查，力争信息准确，精准扶贫。重视对各种情况进行研判，及时发现问题，解决问题，保障发展与稳定之间关系。积极推进政策创新和改革尝试，顺利完成农村危房改造，解决了长期以来农村困难群众的基本住房保障问题，提高了人民群众的满意度和幸福感。为全县脱贫摘帽奠定了坚实基础，也融洽了干群关系，塑造了党和政府在农村群众中的良好形象。

二、集中安置，综合性谋划易地扶贫搬迁

习近平总书记 2016 年在青海省班彦村考察时，暖心地对村民说："党和政府就是要特别关心你们这样的困难群众，通过移民搬迁让你们过上好日子。"《中共中央 国务院关于打赢脱贫攻坚战三年行动的指导意见》指出，全面落实国家易地扶贫搬迁政策要求和规范标准，结合推进新型城镇化，进一步提高集中安置比例，稳妥推进分散安置并强化跟踪监管，完善安置区配套基础设施和公共服务设施，严守贫困户住房建设面积和自筹资金底线。

（一）泗县易地扶贫搬迁的社会背景

根据《中共安徽省委安徽省人民政府关于坚决打赢脱贫攻坚战的决定》和国家发展改革委、国务院扶贫办、财政部、国土资源部、中国人民银行《关于印发"十三五"时期易地扶贫搬迁工作方案》精神，安徽省人民政府办公厅于 2016 年 1 月出台了《关于印发易地扶贫搬迁工程实施意见等五个脱贫攻坚配套文件的通知》，明确"十三五"期间，省搬迁任务为 8.3 万人，其中泗县为 2000 人，搬迁对象为"居住在深山区、石山区、地方病多发等生存环境恶劣、生态环境脆弱、自然灾害频发、不具备基本发展条件的地方，以及居住过于分散、基础设施和公共服务设施配套难度大的地方的建档立卡贫困人口，优先安排受泥石流、滑坡等地质灾害威胁的建档立卡贫困人口"。在此背景下，泗县于 2016 年正式启动实施易地扶贫搬迁工程。

（二）泗县易地扶贫搬迁主要措施及取得的成效

1. 易地扶贫搬迁主要措施

第一，细化责任，加强组织领导。成立了易地扶贫搬迁领导小组，由县政府主要负责人任组长，分管负责人任副组长，县发改、扶贫、财政等 22 家单位主要负责人为成员的领导小组，并明确责任分工。县发改委负责全县易地扶贫搬迁工程统筹协调，牵头制定总体规划及年度实施方案；泗县致和新农村建设投资有限公司具体负责实施，并负责与省易安公司对接资金拨付等；县扶贫局负责人口识别和安置方式确定，研究提出搬迁人口脱贫措施；县财政局负责做好地方配套资金筹措，监管资金使用；县自然资源和规划局负责增减挂钩结余指标省域内流转交易；各乡镇（开发区）配合县扶贫局识别确定搬迁人口，研究提出脱贫措施，负责搬迁人口入住安置、旧房拆除和宅基地复垦。

第二，高标定位，坚持科学选址。泗县一些贫困群众长期生活在生产生活条件较为落后的地区，基础设施条件差，公共服务不配套，改造投入大、成本高。县政府通过充分调研，反复论证，决定通过购买安置房方式进行集中安置，安置点选在城区及国道两边，完善周边学校、医院和商贸服务设施，同时，严格落实工程建设"四制"管理，严把安置点工程建设质量，让群众既方便搬、乐意搬，又适宜后续发展，真正实现在易地搬迁中扶贫、在扶贫中发展、在发展中脱贫，从根本上改善了生存发展条件，解决群众居住分散、基础设施无法配套、建设成本过高等问题。2016 年和 2017 年 5 个安置小区均在县城城区，地理位置优越，2018 年 6 个安置小区中，4 个在城区，2 个紧邻 104 国道，交通尤为方便，大大改善了搬迁群众的生活居住环境。

第三，严守底线，坚持不越红线。一是严控住房面积。锁定搬迁人口人均住房面积不超过 25 平方米底线，户型精准对应到户到人。2016 年人均住房面积为 22.3 平方米，2017 年人均住房面积为 21.8 平方米，2018 年人均住房面积为 23.1 平方米，无一户住房面积超标。二是严控举债搬迁。县政府按照每平方米 2000 元价格购买安置房（2018 年调整为 2260 元/平方米），购房款资金不足部分全部由政府兜底，不让搬迁贫困户掏一分钱。同时，帮扶单位和帮扶责任人负责水电配套到位，并对搬迁安置房进行简易装修，使搬迁户可以直接搬迁入住。物业公司免收两年物业管理费，不让搬迁贫困户增加经济负担。

第四，落实政策，坚持后续帮扶。按照相关政策要求，加强安置区社区管理和服务，切实做好搬迁群众户口迁移、上学就医、社会保障、心理疏导等接续服务工作，引导搬迁群众培养良好生活习惯，尽快融入新环境新社区。为确保易地扶贫搬迁户搬得出、稳得住、能脱贫，县政府制定了《关于做好易地扶贫搬迁后续扶持政策的通知》等一系列后续配套政策，同步谋划搬迁户脱贫路径，精准到户到人，有效解决搬迁户的产业、就业、医疗、教育、社区融入等各项配套问题。

2. 易地扶贫搬迁取得的主要成效

"十三五"期间，泗县纳入国家易地扶贫搬迁规划 541 户 2000 人，其中 2016 年 197 户 700 人，2017 年 171 户 700 人，2018 年 173 户 600 人。泗县采取购买安置房方式进行集中安置，2016 年安置在城区的虹乡家园、北苑家园和桃花源北区，2017 年安置在城区的清水湾景苑和泗州名城，2018 年安置在城区的清水湾景苑、泗州名城、南柳花园、运河人家和靠近 104 国道的锦绣山庄、汴水人家。截至 2019 年 10 月，已全面完成目标任务，541 户易地扶贫搬迁户全部搬迁入住，购置安置房 604 套，总面积 4.33 万平方米，完成投资 9015.8 万元，资金已全部拨付。采取购买安置房方式进行集中安置，建设资金全部用于购买安置房（包含安置房简易装修），共购置安置房 604 套，总面积 4.33 万平方米，完成投资 9015.8 万元，其中 2016 年和 2017 年价格为 2000 元/平方米，2018 年为 2260 元/平方米。

通过实行易地扶贫搬迁工作，产生了较为明显的扶贫成效：一是改善危房户居住环境，包括旧房（危房）变楼房，学校、医院、商业等配套设施更加完善；二是农民变市民，搬迁户可以将户口迁入城区，原享有的农村土地承包经营权、集体利益分配权、惠农补贴享有权等权利不变的情况下，还享有了城镇义务教育、医疗卫生保障、创业就业、养老服务等基本公共服务权利，实现农村、城镇"双待遇"；三是贫困搬迁户就业创业的环境更优，城区内经济开发区、农业园区、公益性岗位给搬迁户提供了更多就业创业的机会。

案例 3-1 易地搬迁带来的幸福生活

潘志刚，48 岁，刘圩镇潼南村潘场组村民。全家 3 口人，家中 8 亩地，他和妻子均长期患有慢性病，一直在治疗中，医药开支较大，且不能承担重体力劳动，致家庭陷入贫困，2014 年被识别为贫困户。

潘志刚生病以前，在常熟服装厂做车工多年，为多挣钱，他不怕苦不怕累，经常加班加点，每月能挣七八千元。由于长期劳累，潘志刚患上严重的腰间盘突出症，经常是疼痛难忍，有时连行走都困难。妻子秦艳也患上腰椎脱位，打工是不可能的了，只好回家休养。生活一下子陷入绝境。尽管纳入建档立卡管理，依然不能解决他家的生活窘迫。

正当他一筹莫展之际，镇村干部送政策上门，帮助他分析家庭实际情况，建议他申请易地搬迁。于是潘志刚立即提出搬迁申请，2016年底如愿搬到泗城北苑家园小区。为确保"搬得出、稳得住、有收入"，2017年初，在县扶贫办的帮助下，秦艳被安排到北苑家园物业管理处做保洁，潘志刚也在泗县美宜家家具厂找到了工作，小女儿潘丽雅顺利转入泗县三中上学。2017年，潘志刚家顺利脱贫。

第二节　精准实施教育扶贫，有效解决学有所教

习近平总书记2012年12月在河北省阜平县考察扶贫开发工作时指出，治贫先治愚。要把下一代的教育工作做好，特别是要注重山区贫困地区下一代的成长。……把贫困地区孩子培养出来，这才是根本的扶贫之策。2016年9月，习近平总书记在北京市八一学校考察时再次强调，要推进教育精准脱贫，重点帮助贫困人口子女接受教育，阻断贫困代际传递，让每一个孩子都对自己有信心、对未来有希望。

一、泗县教育扶贫背景及现状

长期以来，由于泗县经济发展落后，教育基础薄弱，办学条件一

度滞后于全省其他县区。2013年，全县共有各级各类学校481所，在校学生129975人，教职工7048人。全县义务教育巩固率低于80%，部分农村中小学辍学率高于30%。2013年全县建档立卡户中因学致贫369户，致贫人口1236人。

2014年以来，泗县充分利用脱贫攻坚的政策机遇，加大教育投入，优化教育布局，教育发展水平持续上升，因贫辍学现象得到有效遏制，教育保障的公平性得到根本体现。2017年，泗县按照安徽省《县级人民政府推进义务教育均衡发展工作评分细则》指标要求，顺利通过国家义务教育均衡县达标验收。2018年以来，泗县进一步按照县委打赢脱贫攻坚战总体部署，从保障教育公平和教育质量出发，严格落实"不让一个孩子因贫失学，确保已脱贫户稳定脱贫"的目标任务，完善各项政策措施，教育扶贫效果明显。2019年，全县建档立卡户中因学致贫家庭已从2013年的369户减少至76户，致贫人口降至176人。各项教育发展指标达到脱贫要求，在教育督查考核中连续三年获得安徽省教育扶贫前三名的好成绩，为全县脱贫攻坚摘帽作出了突出贡献。

表3-5 2014—2019年建档立卡户中因学致贫情况统计表

年度	贫困情况		脱贫情况		未脱贫情况	
	贫困户数	贫困人数	脱贫户数	脱贫人数	未脱贫户数	未脱贫人数
合计	424	1427	348	1251	76	176
2013	369	1236	—	—	—	—
2014	27	106	52	207	—	—
2015	7	24	56	214	—	—
2016	15	43	52	194	—	—
2017	4	13	91	329	—	—
2018	2	5	97	307	—	—
2019	—	—	—	—	76	176

二、泗县教育扶贫的主要做法

（一）聚焦精准，全面落实家庭经济困难学生资助政策

自实施义务教育经费保障机制改革以来，泗县认真贯彻落实国家对家庭经济困难幼儿学前教育资助、义务教育的"两免一补"政策，实施民生工程普通高中家庭经济困难学生和中职学生的资助工作，并加大对义务教育经费的投入，2014—2019 年，累计发放资助金14377.96 万元，259412 名学生受益，健全学生资助制度，实现各级各类学校、具有全日制学历教育正式学籍的建档立卡家庭经济困难学生资助全覆盖，确保无一名学生因贫失学。

表3-6　2015—2018 年教育经费投入情况表 （单位：万元）

时间	总投入	建设类资金	中央和省项目资金
2015	72781	15430.35	17360.1
2016	80220	13783.21	20352
2017	90468	16515.51	22405.9
2018	113610	19099.12	23972.2

1. 健全学前教育幼儿资助政策。为促进学前教育均衡发展，保障家庭经济困难儿童公平接受学前教育的机会和权利，泗县全面执行普惠性幼儿园在园家庭经济困难儿童、孤儿和残疾儿童接受学前教育资助政策，严格按照相关政策要求，确保农村建档立卡贫困户家庭的在园幼儿获得资助，资助标准每人每年不低于 800 元。政策执行以来全县共资助学前教育幼儿 17680 人，资助金 664.095 万元。

2. 完善义务教育经费保障机制。泗县全面贯彻《安徽省人民政府关于进一步完善城乡义务教育经费保障机制的实施意见》和《安

徽省人民政府关于 2018 年实施 33 项民生工程的通知》要求，精准实施义务教育阶段资助工作，确保统一城乡义务教育"两免一补"政策和农村义务教育学校校舍安全保障长效机制落实到位。按照小学每生每年 1000 元、初中每生每年 1250 元的标准，落实义务教育阶段建档立卡贫困家庭的寄宿学生生活费补助。从 2017 年秋季学期开始，县财政统一按照每生每年 500 元标准向建档立卡贫困家庭学生增发补助金。免除义务教育阶段建档立卡贫困家庭学生教辅资料费用和学生作业本费等。从 2019 年秋季学期起，扩大义务教育家庭经济困难寄宿生生活费补助政策覆盖面，将义务教育阶段建档立卡贫困家庭学生、最低生活保障家庭学生、特困供养学生、孤残学生、烈士子女、家庭经济困难残疾学生及残疾人子女等家庭经济困难学生全部纳入生活补助范围。重视对经济困难非寄宿生的资助，按照每年小学生均 500 元、初中生均 625 元的生活补助标准对建档立卡家庭等贫困学生进行补助。自上述政策实施以来，泗县义务教育阶段学生享受各类资助达 161500 人次，发放资金达 5786.8442 万元。

3. 推进农村义务教育学生营养改善计划。泗县全面落实农村义务教育学生营养改善计划国家扶贫开发重点县全覆盖政策。从 2017 年秋季学期开始，实施农村义务教育学生营养膳食补助，食堂按照"4+x"模式提供正餐，即 4 元由国家承担，就餐小学生每天中餐交 1 元钱，就餐初中生每天中餐交 2 元钱，建档立卡贫困学生的中餐"x"部分由政府承担。该政策实施以来，泗县共落实营养膳食补助经费 15462.2 万元，农村学生营养状况得到较大改善，农村学生健康水平明显提高。

4. 落实普通高中学生资助政策。按照相关政策规定，政府向普通高中在籍在校建档立卡等家庭经济困难学生（含非建档立卡的家庭经济困难残疾学生、农村低保家庭学生、农村特困救助供养学生）发放国家助学金，并免收学杂费。其中，国家助学金标准为平均每生每年 2000 元，建档立卡贫困家庭学生享受最高档每生每年 3000 元；

免除学杂费标准为省示范学校每生每年 1700 元，市示范学校每生每年 1300 元，普通学校每生每年 600 元。按照同类型公办普通高中免除学杂费的标准，给予在政府教育行政管理部门依法批准的民办普通高中就读并取得正式学籍、符合免学杂费政策条件的学生同等补助。该项政策实施以来，普通高中学生受到资助达 51696 人次，共发放资助金达 4685.995 万元。

5. 落实中职学校学生资助政策。按照相关政策规定，中职全日制正式学籍一、二年级涉农专业学生和非涉农专业家庭经济困难学生按每生每年 2000 元标准获得国家助学金，全日制在籍在校学生免除学费。参加短期培训的在籍建档立卡贫困家庭学员统一按照每人 1000 元的标准发放一次性补助金。中等职业教育的在籍在校建档立卡贫困家庭学生按照规定享受每生每年 3000 元的"雨露计划"资助。该项政策实施以来，泗县向中职学生共发放资助金 19524 人次，金额达 1966.13 万元，落实"雨露计划"补助政策，资助 6253 人次，金额达 1088.4 万元。

6. 落实校内学生资助制度。按相关文件规定，非义务教育阶段的各级各类公办学校应从事业收入中足额提取经费（其中中职学校提取 5%、普通高中和幼儿园提取 3%—5%）用于学费减免、勤工助学、奖助学金和特殊困难补助等；民办学校也从学费收入中提取不低于 5% 的资金，用于奖励和资助学生。校内资助项目优先保障建档立卡家庭学生，不因政府加大资助经费投入而抵减校内资助。

7. 落实高等教育生源地信用助学贷款政策。加强普通高校贫困家庭学生的金融支持力度，优先为正式录取的泗县户籍本专科建档立卡家庭经济困难学生办理生源地信用助学贷款。其中，大学生每生每年不超过 8000 元，研究生每生每年不超过 1.2 万元。首次办理生源地信用助学贷款的泗县户籍建档立卡贫困家庭大学生，按照每生 1000 元标准实施一次性就学补助。普通高等学校的建档立卡贫困家庭应届高中毕业生按照省内院校每生 500 元、省外院校每生 1000 元标准给予一次性新生入学资助。高等职业教育在籍在校建档立卡贫困家庭学生享受每生每年3000元的"雨露计划"资助。政策执行以来泗县共为考入普通高等学校贫困家庭学生发放就学补助金3116人次，共268.85万元，为36186名考入普通高等学校学生办理生源地信用助学贷款25448万元。

8. 特殊群体学生就学资助。泗县按照义务教育阶段每生每年500元、高中教育阶段每生每年1000元的标准对孤残学生及残疾家庭子女实行特殊群体就学资助，共资助18934人次，金额达528.955万元。

9. 引导社会力量参与捐资助学。泗县在助学工作中整合团县委、工会、妇联、红十字会、学生爱心捐助以及"澳门乐善行"等各类社会助学资源，按照"多口进、一口出"的办法，实现建档立卡贫困家庭大学生资助全覆盖，并提高资助补助水平，优先安排贫困户家庭。例如，2012年澳门乐善行基金会对泗县20名贫困学生实施资助，此后每年增加资助名额和资助金，到2019年度为止，共资助泗县贫困大学生364人次，发放助学金共计129.9万元。泗县三中也以家庭经济困难学生为本，实施爱心救助捐款，有效地解决了学生的实际需求。

10. 创新现代职业教育助力脱贫攻坚。职业教育作为高中阶段教育的重要组成部分，一方面承担普及高中阶段教育的责任，另一方面也负有培养社会需要的一线劳动者和技能人才的重任，具有精准扶贫、助力脱贫的作用。宿州环保工程学校作为泗县唯一一所职业学校，根据实际需要调整职业教育专业设置、招生计划，增加贫困家庭子女接受中等职业教育机会，提高贫困家庭人员就业率。依托天坤宿州环保工程学校，利用天坤国际优蓝网平台，加强对建档立卡贫困家庭有就业能力人员的针对性培训和高质量就业指导，精准助力教育扶贫。鼓励贫困家庭劳动力参加中、高等职业教育和就业技能培训。贫困家庭劳动力可参加公共职业训练基地组织的免费技能培训。通过开展职业教育和技能培训，帮助贫困家庭劳动力提高职业技能和受教育年限，增强就业和创业能力。

（二）志智双扶，促进立德树人与脱贫攻坚有机融合

扶贫必先"扶志"，而教育扶贫不仅"扶志"还要"扶智"，实现"志智双扶"。泗县通过创新实践，将立德树人与脱贫攻坚紧密结合，既通过加强立德树人教育帮助贫困家庭的学生树立正确的价值观和人生观，又可以有效阻断贫穷代际传递，激发农村发展的内生动力。

1. 建立教师帮扶建档立卡贫困家庭在校学生全覆盖工作机制

2017 年，泗县教体局建立了建档立卡贫困家庭在校学生教师教育帮扶的工作机制，有效发挥教师专业特长与教育优势，宣传落实国家教育扶贫政策，监督实施国家及县委县政府教育资助资金发放，协调组织开展爱心助学活动。确保实现所有建档立卡贫困户家庭学生应助尽助，不让一个贫困学生因贫失学、辍学，保证贫困学生思想上有人管、学业上有人帮、未来发展有出路。泗县共有 5928 名教师与贫困家庭学生建立结对帮扶，实行精神志向激励与学业课程辅导、资金资助相结合，通过"输血"与"造血"并重发展，有效地提高贫困学生自身发展志向与学习能力。

2018 年，泗县教体局提出坚持"教育扶贫，育人为本"的原则，以立德树人为目标，以建档立卡等贫困人口（含非建档立卡的农村贫困残疾人家庭、农村低保家庭、农村特困救助供养人员）为重点，开展"万名教师结对帮扶贫困学生"专项行动，充分发挥广大教师"走进家庭、携手育人"家访工作优势，拓展新时代资助育人渠道，通过广大教师与建档立卡贫困家庭学生实施结对帮扶，发挥广大教师聪明才智，"面对面"地宣传教育扶贫学生资助政策，帮扶贫困学生学习生活，关怀学生心智情感，教育学生知恩感恩，激发学生成才志向，促进贫困学生全面健康成长，在皖北大地上谱写了教师人人献爱心、贫困学生个个受关爱的生动篇章。

2. 开展"假如我是贫困户，我该怎么做"的主题教育活动

脱贫攻坚的政策倾斜，既为落后农村发展提供了良好的条件，也造成了少数群众的依赖心理，网上甚至流传了"我的理想是当贫困户"的段子。为了解决脱贫攻坚工作中存在的"等、靠、要"的惰性思维和"不愿脱贫、不敢脱贫"的落后观念，泗县教体局在全县各级各类学校开展了一场大讨论，通过主题教育活动，引导学生明白脱贫攻坚的方针政策、目标举措、自身责任，使学生能够感念党和政府的关怀之恩、帮扶干部的关心之恩以及社会各界的关爱之恩，同时通过"强信心、强素质、强本领"教育，激发了学生改变贫困面貌的愿望和决心。

第三节 全面落实健康扶贫，
有效解决病有所医

"没有全民健康，就没有全面小康"。习近平总书记 2016 年 8 月在全国卫生与健康大会上的讲话中指出，患病是致贫返贫的重要原因。要深入实施健康扶贫工程，必须要提高贫困地区医疗卫生服务能力，做到精确到户、精准到人、精准到病，通过加强人才培养、对口支援等形式提高当地卫生服务能力，保障贫困人口健康。泗县在脱贫攻坚工作中，全面落实健康扶贫"三个一批"行动计划，把重病重残贫困人口作为健康扶贫的重中之重，整合 17 家部门力量，形成联动帮扶机制。自 2016 年实施"351""180"政策以来，全县贫困人口住院受益 4.92 万人次，门诊受益 113.56 万人次。实施为贫困人口代缴家庭医生签约费用和专家服务团队进村入户制度，使全县贫困群众能够方便享受健康指导、疾病咨询、预约挂号、上门随访等各项医疗服务和健康指导。颁布《泗县非贫困人口医疗补充保险实施办法》，将非贫困人口医疗自付费用超过 1.5 万元部分，纳入补充保险

保障范围，提高非贫困人口医疗救助水平。上述政策实施以来，全县受益群众 11040 人次，补充报销医疗费用 3128.53 万元，切实拔除了因病致贫的"穷根"。

一、泗县农村居民卫生健康基本情况

2016 年以前，由于地理、文化和一些区域行为习惯等因素，泗县农村环境普遍存在脏乱差现象。居民饮食口味偏重，习惯高盐、高糖、高油等不利于健康的食物。社区诊断和基线调查显示，农村居民患高血压、糖尿病、高血脂等慢性病居多，且不被重视和及时就医，病因大多是由于食盐摄入过量、缺乏体育锻炼、过度饮酒、肥胖等问题。2016 年，泗县健康立卡贫困人口 20409 户 51051 人，其中因病致贫返贫 25351 人，占总贫困人口的 49.6%，农村居民因病致贫率总体偏高。

二、泗县健康扶贫资金投入与扶贫成效

（一）健康扶贫资金投入与支出情况

泗县是皖北的农业大县，人口数量较多，农村人口比例较大，医疗健康服务供给基础薄弱。脱贫攻坚政策实施以来，全县医疗健康服务投入持续增长，医疗卫生水平明显提高。2016—2019 年，泗县直接和间接用于健康脱贫的资金共计约 20.8 亿元，这些项目资金主要用于基层医疗和公共卫生基础建设、基本公共卫生服务、医疗执业人才培训以及健康扶贫专项补助等。

基层医疗和公共卫生基础建设项目投入。2016 年以来，投入县级医疗卫生机构建设、乡镇卫生院改造和村级卫生室标准化建设的财政经费分别为 13.12 亿元、1.8513 亿元和 4134 万元。为配合创建国家健康促进示范县，财政投入健康教育与宣传费用 223.5 万元，健康

广场建设 3650 万元，农村卫生环境整治 5650 万元，健康主题公园、健康步道 150 万元。另外，投资 3400 万元用于"智医助理""智慧医疗"等信息化建设

基本公共卫生服务保障项目投入。2016—2019 年，共投入乡村两级医疗卫生机构项目资金 1.73778 亿元。2016 年，全县开展家庭医生签约服务，代缴贫困人口有偿签约服务费用 253.14 万元。2016—2019 年，县农合中心共投入各类结算与补偿资金 2.3431 亿元，其中农合资金垫付 1.72 亿元。

乡村两级医疗机构业务人员培训项目投入。2016 年以来，泗县在全科医生转岗培训、住院医师规范化培训、紧缺人才培养、乡镇卫生院（社区卫生服务中心）业务骨干培训、乡村医生培训等基层医疗卫生机构人才队伍培养方面，累计投入中央财政资金、省财政项目资金以及自筹资金 170 余万元。

健康脱贫项目投入。2016—2018 年，省市县财政共投入健康脱贫资金 6228.26 万元。其中：2016 年，县级财政共投入扶贫资金 2348 万元；2017 年，省市县财政共投入扶贫资金 1995 万元；2018 年，省市县财政共投入扶贫资金 1885.26 万元。

（二）健康扶贫取得的主要成效

构建城乡健康服务体系，提高健康脱贫成效。推动公共卫生服务体系建设，构建以县级为"龙头"、乡镇为"枢纽"、村级为"网底"的县、乡、村三级健康教育与健康促进服务网络体系。依托乡村计生阵地，加强健康宣传，在全县 16 个乡镇和 186 个村（居）建设"乡镇卫生计生宣传信息服务中心"和"村级卫生计生宣传信息服务站"。探索建立一条融行政队伍、技术队伍和群团组织"三位一体"的基层卫生计生机构整合、转型发展新模式。

完善社区医疗服务网络，提升居民健康水平。坚持以"实施健康脱贫、打造健康乡村"为目标，启动"健康促进扶贫行动"，实施

精准扶贫。按照政府主导、各方联动的原则，建立完善医疗综合保障体系，落实贫困人口"两提高、两降低"倾斜政策，减轻贫困家庭经济负担。颁布《泗县健康脱贫工程实施意见》，对农村贫困人口实行医疗兜底服务。建立全县贫困人口基础信息档案，全面掌握因病致贫人口的数量、分布和贫困程度。为所有贫困家庭提供免费体检、签约服务，形成"小病不出村、常见病不出乡、大病不出县"的就医格局。通过创建国家健康促进示范县活动，全县 8 个社区达到健康社区标准，健康社区覆盖率为 61.54%；44 个村达到健康村标准，健康村覆盖率为 25.29%；455 户家庭达到健康家庭标准；71 所学校达到健康学校标准，健康学校覆盖率为 68.93%；27 所学校达到健康促进医院标准，健康促进医院覆盖概率为 90%；50 家机关单位达到健康促进机关标准，健康促进机关覆盖率为 72.46%；12 家企业达到健康促进企业标准，健康促进企业覆盖率为 31.58%。

三、泗县健康扶贫工作实践经验

（一）精准实施健康扶贫

突出精准识别。对全县所有建档立卡贫困人口，免费进行两轮全面体检，摸清因病致贫户的底数，掌握病因病况结构及家庭成员结构，从患重大疾病或长期慢性病、主要劳动力患病或非主要劳动力患病、丧失部分劳动能力或完全丧失劳动能力、短期内可以治愈或需要长期治疗等四个方面进行细化分类，逐人逐户建立健康档案，纳入全县贫困人口信息管理平台。

突出精准施策。以医疗救助全保障、健康服务全覆盖、动态管理全过程为重点，在严格执行省"351""180"医疗保障政策的基础上，先后制定出台了《泗县健康促进扶贫行动计划》《泗县健康脱贫工程实施意见》和《泗县贫困人口特殊医疗费用救助办法》，有效解决疑难杂症产生的特殊治疗费用以及因第三方责任且无赔付能力等医保政策之外的特殊医疗费用。对贫困户实行"四个一"，即每户一张健康扶贫明白卡、一名免费家庭医生、一个"健康大礼包"、每年一次免费体检。加强政策宣传培训，实现县乡村帮扶干部、全体医疗人员和贫困户健康扶贫政策全知晓、全覆盖，打消贫困人口有病不敢看的担忧和顾虑，防止小病拖成大病。

突出精准救治。成立县级专家团队，对9种能一次性治愈的大病，分级集中专项救治；对其他需要长期治疗的，进行跟踪与康复治疗。在县新农合管理体系中，将所有贫困人口标注出来，将原来由不同部门管理的大病救助、医疗救助、大病保险整合到新农合管理体系。贫困户凭一张身份证，就可以在就诊医院真正实现看病不交钱，享受"一站式""直通车"服务。

（二）提升健康保障能力

加快推进紧密型县域医共体建设。按照"两包""三单""六贯通"的要求，深度整合全县医疗服务资源，有效融合公共卫生资源，逐步实现发展方式由以治病为中心向以健康为中心转变，努力为全县人民群众提供一体化、连续性的全方位全生命周期的健康服务。同时，与宿州市立医院、蚌埠医学院一附院、安徽省中医药大学第一附属医院、北京航空总医院等医院合作，推进医联体建设，充分发挥医疗资源效能，优化资源配置，更好地为人民群众提供优质的医疗服务，形成上下联动、优势互补、资源共享的运行机制，使泗县广大患者能够在家门口享受到城市三级综合医院的诊疗服务，降低群众看病的综合支出成本。

强化人才队伍建设。加强与省内外重点医院结对共建，分别与北京航天航空总医院、安徽省中医药大学附属医院建立合作关系，积极发挥县域医共体牵头作用，本着外部高端人才引进来、本院医疗骨干沉下去的原则，不断改造和提升自身以及乡镇卫生院医疗服务能力，方便群众就地、就近享有高端诊疗服务，确保实现"大病不出县"的既定目标。

强化医疗体系建设。积极推进县域紧密型医共体建设，构建以县级为"龙头"、乡镇为"枢纽"、村级为"网底"的健康扶贫网络，加快形成基层首诊、双向转诊、急慢分治、上下联动的分级诊疗模式，基本实现"小病不出村、一般病不出乡、大病不出县"的目标。

（三）抓好家庭医生签约服务

创新服务模式。通过县财政为贫困人口代缴家庭医生签约费用的方式，坚持"应签尽签"原则，对建档立卡贫困人口中患有高血压、糖尿病、结核病、严重精神障碍等四种慢性病的实行重点签约，让绝大部分贫困人口免费享受了家庭医生签约服务。全县成立了18个县级指导团队、163个乡级服务团队、184个村级主体团队，共1844人组成县乡村三级专家形成"宝塔式"的家庭医生服务模式，签约团队组成按"1+1+1"模式，利用"健康直通车"，进村入户为贫困人口免费提供服务健康指导、疾病咨询、预约挂号、上门随访等服务，让全县所有因病致贫人口在家就能享受专家级健康指导。

创新签约载体。为切实做好贫困人口履约工作，提高履约能力，泗县创新服务方式，为全县所有乡村医生配备了"贫困人口家庭医生签约服务包"，服务包内可以将健康一体机等检查设备和常用药物随身携带，方便村医到每一户贫困家庭开展履约工作；同时为全县174个村卫生室配备了四轮六座的"健康直通车"，车内统一配置了折叠体检床、健康一体机、体检秤、血压计等一系列检查设备，在方便进村入户做好家庭医生签约履约服务的同时，进一步宣传了家庭医生签约服务各项惠民政策，遇到贫困人口看病就医全程陪同，专车接送患者到乡镇卫生院，让签约群众从内心深处认可家庭医生签约服务这项政策，提高签约居民知晓率和满意度。

确保贫困群众受益。通过签约服务，严格规范服务内容、形式、数量、质量，确保贫困群众最大程度受益。特别是对于贫困人口中的留守老人，家庭医生每月定期上门随访，交流保健知识，利用家庭医生"健康直通车"，上门给留守老人体检、测血糖以及给予健康生活指导等服务。每次检查结束后家庭医生还会将留守老人的体检结果以短信方式发送给在外地务工的儿女，以解除他们的后顾之忧。通过签约服务，切实解决了广大群众特别是贫困人口"看病难、看病贵"和"因病致贫、因病返贫"的问题。

（四）强化健康公共服务

打造健康阵地。利用家庭医生乡村服务团队，依托乡村计生阵地和村级卫生室，加强"健康小屋"建设。"健康小屋"内摆放体检设备，居民可以自助体检，并由医务人员开展免费健康咨询，把"健康小屋"打造成群众健康教育基地，为广大群众营造温馨、舒适的健康服务环境。

加强健康宣传。利用家庭医生签约服务宣传月活动，重点办好"三个大讲堂"：一是在村开设《健康直通车》大讲堂；二是在学校开设《健康乐园》大讲堂；三是在县电视台开播《健康有约》《名医直播间》大讲堂。通过开展健康宣传教育活动，引导群众树立正确的健康观念，推进全民养成健康的生活方式。

强化活动引领。在抓好签约服务履约工作中重点开展"十个一"活动，即开展一次义诊活动、举办一次健康讲座、进行一次免费体检、建立一个健康档案、打造一个健康广场、建设一个健康小屋、赠送一张服务卡、确定一个联系人、制作一个宣传片、发放一个大礼包。通过开展"十个一"活动，倡导健康的生活方式，克服过去重治疗、轻预防现象，解决群众"少生病、不生病"问题。

（五）夯实医疗保障，斩断"穷根"

1. 开展医疗保障促扶贫的主要措施

泗县县委县政府对健康扶贫医疗保障高度重视，2019 年 3 月成立泗县医疗保障局，并出台一系列健康扶贫医疗保障政策，医保局在医疗扶贫工作中的主要职责是医疗扶贫政策的落实，做好保障服务和对扶贫基金的监管。2016 年以来投入大量资金予以保障，大大缓解贫困人口负担，减少了贫困人口因病致贫返贫。一是为贫困户代缴参保款，减少贫困人口支出 2570 万元，其中 2017 年代缴 766 万元，2018 年代缴 900 万元，2019 年代缴 1084 万元。二是出台补充医疗保险政策，减少参保群众就医支出 3807 万元，其中 2017 年支出 1508 万元，2018 年支出 1997 万元，2019 年支出 302 万元。三是执行兜底保障政策，减少贫困人口就医支出 5177.04 万元，其中 2016 年支出 172.46 万元，追溯补偿 472.41 万元（从 2016 年 7 月 26 日省政府文件出台时），2017 年支出 2011.76 万元，2018 年支出 2310.88 万元，2019 年支出 854.40 万元。四是慢性病门诊落实"180"医疗保障政策，减少贫困人口就医支出 3376.34 万元，其中 2017 年支出 1053.23 万元，2018 年支出 1690.69 万元，2019 年支出 632.42 万元。五是开展医疗救助，减少贫困人口就医支出 3740.06 万元，其中 2016 年支出 133.09 万元，2017 年支出 1355.20 万元，2018 年支出 1364.20 万元，2019 年支出 1020.66 万元。

表 3-7　2016—2019 年农合中心健康脱贫支出统计表

（单位：万元）

项目	2016	2017	2018	2019	合计
政府代缴参保款	0	766	900	1084	2750
政府兜底	172.46	2011.76	2310.88	854.4	5177.04
医疗救助	133.09	1355.2	1364.2	1020.66	3740.06
180	0	1053.23	1690.69	632.42	3376.34

续表

项目	2016	2017	2018	2019	合计
补充医疗保险	0	1508	1997	302	3807
大病保险	84.9	1313.31	1727.16	1067.9	4108.37
手工追补	472.41	0	0	0	472.41
合计	862.86	8007.5	9989.93	4961.38	23431.22

2. 开展医疗保障促扶贫的主要经验

医疗保障部门在扶贫工作中主要是落实各项政策，确保农村贫困人口"看得起病、看得上病、看得好病"，有效缓解贫困人口因病致贫返贫问题。泗县实施的一些健康扶贫做法被中央电视台、《人民日报》、《安徽日报》、人民网、新华网等多家主流媒体宣传报道，2017年，泗县被安徽省授予"安徽省健康扶贫示范县"称号。

强化政策宣传。只有让政策执行者、医护人员、受益贫困人口充分了解政策，才能让医保扶贫政策落实好，为提高贫困人口对医保扶贫政策知晓率，医疗保障部门开展多种形式政策宣传。一是进行集中培训，对医保局内部工作人员进行医保扶贫政策学习培训；二是加强医疗机构宣传，为定点医疗机构统一印制、发放医保扶贫政策明白纸，要求医保定点医疗机构在醒目位置设置医保扶贫政策宣传栏，张贴健康扶贫政策；三是强化媒体宣传，走进百姓热线直播间，利用网络、微信等多种宣传形式和手段，确保群众能通过不同渠道获取医保扶贫政策信息，提高知晓率。

强化精准落实。一是参保对象精准，保证贫困人口全员参加基本医保，确保医疗有保障，看得起病，根据县扶贫局提供的贫困人口名单全员标识到医保结算系统，确保系统中贫困人口不漏一人，贫困人口名单发生变动时及时更新；二是享受政策精准，将健康扶贫医疗保障政策植入医保结算系统，实行健康扶贫"三保障一兜底"扶贫政策可以"一站式"享受，既方便参保群众，又保证医保扶贫政策精准享受；三是合作精准，加强与县扶贫局合作，贫困人口名单严格按照县扶贫局提供的名单确认。加强与卫健部门合作，健康扶贫的落脚点在医疗机构，医疗机构在为贫困人口诊疗过程中必须严格执行扶贫保障政策，从而提高效果。加强与财政部门合作，定期将扶贫资金使用进度向财政部门反馈，确保扶贫资金能够及时拨付到位，加大保障力度。

强化制度监管。一是加强内部控制，医保扶贫资金实行专款专用，封闭管理、运行，避免被挤占、挪用，县审计部门定期审计和专项审计；二是制定医保扶贫资金使用规范，规范医疗机构服务行为，避免过度医疗行为，确保扶贫资金使用规范，避免浪费；三是加大惩处力度，对欺诈骗保行为实行严查重处，形成高压态势，提高威慑力，让有限的资源发挥最大效益。

强化服务意识。为了全面提升医保管理水平，切实为参保群众提供优质便民的医疗保障服务，泗县医保局多措并举，不断推进医疗保障领域"放管服"改革，能够实行网上办理的，绝不让老百姓跑路，能够一次性办理的，决不让老百姓跑第二次。

第四节　巩固保障兜底网线，
　　　　有效解决弱有所扶

2015 年，习近平总书记在在中央扶贫开发工作会议上指出，目前，贫困人口中完全或部分丧失劳动能力的有 2000 万至 2500 万人。到 2020 年难免还有这样的贫困人口，要由社会保障来兜底。因此，在做好精准扶贫"三保障"的同时，还要扎实推进综合社会保障，推进低保线、扶贫线"两线合一"。社会保障兜底脱贫成为打赢脱贫攻坚战役的重要制度保障。

泗县在脱贫攻坚工作中，以保障城乡困难群众最基本生活为重点，全面开展社会救助精准兜底扶贫保障工作，提高城乡低保、特困人员救助、临时救助的水平，深入推进农村低保制度与扶贫开发政策有效衔接，进一步健全完善城乡社会救助体系，严把社会救助工作质量关，在切实发挥社会救助兜底保障工作中做出了大量有效探索。

一、泗县实施社会保障兜底取得的成效及主要措施

（一）实施社会保障兜底取得的成效

泗县社会保障工作整体水平不断提升、卓有成效。农村居民最低生活保障标准和补助水平不断提高。2019 年泗县农村低保标准由 2014 年每人每年 1776 元提高到 6996 元，远远高出扶贫标准，为兜底脱贫工作打下坚实的基础。2019 年 1—9 月，泗县农村低保共保障 432662 人次，累计发放救助金 14569.789 万元，农村低保对象月人均补差为 336.75 元，低保资金按月及时打卡发放到位。2019 年严格按照低保操作规程，新增低保户 2092 户，将不再符合低保条件的 4544 户予以及时清退，真正做到了“应保尽保，应退尽退”的动态管理。

表 3-8 2014—2019.9 泗县农村低保标准、保障人数和低保覆盖率

年份	农村低保标准（元/年/次）	农村低保保障人次（人）	低保覆盖率（%）
2014	1776	506211	5.20
2015	2200	491665	4.60
2016	3000	392576	3.09
2017	3800	389656	4.50
2018	4150	490664	6.69
2019	6996	432662	5.65

表 3-9　2014—2019 年贫困对象、低保对象及占贫困人口的比例

年份	贫困对象（户）	贫困对象（人）	低保对象（人）	低保对象（户）	低保贫困对象（户）	低保贫困对象（人）	低保贫困对象占贫困人口比（%）
2014	30129	78556	21167	42182	13253	33671	42.86
2015	—	—	—	—	—	—	—
2016	29705	78205	12669	25002	10940	29952	38.29
2017	27031	75145	16031	34717	5789	16496	21.95
2018	26239	74760	25242	51847	12520	31093	41.59
2019	25778	73701	22790	43752	11970	25468	34.56

（二）实施社会保障兜底的主要措施

泗县民政局聚焦脱贫攻坚责任落实、政策落实和工作落实三方面，压实"双包"帮扶责任，全面落实综合性保障脱贫政策，认真做好农村低保制度与扶贫政策有效衔接。项目资金拨付及时规范、精准足额，问题整改全面到位，扶贫工作成效显著。符合条件的贫困家庭全部享受最低生活保障，完全丧失劳动能力或部分丧失劳动能力且无法依靠产业帮扶脱贫的贫困人口已全部纳入兜底保障，特别是在最低生活人口、残疾人口、临时困难人口和各类特困人口等方面做到了"两保障"和"两瞄准"。采取的主要措施如下：

定期组织人员深入农村访贫问苦，了解情况，摸清实情，建立台账，做到底数清、情况明，为救助工作的顺利开展提供依据。同时，严把入口关，实行救助对象民主评议听证会制度。听证会由党员代表、人大代表、民政局工作人员、各村（居）主要负责人等人员组成，申请对象应亲自到场说明家庭基本情况、收入情况，由听证会采取不记名投票方式决定其是否具有申请救助的资格。

不断完善救助金监管机制。按照"专户管理、封闭运行、专款专用、社会化发放"的原则，对救助金实行"一卡通"，进行社会化

发放，形成民政、财政、银行"三位一体"的资金发放监管体系，在源头上避免挪用、截留、克扣救助金等违规违纪行为。同时，健全动态管理机制，建立月报季报制度。乡村两级按月将低保动态情况进行一次调查摸底统计上报，定期审核农村低保家庭经济状况，对收入水平超过低保标准的家庭，要及时退出低保；对农村贫困户、低保边缘户进行重点排查；对符合保障条件的，严格按程序申报审批，畅通进出渠道，做到动态管理下的按标施保、应保尽保。

此外，建立了县乡村三级责任追究制度。坚持谁入户谁签字谁负责，强化工作人员的责任意识。通过追偿和追惩，警醒广大干部和群众遵纪守法，堵塞救助工作的漏洞。

二、泗县社会救助兜底工作的主要经验

（一）创新主动发现和瞄准机制，实现应保尽保

1. 健全主动发现和瞄准机制。2014 年以来，泗县民政局积极健全救助对象主动发现机制，对全县低保进行提标扩面，进一步完善社会救助低保制度瞄准机制，对全县已脱贫和未脱贫一般贫困户、重病重残、危房户、受灾群众等困难人口进行反复排查，并且主动瞄准全县建档立卡扶贫对象、重度残疾人和大病患者家庭，建立主动发现和瞄准工作台账，切实把通过"双扶"扶不起来的和因病致贫、因病返贫符合低保条件的及时纳入低保范围，做到应保尽保、应救尽救、兜底保障，织密织牢最低生活保障安全网。同时，与扶贫局建立信息共享平台，每月将低保数据和贫困数据进行反复比对，比对后将未脱贫建档立卡贫困户中符合低保条件的全部纳入最低生活保障，实现低保与扶贫的有效衔接。

2. 引入第三方低保调查机构，推进精准施保。根据《国务院关于进一步加强和改进最低生活保障工作的意见》《安徽省城乡居民最

低生活保障工作操作规程（试行）》，为更客观、全面、深入地了解城乡低保家庭经济情况，加强低保工作制度化、规范化建设，县民政局积极对新申请低保户进行家庭经济状况核对，对核查出有预警信息的家庭逐户复查复审，同时引入第三方调查机构——安徽速万信息科技有限公司，对低保对象的家庭收入、生活、财产状况开展调查；并结合调查结果，加大低保工作动态管理力度，实现"应保尽保、应退尽退"，杜绝"骗保""错保""人情保""关系保"现象。

3. 开展扶贫领域农村低保专项治理，确保程序规范。泗县印发了《泗县农村低保专项治理方案》《泗县民政局进一步加强农村低保整治工作治理方案》等文件，通过与扶贫办签订信息共享协议、第三方评估、比对信息、入户核查等方式，重点对农村低保对象是否符合条件、程序是否规范、资金发放是否到位情况进行了专项治理，对符合条件的及时纳入，不符合条件的及时进行清退，确保农村低保对象认定准确、程序公正。同时，对新申请低保档案资料认真审核，抽调乡镇业务能力强的骨干加强对新增低保档案进行完善整理，做到资料规范、手续齐全。

（二）创新"三合一""五合一"养老托残模式，助推脱贫攻坚工作

2017年以前，泗县各乡镇敬老院普遍存在环境较差、设施陈旧等问题，不仅缺乏专业的医疗设备、活动场所，而且护理人员配备不足，护理条件差，集中供养率偏低。针对农村分散供养五保户、重病重残户等特困人口较多的实际，县委县政府积极探索集中供养护理模式，县民政局联合卫计、残联等部门，构建以县社会福利中心为龙头，乡镇敬老院和乡镇卫生院为主体，村级敬老院分院和村级养老托残服务站为补充的养老、托残、医疗服务"三合一"协同发展服务体系。同时，利用农村现有闲置校舍、村部、卫生室、老年房和农户空房等基础设施进行维修改造，打造乡镇敬老院村级分院，集中开展"五合一"

（即养老、托残、医疗、五保、老年房合一）养老托残服务。此外，在村部或五保、独居等困难老人聚居地等合适场所改造、租赁闲置房屋，综合设置养老托残服务站即村级幸福食堂、居家养老服务指导中心，为农村有一定自理能力的五保老人、残疾人、独居老人和特困社会老年人提供日间就餐、照护、娱乐等服务。目前，共打造 17 所县乡"三合一"养老托残中心、19 所村级"五合一"养老托残中心、187 个村级养老服务站和 2 个幸福食堂；全县特困人员共计 4553 人，分散供养3763 人，集中供养 791 人，其中生活不能自理特困人员共计 1143 人，集中供养 532 人，集中供养率为 47%，实现了应养尽养。

1. 养老托残工作的主要举措包括以下四个方面

第一，高起点规划，形成泗县特色的养老托残服务体系。县委主要负责人专题听取了泗县养老服务总体工作情况汇报，并召开县委专题会议，研究提出了在全县构建以县社会福利院和县残疾人托养中心为龙头，乡镇敬老院（乡镇残疾人托养中心）和乡镇卫生院为主体，村级敬老院分院和村级养老托残服务站为补充的三级机构协同发展养老托残服务体系。县民政局高度重视，联合残联、卫计、督查办等部门，各司其职抓好落实，将养老托残兜底脱贫工作作为全县脱贫摘帽工作重要环节，提到县委重要议事日程，高起点规划，高规格推进。

第二，强标准建设，全力打造"三合一""五合一"服务阵地。"三合一"模式就是在县、乡两级养老机构进驻卫生室，增加托养残疾人床位，实行养老、托残、医疗服务"三合一"。主要是以县社会福利院为依托，打造县级养老、托残、医疗服务三位一体的服务中心。依托乡镇敬老院和卫生院打造乡镇养老、托残、医疗"三合一"养老托残中心。

第三，为化解部分特困重残老人和五保人员恋家情结，不愿集中至县、乡养老机构供养难题，全县结合实际，对农村现有闲置校舍、村部、卫生室和农户空房等基础设施进行改造提升，打造成乡镇敬老院村级分院（村残疾人托养中心），集中开展养老、托残、医疗、五保、老年房

"五合一"服务模式。在村部或五保、独居等困难老人聚居地等合适场所改造、租赁闲置房屋，综合设置养老托残服务站即村级幸福食堂、居家养老服务指导中心，为农村有一定自理能力的五保老人、残疾人、独居老人和特困社会老年人提供日间就餐、照护、娱乐等服务。

第四，多要素保障，全方位构建泗县特色养老托残服务体系。强化县镇村三级联动。为了实现兜底脱贫的目标，县、镇、村高度重视、形成合力，以"敬老院改造提升"为抓手，以"院内老人生活改善"为重点，以"兜底脱贫"为目标，突出领导力量、专职力量、村级力量"三力聚合"，着力强化脱贫攻坚责任落实。协调资金支持。中央救助资金、地方配套资金、福彩公益金"三金共进"，全面推动县乡"三合一"、村级"五合一"服务中心的改造提升；提高集中供养失能人员生活补贴，计划 2020 年实现全县重度残疾人和困难老人应托尽托、应养尽养，实现全县特困人员全部托管。加强监督考核。县民政局充分发挥监管职能，不断加大民生保障投入，提高全县公办养老机构管理人员、护理人员和儿童集中供养机构护理人员工资标准，并制定周督查、月考核制度，定期对敬老院环境卫生、消防情况进行考核打分，确保敬老院服务质量得到提升和"三合一""五合一"养老服务持续运营。

2. 实施养老托残取得的社会效果

第一，有效解决了农村养老难题。县乡"三合一"、村级"五合一"、村级日间照料服务站运营模式不仅解决农村养老托残、独居老人、无房老人生活困难的现实问题，而且有效盘活了村级存量闲置资产，把众多家庭劳动力从照顾五保、重残、独居老人中解放出来。

第二，"三合一"模式破解了乡镇兜底脱贫困惑。"三合一"模式不仅改变了残疾人在家无人照顾、看病难、难脱贫的现状，解决了五保老人难就医的顾虑，而且使养老机构吸引了更多重度残疾人，吸引了五保老人之外的农村无法脱贫的贫困人员入住，乡镇贫困人口脱贫难、难兜底等多重困难得到有效化解。

第三，"五合一"模式开辟了村级基本公共服务新途径。村级养老分院，通过公建公营、公建民营、民办公助等灵活多样的经营方式，在保障五保老人基本需求的前提下，把服务范围扩大到贫困老年人、贫困重度残疾人，向全社会有养老需求的老人、残疾人开放，尽可能多吸纳老年人、残疾人入住，从而真正实现社保兜底脱贫的功能。打造乡镇敬老院村级分院暨残疾人托养中心，还与美丽乡村建设、农村三大革命、贫困村出列、村部建设、学校建设、村级卫生室建设等提供村级基本公共服务的部门建设有机融合。"五合一"运营模式不仅解决村级养老托残的问题，解决独居老人、无房老人生活困难问题，而且是综合提供农村村级行政、教育、医疗等公共服务的有效形式，探索出一条有效解决村级基本公共服务多、服务难问题的新路径。

（三）全面保障残疾人口，实现应补尽补

自 2016 年残疾人两项补贴交由民政负责以来，县民政局主动与残联对接，不断完善基础资料，及时为每年新纳入的残疾人发放补贴，确保资金发放规范、到位。此外，将残疾人生活补贴和护理补贴发放信息与国办系统信息进行比对，迅速把比对出未享受补贴的人员名单发到全县各乡镇民政所进行核实，按照"两残"补贴申请程序进行办理，符合条件未享受两残补贴的人员及时纳入"两残"补贴，实现"应补尽补"。2017 年，全县符合残疾人生活补贴 9704 人，共计发放资金 843.776 万元；符合残疾人护理补贴 11532 人，共计发放资金 800.658 万元。2018 年，全县符合残疾人生活补贴 15775 人，共计发放资金 917.776 万元；符合残疾人护理补贴 14377 人，共计发放资金 889.95 万元。2019 年，全县符合残疾人生活补贴 15586 人，共计发放资金 943.304 万元；符合残疾人护理补贴 14332 人，共计发放资金 772.83 万元，实现 100% 全覆盖。

（四）及时瞄准临时困难人口，实现应救尽救

县民政局积极健全完善"救急难"工作主动发现机制，依托城乡社区党组织、群众性自治组织、公共服务机构和社会组织、志愿者等，及时了解、掌握、核实辖区内困难家庭的基本情况和救助需求，坚持早发现、早救助、早干预，及时帮助困难家庭对象与个人对象摆脱临时困难。深入推进"救急难"综合试点，在体制机制服务方式、信息共享、财政税收等方面探索创新，在全县16个乡镇（开发区）设立小额临时救助备用金制度，有效解决困难群众的急、难问题，实现社会救助效益的最大化。

表3-10　2017—2019年临时救助人次和发放资金情况

年份	救助人次（人）	发放资金（万元）
2017	1533	288.1072
2018	1287	377.7676
2019	930	289.1574

案例3-2　瓦坊乡"三合一"养老服务中心改造提升

2017年以前，瓦坊乡敬老院环境较差、基础设施配备不足。虽然大大小小的房间不少，但有一部分房门紧锁，标有"宿舍"的房间里面只有几张空床，有的甚至布满了灰尘。标有"娱乐室"的房间里也只有一张台桌。标有"厨房"的房间里也只有一个煤气灶和一口锅，设施非常简陋。有的房间内环境脏乱，桌面由于长时间没有擦洗，剩饭剩菜已经干在了桌面上。附近有一个大型养猪场，排放的废物、散发的臭味，已经严重影响了老人们的生活。

县委主要领导十分重视敬老院建设，提出在敬老院内进驻卫

生室，增加托养残疾人床位，实行养老、托残、医疗服务"三合一"。县民政局高度重视、积极配合，加大资金投入，全方位改造基础设施，并协助配备院长助理、消防员等高素质人才，强化监督管理，对院内的环境卫生、消防情况进行定期督查考核，确保敬老院的改造提升。同时，县民政局局长、分管局长多次出面，向县级领导汇报，积极协调镇里相关部门，清除了养猪场，还院里老人一片净土。现在的瓦坊乡敬老院空气清新、环境优美，成为远近闻名的"园林舒适型敬老院"。

案例 3-3　"五合一"村级分院助力脱贫

由于乡镇敬老院规模有限，有些五保户和社会老年人、残疾人因路途远、生活不习惯等原因，不愿意到乡镇敬老院养老，想就近入住养老。大庄镇敬老院万安分院自 2018 年 5 月运营以来，接纳了很多这样的老人。本村卢明广是二级残疾，行动不便，又比较恋家，不愿意去镇里的敬老院居住，在家生活困难，有时候生病了，连去医院看病都比较麻烦。县民政局通过排查走访了解到了他的情况，迅速安排其入住万安分院。入住后，卢明广的生活状态得到了全面改观，在院期间，经专职护工的精心护理，身体状况比以前有所好转，享受到政府的好政策后，他在院里经常哼着歌，感谢政府的关心和支持。

案例 3-4　大庄镇和谐村幸福食堂造福群众

和谐村幸福食堂由原来闲置的旧村部改建而成，一共设置 9 间房屋，厨房、餐厅、休息室、娱乐室、办公室、储藏室等一应俱全，为困难老人、五保老人、独居老人提供一日三餐及午休、娱乐等服务。老人们每人每天只要付 6 元钱，就可以在幸福食堂就餐。自 2018 年 6 月运营以来，为周边特困户、五保户、残疾户解决了方便就餐的问题。社会困难户许小刘，之前在家不会做饭，一直靠乞讨生活，有时候连顿热饭热菜都吃不上。自到幸福食堂以后，每天有现成的热菜热饭吃，享受到了家庭的温暖，现在的精神状态特别好。目前幸福食堂的社会反响良好，服务对象由五保老人向社会老人延伸。饭前饭后，老人们都能到娱乐室、休息室聊聊天、打打牌，其乐融融，进一步丰富了老人的文化生活，提升了老人的幸福感。

■ 小 结　落实三大保障，促进脱贫攻坚工作与县域民生发展有机结合

2019年3月7日，习近平总书记在参加十三届全国人大二次会议甘肃代表团审议时强调，脱贫攻坚就是稳定实现贫困人口"两不愁三保障"，即不愁吃、不愁穿，义务教育、基本医疗、住房安全有保障。因此，教育、医疗、住房是解决我国贫困问题的三根"硬骨头"，更是实现我国农村长久发展的三块"硬基石"。泗县在脱贫攻坚工作中，始终把教育、医疗、住房事业作为重点突出工作领域，聚焦"学有所教、病有所医、住有所居"，着力强化脱贫攻坚的基本保障，将脱贫攻坚工作与县域民生大计相结合，将实现脱贫与长久发展相结合。

一、泗县通过聚焦"三保障"，推进贫困人口的脱贫工作

聚焦住有所居。按照"应改尽改、不落一户"的原则，加大农村危房改造力度。2014年以来，累计投入资金2.06亿元，完成农村危房改造14893户，其中2017—2018年对建档立卡贫困户、分散供养特困人员、低保户、贫困残疾人家庭等四类对象中符合危改条件的

9512户全部实施危房改造。加大棚户区改造力度，建成棚改安置房29187套，有效改善了困难家庭住房条件。采取集中安置方式，全面完成541户2000人的三年易地扶贫搬迁任务。建立"1+2+5"部门联动机制，妥善解决搬迁户的后续就业、就医、子女入学等问题，拓宽增收渠道，确保搬得出、住得稳、能脱贫。

聚焦学有所教。坚持以保障义务教育为核心，全面落实教育扶贫政策，从根本上阻断贫困代际传递。政策实施以来，向中小学发放各类资助资金4011万元，惠及47493人次，实现了应助尽助。强化义务教育控辍保学联保联控责任，完善教师联系贫困家庭在校学生制度，落实精准帮扶措施，落实"雨露计划"补助政策，不让一个贫困学生因贫失学、因贫辍学。2014年以来累计办理大学生生源地助学贷款32592人次22773万元。实施义务教育阶段营养改善计划，食堂供餐学生比例、食堂供餐学校比例均已达到90%以上。

聚焦病有所医。全面落实健康扶贫"三个一批"行动计划，把重病重残贫困人口作为健康扶贫的重中之重，整合17家部门力量，形成联动帮扶机制。为贫困人口代缴家庭医生签约费用，专家服务团队进村入户为贫困群众提供健康指导、疾病咨询、预约挂号、上门随访等服务，让全县所有因病致贫人口在家就能享受健康指导。提高非贫困人口医疗救助水平，对非贫困人口医疗自付费用超过1.5万元部分，纳入补充保险保障范围。全县受益群众11040人次，补充报销医疗费用3128.53万元，切实拔除因病致贫这个最大"穷根"。

在做好"三保障"的同时扎实推进综合保障。推进低保线、扶贫线"两线合一"，并将符合农村低保条件的贫困家庭人口全部纳入农村低保范围，切实做到应保尽保。大力发展养老服务业，在坚持公办民营、民办公助相结合，推动城市现代化与社会化养老的基础上，加快实施乡镇养老、残疾人托养、医疗服务"三合一"，村级五保户集中供养、残疾人托养、养老、医疗、农村老年房"五合一"，加快构建乡镇村养老体系，切实解决农村贫困群众居家养老问题。

二、泗县通过做好"三保障"，探索城乡一体化发展的长久之路

习近平总书记提出脱贫攻坚要重点解决"扶持谁""谁来扶""怎么扶""如何退"4个问题。其中，为解决好"怎么扶"问题，提出要实施"五个一批"工程，即发展生产脱贫一批、易地搬迁脱贫一批、生态补偿脱贫一批、发展教育脱贫一批、社会保障兜底一批。泗县将脱贫攻坚与县域发展融合起来，以脱贫攻坚工作，引领县域经济社会生活的整体发展，"三保障"不仅聚焦贫困人口，而且也为全县居民生活质量提供有效保障。

"三保障"不仅是当前的攻坚任务，也是关系农村长远发展的问题。泗县在扶贫实践中，注重统筹规划，将住房、教育、医疗与乡村振兴战略相互衔接，为实现城乡一体化的长久发展探索道路。尤其在易地扶贫搬迁工作中，后续帮扶的举措充分体现了将各部门、各领域充分整合，发挥各主体的多元化协调作用。泗县明确规定搬迁户帮扶人帮扶责任不变，要继续履行帮扶责任，具体职能部门分工如下：县农业农村局帮扶搬迁户发展种养业，予以政策补贴支持；县民政局帮扶搬迁户做好符合条件人口享受低保等政策落实；县人社局负责提供一定数量的公益岗位，帮助搬迁户实现就业；县开发区负责帮助有一定技能特长的搬迁户介绍到企业务工；县市场监管局、城管局负责为有从事经商意愿的搬迁户经营提供便利条件；县房管中心、城管局负责在物业管理、环卫保洁、绿化整修等方面提供一定公益岗位，为搬迁户解决就业问题等；县卫健委把搬迁对象纳入属地管理，重新确定了搬迁户的家庭签约医生，解决因病致贫家庭的就医问题；县教体局对有子女就学家庭在子女入学、转学等方面特事特办，全部转入城区学校；县公安局为有可能上户并有户口转移意愿的搬迁户及时办理户口迁移手续；县开发区、泗城镇积极把搬迁户纳入社区管理，使其融

入城市生活，较好地消除了搬迁群众"故土难离"的乡土情结；安置小区物业公司吸纳搬迁户参与保安、保洁工作，解决就业问题。

三、泗县通过践行"三保障"，努力促进智志双扶，培育贫困人群脱贫致富的内生动力

习近平总书记在河南考察时强调，脱贫攻坚既要扶智也要扶志，既要"输血"更要"造血"，建立"造血"机制，增强致富内生动力，防止返贫。要发扬自力更生、自强不息的精神，不仅要脱贫，而且要致富，继续在致富路上奔跑，走向更加富裕的美好生活。

泗县在践行"两不愁三保障"工作中，强调既要保障贫困人口，又要将其延伸到城乡居民的民生大计中。突出教育在培育内生动力中的角色和作用。高度重视农村地区的教育发展是缩小城乡义务教育差距的标本兼治之策，也是促进城镇基本公共服务与农村共享的关键环节，从而保障农村地区学生的教育权利和机会公平。推动城乡义务教育一体化发展，高度重视农村义务教育，努力让每个孩子都能享有公平而有质量的教育，是党的十九大对教育均衡发展提出的具体目标。泗县重点贯彻落实了国家的"全面改薄"工程和营养改善计划，加快缩小城乡教育差距、促进基本公共服务均等化。

第四章

立农兴业：全面推进产业扶贫，促进乡村产业兴旺

近年来，泗县在脱贫攻坚过程中，立足传统农业大县丰富的农业资源，高度重视发挥农业的经济功能、生态功能、文化功能以及社会功能等多功能价值，充分发掘特色产业，加大"三产融合"的产业扶贫力度，以"两山"理论为引领，大力发展生态产业，精准推进就业扶贫，全面提升贫困劳动力就业质量和稳定收入，有效开展"农民工回归工程"精准实施创业扶贫，为泗县脱贫攻坚与乡村振兴有效衔接打造了扎实的产业基础。

第一节 促进三产融合，加大特色农业产业扶贫力度

一、泗县实施产业扶贫的社会背景

产业扶贫主要是指通过扶持产业发展推动地方经济增长方式的转变，并建立起贫困人口参与产业发展的益贫机制，从而带动贫困人口摆脱贫困的一种扶贫路径。自 20 世纪 80 年代提出开发式扶贫减贫路径以来，产业扶贫一直是各地扶贫工作的重点。2016 年，习近平总书记在宁夏考察时明确指出，发展产业是实现脱贫的根本之策。要因地制宜地把培育产业作为推动脱贫攻坚的根本出路。自 2014 年实施脱贫攻坚工作以来，泗县结合全县农业资源禀赋和农业大县的现实条

件，确定以"产业扶贫"为脱贫攻坚工作的核心抓手，多方位、多举措持续推进全县产业结构调整，围绕"百果园、花世界、绿泗州"产业发展工程，重点建设金丝绞瓜、薄壳山核桃、特色山芋、花卉苗木、优质果蔬、水产养殖六大产业基地，大力推广新型庭院经济模式，持续发展壮大贫困村"一村一品"和特色主导产业，有效地促进了脱贫攻坚工作，为减贫的"中国方案"和"中国经验"提供了丰富的素材。

二、全面推广"四带一自"产业扶贫模式，扎实推进产业扶贫纵深发展

泗县认真贯彻落实省、市关于脱贫攻坚决策部署，以产业扶贫为主线，围绕"25811"产业扶贫规划，全面推广"四带一自"深化行动，强化扶贫项目提升，推进"一村一品"建设，大力构建"三有一网"扶贫机制，扎实推进产业扶贫工作向纵深发展。

（一）大力培育经营主体

泗县立足丰富的农业资源，坚持"强龙头、创品牌、带农户"思路，着力培育一批带动经济发展能力过硬的新型农业经营主体，激发其带动贫困户脱贫致富的自觉性和积极性。

加快发展各类园区。围绕"25811"产业扶贫规划，重点建设了南北两条产业扶贫示范带和屏山、大路口两个万亩现代农业产业园区，16个乡镇（开发区）千亩产业示范园和全县各村产业扶贫基地。大力实施"1235"林业扶贫工程，建成32个薄壳山核桃"扶贫林"基地、3个薄壳山核桃示范基地。全县65个贫困村均建立1个扶贫工厂，建成具有一定规模的产业就业扶贫基地。大力推广产业化联合体与农村电子商务融合发展，建设电子商务公共服务中心与村级电商扶贫服务站点。积极引进参与园区基地和培育经营主体发展。贫困户

通过进园（基地）创业、务工、资金入股分红等方式增加收入带动脱贫。

做大做强龙头企业。全县省市级龙头企业共有 82 个，其中省级龙头企业 6 个，每个省级龙头企业均带动了两个贫困村。大力支持泗县虹城航天科技农业有限公司（以下简称泗县虹城公司）与贫困户间签订长期金丝绞瓜订单协议，提高经营主体和农户种植效益。鼓励支持扶贫龙头企业积极带动和服务贫困村、贫困户发展产业，给予贷款、奖补等政策和资金支持。

积极扶持农民合作社。全县所有行政村都已建立 1 个以上农民专业合作社，目前农民合作社已达 1700 余个。支持农民合作社以土地托管、牲畜托养和土地入股等方式带动贫困户增收脱贫。泗县清水沟葡萄种植专业合作社优先雇用贫困户在葡萄园务工，每年带动 42 户贫困户创收，其中入股分红 31 户（资金入股 14 户、土地入股 17 户），劳动务工 11 户。

大力培育能人大户（家庭农场）。加大新型职业农民培训、新型经营主体培训力度。截至目前，全县已培育家庭农场 1200 余家。支持能人大户（家庭农场）从事适度规模经营，扩大特色种养经营规模，优先吸纳安排贫困户家庭劳动力经营务工，积极带动贫困户发展产业增收。

（二）全面强化利益联结

强化订单联结。泗县虹城航天科技农业有限公司与村级合作社、村级合作社与贫困户间签订长期金丝绞瓜订单协议，在市场行情好时按市场价收购，在行情不好时，按照保护价收购，形成稳定的购销关系，降低生产风险，提高贫困户金丝绞瓜种植效益，每亩可增收 1500 元以上。实施"农校对接"，泗县慧佳农业有限公司已与合肥学院、中澳科技职业学院，泗县德强现代农业有限公司已与合肥共达职业技术学院分别签订了优质农产品采购协议。2018 年以来已销售特色农产品 70 万斤，促进经营主体和贫困户特色农产品销售。以马飞农机合作社为代表，大力实施粮改饲，发展青贮玉米，全县已发展近 5 万亩，实行订单生产销售，增加农户和贫困户收益。

强化劳务联结。鼓励支持各类园区和新型经营主体优先吸纳有劳动能力的贫困人口务工就业，增加贫困户工资性收入和经营性收入。全县富民联合社采取"反租倒包"形式将产业园中的部分大棚优惠租赁给贫困户，让其经营管理，增加经济收入。全县特色种养业扶贫基地，带动方式主要为务工，每年带动贫困户人均增收在 3000 元以上。

强化服务联结。全县充分利用 100 多个行政村配备的拖拉机、打捆机，为广大农户特别是贫困户免费秸秆打捆、灭茬服务。利用土地深耕深翻项目，免费为农户服务，面积共达 21 万亩。午秋两季，利用全丰无人机共为 49 个贫困村免费开展小麦、玉米等作物病虫害统防统治服务，防治面积达 80 万亩次。2019 年，富民联合社在午收农忙时免费为 72 户（残疾人、贫困户）收割播种。

强化租赁联结。全县流转土地 80 万亩，以金色家园为主体创建大杨万亩土地全程托管综合试验区。对财政投入的设施产业项目完成后，由村委会（村级集体经济组织）按当时的市场价进行公开招租，同等条件下，优先租给本村有经济实力、懂技术、会经营的新型经营主体或贫困户经营。随行就市确定租赁价格。承包期限一般不少于 3 年，保障设施大棚租得出去，及时发挥项目效益，实现稳定收益。

强化股份联结。大力推进资源变资产、资金变股金、农民变股东"三变"改革。全县充分利用绿色长廊、村庄绿化和扶贫林基地等优势，结合"三变"改革，建立新型经营主体与贫困户紧密的利益联结机制，将财政投资形成的村级产业扶贫项目资产折股量化给贫困户，实现股份带动精准脱贫。

（三）大力支持贫困户自主发展产业

通过召开产业扶贫现场观摩会，发挥典型示范作用，切实改变部分贫困户"等、靠、要"的依赖思想，实现从"他扶"到"自强"的转变。组织"双包"干部深入包扶的贫困村和贫困户，加强产业扶贫政策和技术指导，及时解决产业扶贫工作中的问题，提高贫困户脱贫能力。按照相关政策，继续对自种自养的贫困户进行奖补，2018年种养业奖补到户资金1370万元，激发贫困户自主发展特色种养业的内生动力。

三、完善产业扶贫工作协调推进机制，深入推进产业扶贫工程

泗县按照"省市支持、县负总责、乡（镇）村落实"的产业扶贫工作机制，完善产业扶贫工作协调推进机制。积极加强领导，做好政策宣传、组织发动、主体衔接、过程服务、跟踪问效等工作，全力推进产业扶贫工作。通过加大资金和金融投入，支持开展"四带一自"产业扶贫，帮助贫困户稳定增收。同时，加强作风建设，坚持目标导向、问题导向，明确责任，强化措施，切实把"四带一自"产业扶贫工作做实做细，深入推进产业脱贫工程，确保产业扶贫取得显著成效。

（一）加强领导，全力推进产业扶贫工程

成立领导小组，合力攻坚产业扶贫。县委县政府高度重视产业扶贫工作，成立了由副县长担任组长的产业扶贫工作领导小组，县扶贫局、县财政局、县农业农村局等19家单位主要负责人为小组成员，领导小组下设办公室，设在县农业农村局，局主要负责人担任办公室主任。定期召开全县产业扶贫工作领导小组会议，专题研究产业扶贫

工作，成员单位共同配合，提出工作推进举措及改进意见。

细化工作目标，扎实开展产业扶贫攻坚。为精准开展到村到户产业帮扶，熟练掌握全县贫困村产业发展现状，通过摸排汇总，制作《泗县特色种养业扶贫攻坚作战图》（图4-1），作战图中详细展示了65个贫困村耕地面积、贫困户户数、特色产业扶贫基地等情况，同时将村产业达标、户产业达标、"一村一品"专业村、主体带动等脱贫摘帽目标任务清单合理分解到相关乡镇，县农业农村局明确专业人员进行对接和指导。此外，县、乡镇、村三级结合实际，均制定了三年产业发展规划，进一步明确产业发展方向。

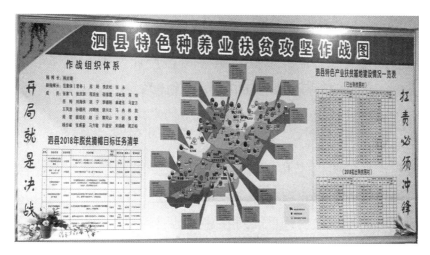

图4-1 泗县特色种养业扶贫攻坚作战图

明确业务分工，压实产业扶贫项目责任。产业扶贫领导小组办公室业务人员5名，其中2人明确负责到村产业扶贫项目及督查工作，1人明确负责到户产业扶贫项目及核实工作，2人负责其他相关业务工作及材料准备。同时为加快产业扶贫进程，各乡镇明确由分管扶贫工作的领导负责此项工作，具体表格信息的填写上报由乡镇农经站完成；村里明确村扶贫专干或村文书负责产业扶贫和信息报送工作，县、乡镇、村三级相互沟通协调，支持配合，各尽其职。

（二）政策引领，明确产业扶贫发展方向

2015 年以来，泗县先后出台修订了《泗县特色种养业扶贫到户奖补实施办法》《关于加快蔬菜、经果林发展促进产业扶贫实施方案》，制定了《泗县 2017 年特色种养业扶贫工作方案》《泗县促进新型经营主体带动贫困户脱贫奖励办法》《关于着力打造产业扶贫升级版的实施意见》《关于支持新型经营主体带动贫困户的产业发展项目建设实施方案》《泗县财政支农资金支持资产收益扶贫工作方案》《泗县 2019 年农业特色产业技术培训方案》《泗县大力发展新型庭院经济实施意见》《泗县扶贫产业"折股量化到户"促进脱贫攻坚的实施意见》《2019 年全县农业特色产业扶贫工作要点》《泗县产业扶贫工程巩固提升实施方案》等，形成了覆盖产业发展、主体带动、工作推进、问题整改等较为完整的政策引领体系。

（三）科学谋划，突出产业扶贫项目建设

泗县严格按照国家和省扶贫开发政策要求科学谋划产业扶贫项目。项目申报前期农业农村局对项目科学性、合规性、可行性进行审核论证；中期加强项目调度，对在建和已建的产业扶贫项目，坚持以"四不两直"方式开展督查暗访；后期加强项目监管，确保稳定发挥效益。2014 年以来实施到村特色种养业产业扶贫项目 94 个，主要投入在蔬菜、水果、中药材、稻虾共养、冷库等方面，建设贫困村特色种养业扶贫基地 65 个，实现产业扶贫项目全覆盖。全县 65 个行政村都有到村项目，实现到村项目全覆盖；到户项目 23105 个，到户覆盖率达 100%，占全年任务的 125%。全县培训有劳动能力的自种自养贫困户 6800 户，完成培训任务 100%；发挥带动作用的新型农业经营主体 591 个，带动贫困户 21518 户，带动比例 100%，占全年任务的 153.8%。全县特色种养业扶贫项目财政资金累计投入 12469 万元，户均财政支持强度 5795 元。

（四）政策支持，激励新型农业经营主体带动贫困户发展

2019 年，泗县共有省市级龙头企业 112 家，家庭农场 1476 家，合作社 1992 个，产业化联合体 55 个。目前已发挥产业扶贫带动作用的新型农业经营主体 374 个，其中龙头企业 90 个、合作社 195 个、家庭农场（大户）89 个，共带动贫困户 10467 户。鼓励各类新型经营主体以订单、股份、劳务、服务、租赁方式，带动贫困户发展。制定了《关于支持新型经营主体带动贫困户的产业发展项目建设实施方案》，落实奖励主体资金 400 万元，提高主体带贫减贫能力。同时，积极引进新型农业经营主体参与园区（基地）建设，带动贫困户发展。2018 年出台了《泗县特色种养业扶贫基地建设方案》，发放支持贫困村特色种养业扶贫基地建设资金 325 万元。目前全县 65 个贫困村均已建立 1 个特色种养业扶贫基地，每个基地带动贫困户均在 10 名以上，户均年增收 3000—5000 元以上。

案例 4-1 泗县广军农业服务专业合作社助力产业扶贫

该合作社为了更好地提高扶贫效果，根据所扶持贫困村的贫困户名单，逐户调查分析各户致贫原因，并列出重点户，再根据每户家庭情况，制订出合适的帮扶计划。在政府产业扶贫政策的支持下，合作社利用自己 200 多亩的优质水果基地，在 2017 年和 13 户重点贫困户签订了岗位就业协议，每人年均收入 5000 元左右。2018 年，合作社进一步调整生产基地的产业结构，主动安排了 10 户贫困户合适的就业岗位。在扶贫过程中，合作社还安排专人对就业的贫困户进行定期走访，宣传党和政府的扶贫政策。合作社还利用农村电商平台，及时准确地提供给贫困户各种农产品销售信息，帮助贫困户将生产的各种农产品销售出去，特别是土鸡蛋、土公鸡、小杂粮在网上销售能让贫困户的收入提高三分之一以上。

四、基于地方特色农业多功能价值，探索有效的农业产业扶贫之路

（一）培育以"金丝绞瓜"为代表的优势特色产业，全面实施产业扶贫项目提升工程

金丝绞瓜种植在泗县有1000多年的历史，得天独厚的地理优势造就了金丝绞瓜沙甜、香脆、可口的特质，而且具有降血压、降血脂的药用价值，有着"植物海蜇、天然粉丝"的美誉。但过去泗县绞瓜只是零星种植，经济价值不高。近年来，泗县高度重视产业扶贫工作，通过外出学习考察金丝绞瓜的种植、储藏、销售、加工等，大力调整优化农业产业结构，把金丝绞瓜作为主导特色扶贫产业培育。

建立特色产业扶贫工作机制。为推动金丝绞瓜产业快速发展，从小产品走向大市场，形成大产业，助力全县脱贫攻坚，泗县专门成立金丝绞瓜产业发展领导小组，明确各自职责，全力推进绞瓜种植；制定金丝绞瓜产业实施方案，出台相关配套文件；以县农委农业技术推广中心为主，加强校企对接、经营主体承担等技术服务方式，对金丝绞瓜种植提供技术指导。

优惠政策倾斜，为产业发展创造良好的政策支持。这些多项优惠政策主要包括：第一，土地使用政策。对从事金丝绞瓜产业相关开发的项目，租金给予优惠，并免征部分土地使用费用。对于从事高新农业技术项目达到一定规模的企业，给予配备一定数量建设用地的优惠政策。第二，财政补助政策。对于开展专业化、规模化种植、生产加工及生态休闲项目的生产合作组织，给予一定的标准补贴、农资补贴及货款补贴。对于投资达到一定规模以上的重点企业，给予返还一定额度增值税、所得税的优惠政策。第三，项目扶持政策。优先帮助新型农业生产经营主体争取国家、省、市农业产业化龙头企业和无公

害、绿色、有机食品认证及相关项目资金支持，对获得国家、省、市级荣誉的项目或产品给予不同额度的资金奖励。

培育多元化的产业经营主体。重点抓好屏山镇徐贺村、黑塔镇小梁村、草沟镇秦桥村3个千亩金丝绞瓜基地建设，发挥金丝绞瓜种植基地示范引导作用，着力培育一批龙头企业、家庭农场、能人大户、农民合作社等新型农业经营主体和新型职业农民，建设金丝绞瓜农特产品种植基地，重点发展金丝绞瓜加工业，延伸产业链条，提高金丝绞瓜产品附加值，增强辐射带动力，扶强农业企业。

全力打造创新型"金丝绞瓜+电商""金丝绞瓜+批发市场"，拓宽金丝绞瓜销售途径。泗县依托北京、上海、合肥等地大型农产品批发市场，实行种植—冷藏—冷链运输—加工—电商销售全产业链生产模式，不断推动订单农业发展，壮大金丝绞瓜产业。以农业农村部主办的"产品出村·助力脱贫"为主题的2018全国贫困地区农产品产销对接活动为契机，全力打造创新型"金丝绞瓜+电商"平台，创新销售运输模式，支持有条件主体打造农产品集散、冷链物流、仓储、展销中心，完善农业电商供应链。立足"品牌、品质、品味"，大力培育金丝绞瓜知名品牌，积极申报地理标志产品，提高金丝绞瓜竞争力。以"泗州绞""金丝绞"商标进行品牌申报和对外统一使用，对泗县金丝绞瓜进行宣传，有效地促进了金丝绞瓜在淘宝网古韵虹乡店和天猫网站上销售。同时，泗县县政府还与西北农林科技大学签订泗县金丝绞瓜深加工合作协议，对金丝绞瓜衍生产品进行研发，不断提高金丝绞瓜产品附加值，实现金丝绞瓜的综合开发和完全利用。

推行"金丝绞瓜+金融"的扶贫机制，激发贫困群众发展金丝绞瓜的内生动力。采取"龙头企业+合作社+贫困户"带动方式，根据贫困户贷款意愿和发展需求，鼓励支持贫困户抱团通过村级合作社实际参与金丝绞瓜产业发展。给予扶贫小额贷款政策支持，实行"户贷社管合作经营"模式，由泗县虹城公司、村级合作社、使用贷款贫困户签订三方合作协议，贫困户从农商行贷款后将贷款资金入股到村级合作社，村级合作社委托县农商行将所带动贫困户贷款转入泗县虹城公司账户，由泗县虹城公司统筹利用小额贷款资金发展金丝绞瓜生产，实行订单种植，按照订单生产、保护价收购。在市场价格滑坡、产品滞销情况下，给予0.8元/斤保护价收购，形成稳定的购销关系，保障产品市场效益，降低生产风险。目前通过小额扶贫贷款种植绞瓜的贫困户992户，贷款金额达4960万元。同时，为保障金丝绞瓜稳定发展，泗县与泗县国元保险公司对接，开展金丝绞瓜特色产业保险试点，为农户提供164.16万元的风险保障，承保面积1824亩。

金丝绞瓜特色产业发展有效促进产业扶贫。通过多种措施开展特色产业，金丝绞瓜产业结构不断优化，规模不断壮大，金丝绞瓜亩产可达3000公斤，亩产值5000元，比传统种植业可实现亩均增收4000—8000元，产生了较高的经济价值。金丝绞瓜规模化、产业化发展，搭建了精准扶贫平台，带动县域农民就业增收，具有很好的社会效益。通过推行金丝绞瓜绿色生产方式，实现由过度依赖资源消耗、主要满足"量"的需求，向追求绿色生态可持续、更加注重满足"质"的需求转变，优化田园环境，促进生态文明建设及农业可持续发展。

案例4-2 金丝绞瓜撬动产业扶贫新方向

泗县在全县十多个乡镇大力推广规模种植，贫困户可免费获取良种和技术指导，并可以得到小额扶贫贷款资金。政府通过补贴的形式，引导龙头企业和村级合作社与贫困户签订订单，实行保护价收购，给贫困户吃下"定心丸"。例如，开发区何庄村村民长期种植金丝绞瓜，不过以前只是在田间地头种植少量绞瓜自给自足。在县农业农村局驻村工作队的建议下，该村贫困户刘国营种了3亩金丝绞瓜，一季度收入能达到15000元。"种子免费发放，专人技术指导，收获的绞瓜还不愁卖，政府给的致富机会怎么能错过呢？"看着刘国营尝到了甜头，周围邻居刘立军、周梅和何旭田等几户贫困户不甘落后，也分别种了几亩金丝绞瓜。

（二）重塑农业多功能价值，打造"新型美丽庭院经济"

2017年中央一号文件提出农业不仅具有食品保障功能，而且具有原料供给、就业增收、生态保护、观光休闲、文化传承等功能，要开发农业多种功能，健全发展现代农业产业体系。为加快推进乡村振兴战略的实施，结合当前农村人居环境整治，进一步拓展农民及集体经济增收新渠道，泗县从农业多功能特性出发，出台《泗县大力发展新型庭院经济实施意见》，引导群众利用庭院房舍周边空间及自然资源因地制宜发展特色种植、文旅休闲等一体化的新型庭院经济模式，有效拓展农民增收渠道，实现农村增美、农民增收、农业增效。具体做法如下：

制定相关文件和整合资金，推动新型庭院经济发展。泗县先后制定了《泗县大力发展新型庭院经济实施意见》《泗县大力发展乡村振兴实施方案》《泗县促进小农户和现代农业发展有机衔接实施方案》《泗县大力发展金丝绞瓜实施方案》等文件及美好乡村建设、环境治理、改水改厕等相关政策，整合约1000万元资金用于推进庭院经济发展。

建立领导工作机制，助力庭院经济发展。县里专门成立"发展庭院经济领导小组"，由农业农村局下辖的特色农业站、产业化办、农环办、推广中心等职能部门共同参与，明确职责，共同推进庭院经济各项工作的开展。乡镇成立相应组织摸底调查并制定庭院经济实施方案，加大宣传力度，确保每个村庭院经济的特色产业符合群众要求、符合当地实际情况。同时，加强培训，成立技术团队，对接每个示范村拟发展产业进行技术培训，积极引进主体带动群众发展，整合资金用于庭院经济发展。

打造"美丽庭院"韩徐村模式，助力脱贫攻坚。2017年农村环境"三大革命"工作开展以来，黑塔镇党委、政府认真研究工作思路、精心谋划，积极践行"绿水青山就是金山银山"发展理念，围绕"石榴+苗木"产业，以"榴韵新庄"为主题，全面提升脱贫攻坚总体水平的"扶出内生动力、扶出均衡发展、扶出稳定脱贫、扶出乡村振兴"，打造农村三大革命示范村庄，促使其绿色经济可持续发展，在开展环境整治同时结合贫困户户内环境整治之机，号召农户对标"六净一规范""七要七不要"标准，改善家居环境，做净做美庄容庄貌。

以"合作社+基地+公司+农户"为发展模式促进产业发展。通过环境治理、改水改厕等"三大革命"清理出来的房前屋后的空闲土地，开展特色产业的庭院经济。例如，光明软籽石榴种植合作社以"合作社+基地+公司+农户"为发展模式，与河南省新果木农业科技有限公司签订软籽石榴回收合同、与农户签订种植收益合同，房前屋后的空闲土地栽植直径 5 厘米突尼斯软籽石榴 3580 棵，在软籽石榴树下套种冬青球 4.3 万棵，实现"一地双收"。通过与苗木栽植公司签订回收合同，目前，共带动 126 户贫困户参与石榴种植。两年后，农户石榴、冬青球每亩收益 3000 元，直接收益 210 万元，村级合作社直接收益 30 万元，以后逐年递增，农民收入稳步增加。

（三）推进贫困村"一村一品"的产业扶贫项目建设

引导贫困村围绕"市场需求、资源禀赋、群众意愿、生态环保"原则发展"一村一品"产业格局。泗县确定"1 项特色种养业、传统手工业或休闲观光农业"作为"一村一品"主导产业，制定了泗县《关于加快蔬菜、经果林发展促进产业扶贫实施方案》，采取以奖代补、先建后补、财政贴息等方式对"一村一品"产业扶贫项目予以支持，以产业扶贫建设为抓手，因地制宜打造以山芋产业、中药材、特色果蔬、生态养殖、经济林、光伏、乡村旅游等产业为主的"一村一品"产业格局。

泗县把发展"一村一品"产业扶贫的着力点放在打造有带动脱贫能力的新型经营主体上，扶持、引进、培育一批带动主体，在项目、用地、融资、基础设施等方面加大扶持力度，激活新型经营主体，增强产业发展带动能力。通过新型经营主体组织贫困户积极参与"一村一品"规模化生产、专业化经营。"一村一品"专业村依托龙头企业、专业合作社等载体，完善推广"企业+合作社+基地+贫困户""合作社+基地+贫困户"等多种利益联结模式，形成"产企户"共赢模式。按照"三变"改革资产收益模式，让贫困村、贫困户既获得产业融合发展的经营收益，又获得资产性收益。

案例4-3　石梁河村草莓专业示范村

泗县墩集镇石梁河村草莓专业示范村，耕地面积9200亩，其中主导产业草莓种植面积7500亩，占全村产业总种植面积的81.5%。该村辖11个自然庄，现有贫困户100户224人。为了加快产业脱贫步伐，该村通过草莓园区产业吸纳贫困户就业、鼓励贫困户创业，变"输血"为"造血"，大力推进产业扶贫。目前，草莓种植园区有11家种植面积在100亩以上的大户，每年可吸纳近800名无法外出的贫困户入园务工；贫困户在园区自主创业的3家。当前，草莓种植年亩均效益在15000元左右，通过园区带动，实现贫困户66户196人走上了脱贫致富的道路，草莓园区已经成为草莓专业示范村脱贫攻坚的重要抓手。草莓专业示范村以草莓基地建设为依托，从产业发展和基础设施建设两方面着手，大力发展"农家乐"、"开心农场"、观光旅游、电商物流等产业，实现新增就业岗位370个，带动周边村近200户贫困户，发展草莓种植1300亩，村集体经济收入突破20万元。

（四）三产融合发展，重塑农业多功能价值

为了促进三产融合发展，有效推动产业扶贫，泗县先后制定了《泗县促进现代农业发展扶持奖励实施意见》《泗县促进和规范农村土地承包经营权流转实施意见》《泗县招商引资优惠政策若干规定》《泗县加快农业产业化发展实施意见》《泗县关于大力推进农业产业化联合体农村电子商务融合发展加快脱贫攻坚实施意见》等政策文件，通过依托新型农业经营主体大力发展农林产业产地初加工，推进特色农产品深加工，以及仓储、包装、运输、商品化处理等相关产业，延伸产业链、打造供应链、提升价值链，促进三产融合。具体措施如下：

成立领导小组，加强组织和宣传力量。为大力推进三产融合发展，加快现代农业结构转型升级，进一步发挥三产融合及示范园区的示范引领作用，成立了泗县现代农业建设领导小组、大路口现代农业示范区领导小组、泗县石龙湖田园综合体项目建设工作领导小组，农业农村局实行一把手负责制，相关单位共同参与，明确职责，共同推进三产融合协调发展。通过多种形式加强宣传动员。编制农村三产融合发展规划，宣传农村三产融合发展政策措施，提高融合发展意识，形成全社会共同推动三产融合发展的良好氛围。

培育融合主体，促进三产融合发展。鼓励经营主体转型升级，建立现代企业制度，走可持续发展道路，引导小而散、带动能力弱的主体相互合作，成立联合体，扩大覆盖面，提升规范化水平和生产经营能力，促进集群集聚集约发展。完善利益联结机制。建立健全经营主体与农民之间的利益联接机制。

深化相关政策体制改革，拓展筹资融资渠道。建立政府支持、金融跟进、民间资本参与的多元化筹资融资体系。围绕农村三产融合发展需要，深化土地制度及集体资产改革，加快农村土地承包经营权登记颁证工作，充分利用颁证成果，扩大农村集体资产股份合作制改革

试点范围，提高农民的参与积极性。同时，各级政府将农村三产融合发展纳入经济社会发展总体规划，构建全方位、宽领域、多层次的社会服务保障体系，优化融合发展环境。

目前，泗县一二三产融合发展工作有序推进，有效发挥了丰富的农业资源多种功能和价值。在屏山、大庄、草沟、开发区等乡镇建设或计划建设保鲜、储藏、分级、包装等产地初加工设施设备，大力发展农产品加工业，建设一批农产品加工园区。以"薯根源"粉丝、"妮妮"粉丝等加工企业为重点，对大路口乡及其周边山芋进行粉丝加工，增加山芋产值。大力发展休闲农业，加速一二三产业的融合发展，做大做强像小宋梨园、石梁河草莓园、大刘葡萄园、通海油桃园等产业园，把休闲农业和生态旅游打造为泗县特色产业的一大亮点，吸引游客休闲观光旅游。大力推进石龙湖田园综合体建设，打造集现代农业科技研发、种苗繁育（脱毒）、农业标准化生产、农业技术服务、农产品加工、农产品交易、乡村旅游休闲度假、田园娱乐体验、温泉康养、青少年素质教育等复合功能于一体的三产融合示范区。目前，全县具有一定规模的农家饭店、垂钓园及各种形式休闲农业园约30家，年接待量达20万人次。依托泗县电子商务产业园，形成"线下产品展示，线上产品交易"为一体的电子商务集群，具有一定规模农业电商近200家。

案例4-4 龙湖田园综合体项目促进产业扶贫

泗县石龙湖田园综合开发有限公司投资建设的石龙湖田园综合体项目位于大路口乡，总规划面积11500亩，其中核心区规划面积5000亩。项目总体定位是以"乡村振兴战略"为引领，以"农业强、农村美、农民富"为目标，打造集现代农业科技研发、种苗繁育（脱毒）、农业标准化生产、农业技术服务、农产品加工、农产品交易、乡村旅游休闲度假、田园娱乐体验、温泉康养、青少年素质教育等复合功能于一体的三产融合示范区。

依托泗县石龙湖田园综合开发有限公司为龙头企业，创新农业经营机制，成立"龙头企业+专业合作社+家庭农场"的产业联合体，带动创办各类经营主体135家，可直接安排2500个劳动力就业，脱贫1000户。到2020年，实现游客数300万人次，带动周边居民从事餐饮、民宿、土特产品零售等服务业，拉动三产收入2.5亿元；通过高新科技示范项目的辐射和扩散，直接从事高效农业生产与销售的劳动力就业机会可以增加1万—2.5万个。

四、农业产业扶贫的主要成效和经验

（一）通过实施特色种养业项目开展产业扶贫，有效地促进农村经济社会生态全面发展

产生良好的扶贫经济效益。大力发展特色种养业，培育贫困村"一村一品"主导产业，有效地调整了农村产业结构。几年来，全县实施的产业扶贫项目调整传统农业种植结构，延长农产品产业链，增加农产品附加值，提高农产品区域竞争力，打造了农产品品牌，推动了原料生产、加工包装、市场营销三产融合发展，提高产业知名度和市场占有率，大力发展订单生产，实行保护价收购，降低生产风险，进一步加快了贫困户增收脱贫步伐。

有效增加村集体经济和贫困户收入。产业扶贫项目建成后产权移交给村集体所有，村集体将项目租赁、入股给经营主体或村级自营，经营主体按照项目投入财政资金的6%以上收益交付村集体。另外，全县将财政专项扶贫资金投入形成的资产收益权，折股量化到村集体和贫困户，重点向大病重残户倾斜，带动无劳动能力、无产业、无经济来源的贫困户增加收入，惠及贫困户4000余户。几年来共增加村集体经济收入1374.02万元，项目收益折股量化到7027户贫困户，

产业项目园区每年带动 6500 余户贫困户务工就业，户均年增收 3000 元以上，带动贫困户脱贫致富。

产生了明显的扶贫社会效益和生态效益。泗县实施的产业扶贫项目具有绿色、环保、生态、可持续等特点，可以有效减少农药使用量及农药残留危害，减少农村面源污染；有利于美化环境，改善农村生产生活条件；同时休闲采摘园类的项目，还能给村级旅游业带来蓬勃生机。泗县以实施"25811"产业发展工程为契机，创新"四带一自"等带动模式，充分发挥全县特色产业扶贫园区（基地）的带动作用，优先吸纳贫困户进园务工就业，带动贫困户参与产业发展；通过开展生态护林、卫生保洁等公益性岗位促进务工就业，带动贫困户增收脱贫。

案例 4-5 屏山镇现代农业园区带动产业扶贫

屏山镇现代农业园区（苗木及花卉基地）位于屏山镇北部，区位优越、交通便利，总规划面积 2.42 万亩，一期规划面积 1 万亩，投入财政资金 800 万元，建成设施果蔬拱棚 500 多亩，智能联栋温室大棚花卉 10 万多平方米，干杂果采摘 300 多亩，高档苗木基地 2500 多亩。二期投入 750 万元建设 6 万平方米温室大棚，已经动工。园区围绕"资金跟着大户走，大户跟着产业走，产业跟着市场走，辐射带动群众走"的理念，引进经营主体发展特色产业，重点在设施蔬菜、花卉苗木、干杂果采摘等方面做文章。实施"专业、产业、创业、就业"四业联动，通过支持、扶持专业合作社、能人大户先期发展特色产业，引领、带动周边 600 多人就业，其中贫困户就业 150 多人，贫困户创业 40 多人，带动贫困户稳定脱贫致富；每年增加村集体经济收入 50 万元。

（二）泗县发展农业特色产业扶贫的主要经验

多元经营主体共同参与，创新特色产业扶贫模式。发挥园区

（基地）、龙头企业、合作社、家庭农场、能人大户（家庭农场）、产业联合体和电子商务带动作用，加大光伏扶贫、就业扶贫力度，开发农村辅助性岗位，构建经营主体与贫困户稳定的利益联结机制，带动贫困户增产增收。2017 年以来共培育带动经营主体近 600 个，带动贫困户达 2.15 万余户，户均增收 3000 元以上。实施特色种养业扶贫到户奖补政策，鼓励有劳动能力贫困户通过自主发展特色产业增收脱贫。大力实施"1235"林业扶贫工程，形成了"石榴谁在谁有、订单生产、效益分摊"的韩徐村扶贫模式。

发挥联合体的带动和引领作用，引导各类经营主体与贫困村、贫困户签订经营合同，建立紧密利益联结机制。实现龙头企业与农民专业合作社、家庭农场等其他经营主体的共营、共进、互惠、多赢，形成闭环的产业化联合体扶贫模式。鼓励支持贫困户抱团将小额贷款投入到农民合作社，由合作社与龙头企业合作经营，让贫困户实际参与产业发展，形成户贷社管合作经营扶贫模式。将财政资金投入到村形成的资产折股量化给贫困村、贫困户，使贫困村和更多贫困户分享产业扶贫红利，实现股份带动精准脱贫，形成折股量化扶贫模式。首创"公司+基地+贫困户+高校"模式，校企双方通过签订对接合作协议，组织本县优质果蔬产品、畜禽产品进入高校食堂，拓宽特色农产品销售渠道，形成农校对接扶贫模式。充分利用当涂县提供的帮扶资金实施产业发展项目，积极开展"泗县农产品进当涂"活动，促进全县县域经济发展，形成紧密的南北对接扶贫模式。

大力发展农业产业化，促进三产融合发展。目前，泗县有市级以上农业产业化龙头企业达到 104 家，形成了食品加工、饲料加工、粮油加工、畜禽加工等四大产业体系。创建了"蜜恋"牌草莓、"小方子"花生、"薯根源"粉丝、"中原大地"面粉、泗县药物布鞋等多个名优农产品品牌，打造"泗州虎头"黑猪品牌、"金大地"白山羊品牌、"地龙蛋"品牌、"维康蛋"品牌等特色养殖品牌。培育泗州拖拉机、全丰航空植保无人飞机等农机品牌，积极申报大路口山芋、丁湖螃蟹、黑塔贡苑大米等农产品地理标志。实施"产业+金融"扶贫模式，采取户贷社管合作经营方式，鼓励支持贫困户抱团通过农民合作社实际参与金丝绞瓜产业发展，做大做强金丝绞瓜产业，使小产品走向大市场，成为大产业。

第二节 聚焦生态与产业共赢，打造 特色生态产业扶贫

早在2005年，习近平同志任浙江省委书记时就提出"绿水青山就是金山银山"的生态发展理念。产业扶贫要坚持绿色发展原则，要把经济效益、社会效益、生态效益有机统一起来，努力推动贫困地区形成绿色发展方式和生活方式，要实行最严格的生态环境保护制度。泗县以"两山"理论为引导，高度重视产业扶贫和生态发展的关系，聚焦生态与产业共赢，走出一条泗县特色的生态产业扶贫发展之路。

一、探索生态扶贫新模式，实现生态建设与产业扶贫共赢

泗县属暖温带半湿润季风气候，适于多种农作物生长。近年来，泗县贯彻创新、协调、绿色、开放、共享的发展理念，坚持生态建设与脱贫致富有机结合，打造"绿泗洲、花世界、百果园"，探索出薄壳山核桃种植、乡村绿化、生态护林、造林奖补等扶贫新模式新路子，大力实施林业扶贫工程，完成造林面积6.17万亩，建成15条108公里绿色长廊，在32个贫困村实施薄壳山核桃"扶贫林"产业项目，实现生态建设与产业扶贫共赢。

（一）打造以薄壳山核桃种植为主的林果扶贫产业

泗县积极建设薄壳山核桃、酥梨、黄桃等规模化林业产业扶贫基地，完善"基地+贫困户"模式，带动贫困群众增收脱贫。扶贫基地吸纳大龄贫困人口就业，从事蔬果育苗、苗木管理、果实采摘等对技术要求不高的工作，在获得收入的同时，又能照顾家庭，受到贫困群众的欢迎和认可，取得良好的扶贫效果。在此基础上，泗县统筹谋划，多管齐下，在全县 32 个贫困村每个村建设一个面积 100 亩左右的薄壳山核桃"扶贫林"基地，建成总面积 3519.7 亩。在 3 个乡镇建设总规模为 2620 亩的薄壳山核桃示范基地，倾力打造以薄壳山核桃种植为代表的林果扶贫产业。

（二）形成乡村绿化与造林奖补有机结合的共赢局面

泗县结合地域特点，科学规划，点线面结合，大力实施"1235"工程，打造 17 条主要道路森林长廊，大力发展花卉苗木、林下经济、庭院经济。为鼓励贫困群众参与乡村绿化，增强自身发展动力，对贫困群众新栽植的树木，达到一定规模、绿化效果较好的，给予加倍奖补。贫困群众参与乡村绿化的积极性得到提高，家庭收入得到增加，乡村环境得到美化，生态保护取得显著成效，社会效益和经济效益双提升，形成乡村绿化与造林奖补有机结合的共赢局面。

（三）推动生态公益岗位脱贫和林业产业扶贫大融合

泗县创新生态建设和补偿资金使用方式，实行生态护林员选聘制度，出台了《泗县建档立卡贫困人口生态护林员选聘实施方案》，推动生态公益岗位脱贫与林业产业扶贫大融合。生态护林员选聘坚持"精准、自愿、公开、公平、公正"的原则，从符合身体健康、遵纪守法、责任心强、能胜任野外巡护工作等条件的贫困人口中选聘。目前，泗县共选聘生态护林员 76 人，每人每年生活补助 4400 元，绩效考核奖励另算，有效带动这些护林员家庭增收脱贫。生态护林扶贫在提供就业岗位、拓宽贫困群众增收渠道的同时，也为泗县林业产业扶贫"种、养、护"提供了人力资源保障。

二、探索创新扶贫方式和路径，开展乡村旅游扶贫工作

为全面贯彻落实国家旅游局和安徽省旅游扶贫工作的有关精神，充分发挥乡村旅游在精准扶贫、精准脱贫中的重要作用，泗县按照"因地制宜、宜旅则游"的原则，在全县开展乡村旅游扶贫工作，不断创新扶贫方式，拓展扶贫路径，通过景区带户、农家乐带户、旅游商品企业带户、涉旅游示范项目带户、涉旅合作社带户、文化旅游节庆等方式开展乡村旅游扶贫工作。近年来，共通过乡村旅游综合带动脱贫 3000 多人（表 4-1）。

表 4-1　2016—2018 年泗县乡村旅游扶贫带动贫困户情况

年份	带动贫困户（户）	涉及贫困人口（人）
2016	160	439
2017	736	1847
2018	730	1665

（一）科学编制乡村旅游扶贫规划，指导乡村旅游扶贫工作

为了促进乡村旅游扶贫工作，泗县先后出台了《乡村旅游扶贫利益联结机制实施指导意见》《泗县乡村旅游扶贫实施方案》《泗县乡村旅游扶贫工程实施意见》《中共泗县县委　泗县人民政府关于进一步加快文化旅游业发展的意见》等政策文件支持和指导乡村旅游

发展。

通过与安徽省旅游规划设计研究院达成战略合作，构建"资源共享、优势互补、务实重效、共谋发展"的合作关系，推动全县的旅游发展规划、旅游品牌创建、旅游人才培养、乡村旅游扶贫、特色小镇及景区开发建设等领域向更高层次更高水准迈进。

通过建立利益联结机制，根据调查摸底的情况，积极完善扶贫村的基础设施和公共服务设施，协助培育特色观光农业项目。扶持乡村旅游经营户（家庭旅馆、星级乡村旅游点、农家餐菜馆、民俗体验馆等）。探索成立旅游公司，帮助扶贫村建立旅游经营管理模式和队伍。针对扶贫村的实际情况，有选择性地开发扶贫项目，精准施力，因地制宜地指导扶贫村旅游业务培训和文明礼貌教育、制定乡村旅游宣传推广计划、制作发布宣传品或网页、帮助开拓市场、策划乡村旅游节庆活动等，确保旅游扶贫取得实效。

（二）通过建设旅游项目和创建工作带动就业扶贫

发展乡村旅游拓宽扶贫产业链条。2016 年全县成功申报的 10 个国家级乡村旅游扶贫村分别获得 2016 年中央预算内投资资金 1000 万元和地方配套资金 100 万元，用于乡村旅游游客咨询服务中心、景区步行道、停车场等旅游基础设施建设。目前"八个一"项目建设已全面完成，正在进行后续提升工作，项目建成后将带动 10 个村 1000 多名贫困人口脱贫。加快全县 17 个 A 级旅游厕所品牌建设，通过 A 级旅游厕所奖补资金带动贫困人口就业。

加快乡村旅游富民工程项目建设。运河人家、石龙湖国家湿地公园、蟠龙山旅游观光、泗县大庄镇小宋梨园等旅游项目相继建设完成。同时，还启动了泗县石梁河田园综合体项目和运河小镇两个重大文化旅游项目建设，为乡村旅游扶贫富民奠定了坚实的产业发展条件。

着力完成星级农家乐、省级优秀旅游乡镇、省级旅游示范村等创建工作。大力争取旅游创建补助资金，完善全县乡村旅游基础设施建设，完成泗县慧佳五星级农家乐、碧云天四星级农家乐（带动贫困户 100 户）、楠枫庄园和嘉韵生态农业开发有限公司三星级农家乐等创建工作，鼓励农家乐通过品牌创建带动贫困户就业。完成创建安徽省优秀旅游乡镇 4 个（大路口乡、刘圩镇、泗城镇、大庄镇）、省级乡村旅游示范村 6 个（开发区曹苗村、刘圩镇秦场村、泗城镇三湾社区、大庄镇曙光村、大路口乡龙湖村、泗城镇大吴行政村即彭铺中心村），申报安徽省 A 级旅游村 9 个（大路口乡龙湖村、大路口乡邓公村、墩集镇霸王村、长沟镇戚庙村、泗城镇朱桥社区、黑塔镇马厂村、大庄镇佃庄村、大庄镇曙光村、刘圩镇秦场村）。同时，积极帮助旅游扶贫村与景区、农家乐、星级饭店、旅行社等企业签订《用工帮扶协议》和《农产品采购帮扶协议书》，为贫困户安排合适的工作岗位或为其销售农副产品，从而使贫困户获得就业机会和增加收入。

（三）开发旅游商品，培育特色旅游品牌，扩大旅游商品产业链条，带动造血式扶贫

近年来，泗县充分挖掘全县的民间文学、传统戏曲文化、饮食文化、手工技艺等非遗资源，丰富旅游商品市场，发展本地旅游食品和旅游手工艺品等特色旅游商品。同时，积极组织泗县旅游商品参加省内外展销评选活动，大力宣传大路口山芋粉丝、泗县药物布鞋、大庄豆瓣酱等特色商品。通过广泛宣传和推介提高了全县旅游企业品牌知名度，培育以泗州药物布鞋为代表的国家级、省级、市级优秀旅游商品企业 10 余家，有效地提高了全县旅游商品市场竞争力。

积极开辟旅游商品电子商务，借助网络平台进行旅游商品销售，以满足不同顾客的需求，做到网店与实体店销售齐头并进，组织泗县元农电子商务有限公司和泗县供销 E 家等电子商务平台不断扩大网上销售的比例，提升全县旅游商品流通市场竞争力，深化挖掘旅游商品产业链条，增加贫困户就业机会。

（四）通过开展丰富多彩的文化旅游活动，宣传全县乡村旅游品牌

加强同省市县多级媒体的合作，通过报刊、网络、电视台等传播渠道宣传泗县旅游资源，并积极参加各类国家、省市文化旅游活动，推介泗县乡村旅游精品线路和旅游商品。相关职能部门认真组织指导各景点开展旅游宣传活动，成功举办 2017 年安徽泗县"美丽佃庄·春满家园"乡村春晚、2017 年小宋梨园"春风十里、相约大庄，千树万树梨花开"活动、安徽·泗城薰衣草节暨首届泗城乡村旅游开幕式、央视《乡约》《美丽中国乡村行》走进运河名城泗县等活动，广泛宣传泗县的乡村旅游资源。在 2017 年中国优秀旅游品牌推广峰会中，泗县成功获得了"中国最具影响力文化旅游名县"称号，吸引游客 10 多万人次，通过临时雇用保洁、保安、土特产销售等方式带动曙光村周边 300 多人就业，其中贫困群众 40 余人。

（五）开通旅游扶贫直通车，助力乡村旅游扶贫

泗县以旅游产业带动贫困人口脱贫致富为出发点，以支持"全县 10 个国家级扶贫村和美丽乡村旅游扶贫村"为重点，整合全县乡村旅游优势资源和贫困村产业特色，发展"一村一品"，开通了"乡村旅游体验之旅""赏梨花、购农特"和"游古迹、购农特、助扶贫"等旅游扶贫专线直通车，为大庄镇小宋梨园梨花节、墩集镇霸王村古城观光草莓采摘、大路口乡青年集体婚礼等活动每年输送游客 400 多人次。大量游客的到来，最直接、最显著的效益就是为乡村旅游扶贫村及其周边贫困户创造了就业机会，增加了劳动收入，为贫困人口足不出户实现创业、就业、增收提供了平台，有力地助推了全县脱贫攻坚工作。

三、创新举措和精准发力，探索光伏产业扶贫新路径

光伏扶贫是实施精准扶贫精准脱贫的重要举措，是推进产业扶贫的有效措施，是造福贫困地区、贫困群众的民生工程。2014 年 10 月，国家能源局、国务院扶贫办印发了《关于实施光伏扶贫工程工作方案》，明确在安徽、宁夏、山西、河北、甘肃、青海等 6 省区 30 个县开展首批光伏试点。近年来，泗县县委县政府以入选国家光伏扶贫试点县为契机，把光伏扶贫作为精准扶贫、精准脱贫的重要措施，创新举措，精准发力，在安徽省率先实行"集中建设、动态覆盖、统一运维、分散管理"的光伏扶贫模式，探索出一条光伏产业扶贫新路径。

（一）光伏扶贫工作机制

加强领导和明确分工，为光伏扶贫工作做好组织保障。为确保泗县光伏扶贫工作有效快速推进，成立了由县长任组长，分管副县长任副组长，县发改委、自然资源局、扶贫局、审计局、供电公司农投公司等部门负责人及各乡镇负责人为成员的"光伏扶贫项目建设维护领导小组"，具体负责协调解决光伏扶贫项目实施中的重大事项，领导小组定期召开项目专题协调会，全力推进项目建设与运营。各乡镇政府均成立了相应的领导机构。

各相关职能部门明确职责，做到时间明确、任务清晰、责任到位，形成全力推进光伏扶贫工作格局。县发改委负责统筹协调和政策落实，具体做好光伏发电指标的争取与分配，编制光伏扶贫实施方案；县农投公司负责光伏扶贫项目招投标和实施；县扶贫办负责贫困村和贫困户审核、拟定年度计划协调推进项目实施、涉农资金整合等；县财政局负责省市县资金拨付；金融办负责协调金融机构支持光伏扶贫；县国土、规划、环保负责项目建设用地、规划、环评等相关

工作；县供电公司负责农村电网改造升级，确保满足光伏发电上网需求，并负责电表调试和安装、并网发电，按时抄表结算、及时发放上网电量补贴资金；各乡镇为实施主体，对本乡镇光伏发电扶贫项目负总责，切实做好实施项目的贫困村和贫困户选择、资金自筹、施工协调等。

科学规划，统筹项目实施。结合《泗县精准扶贫精准脱贫规划纲要（2015—2018年)》，由县发改委牵头，扶贫局及相关部门配合，编制《泗县"十三五"光伏扶贫规划和年度实施计划》《泗县2015—2018光伏扶贫发展实施方案》《泗县2015年光伏扶贫项目实施方案》《泗县2016年光伏扶贫方案》等，明确年度目标任务、帮扶贫困户数及贫困村数、项目实施类型、建设规模、资金筹措方案、组织保障措施等，确保全县光伏扶贫工作有序推进，实现对16675户建档立卡贫困户和65个建档立卡贫困村全覆盖，为建档立卡贫困村发展和贫困户脱贫提供了持续的收入来源。为快速推进光伏项目建设，由县发改委牵头，县扶贫局、自然资源局、农投公司配合，对全县15个乡镇及开发区，进行了可用土地调查摸底，最终由各乡镇土地所确定土地性质，镇政府确定建设亩数，供电公司确定接入点，扶贫局确认对口扶贫建档立卡户名单，农投公司协调施工队和乡镇关系，充分利用废弃学校、旧村部等集体建设用地和公共可利用地用于光伏发电建设。

规范程序，确保精准识别。享受光伏帮扶的贫困户确定，以贫困村和当年预脱贫村为重点，扶持对象必须是建档立卡的贫困户，优先考虑无劳动力、无资源、无稳定收入来源、患有重大疾病、残疾、相对更贫穷的家庭。同时，明确制定了符合条件的贫困户申报享受光伏扶贫政策程序：向村委会提出申请，村委会初审后上报乡镇政府，乡镇政府组织人员对申请对象资格进行审查，审查通过后在所在村公示7天，无异议后上报县扶贫办核查，县扶贫办核查后报县扶贫开发领导小组审定。

严格把关，保证工程质量。一是加强设计、采购、建设等关键环节审查监督，打造精品光伏扶贫工程，确保光伏扶贫项目发挥预期效益。一是按照光伏发电项目施工规范要求，对每一个实施点出具光伏电站设计方案，经审查通过方可施工。二是要求光伏组件必须采购国内光伏发电"领跑者"先进技术产品，且必须通过第三方检测认证，否则不予进场安装。三是监理全程跟进，农投公司定期检查，发现施工不规范的立即改正，确保从基础施工到组件安装等环节施工质量。四是严把验收关，建成并网发电的项目，泗县委托省招标集团，通过竞争比选的方式，引进第三方具有国家级资质的华阳检测，对全县178个光伏站点，按程序逐一检测验收，华阳检测技术人员、施工单位、业主单位、监理组成验收小组，把发现的问题整理细化，交由施工单位逐一整改，待整改完成后，再统一验收，验收合格后交由地方政府管理。

强化管理，持续发挥效益。要保证光伏电站持续发挥效益，后续运营维护、跟踪管理是关键。为此，泗县县政府一方面完善相关制度机制，制定出台《泗县光伏扶贫收益分配管理暂行办法》和《泗县光伏扶贫电站运营维护管理办法》，明确项目建设类型、建设模式、产权归属、施工管理、运营维护及光伏电站收益管理主体、分配标准、分配程序、收益税费结算等内容，规范光伏扶贫发电项目和资产收益分配管理；另一方面通过多方考察、学习，采取市场化运作模式，与浙江杭州品联科技有限公司合作开发了泗县光伏扶贫项目智能监测管理系统，成功探索出"统一智能运维，分散地方管理"的运维模式，可降低运维成本50%，提升发电量6%左右，保证了光伏电站稳定运行，持续发挥扶贫效益。

（二）"集中建设，动态覆盖，统一运维，分散管理"的光伏扶贫模式

政府主导，公司参与。政府提前谋划出台相关政策性指导文件，

规划光伏建设方向和路线，同时成立光伏项目领导小组，建设过程中涉及的各职能部门积极参与，为光伏建设提供便利和保障。为加快光伏项目建设，避免政府职能部门作为建设方的诸多不便，泗县以农投公司为建设方，市场化运作，全面负责电站建设。

虚拟村户，集中建设。通过参观、学习和借鉴其他地方光伏建设模式，为解决其他县区户用光伏维护成本高和不便管理的情况，泗县结合自身情况，采用废弃村部、小学、村集体用地等废弃地块，集中建设光伏项目，并由扶贫局统筹确定符合享受光伏收益分配的贫困户，财政部门根据名单统一打卡发放。

加强光伏发电模式创新，统一维护，分散管理。为了提高电站运行管理效率，使故障能够及时处理，并保障电站安全，降低运行和设备维护成本，县农投公司和杭州品联科技公司联手在全省率先建成光伏电站智能运维管理系统，实现泗县 62.1 兆瓦光伏扶贫电站线上统一管理，成功探索出"统一智能运维，分散地方管理"的运维模式，促进光伏发电持续发挥扶贫效益。同时，农投公司积极谋划光伏扶贫电站线上线下一体化运维，目前已成立专业运维团队，并设立公益性岗位由各乡镇安排就近贫户困负责电站日常看护，既保障电站安全又增加发电效率和贫困户收入。

（三）光伏扶贫工作取得的成效

泗县光伏扶贫项目自 2015 年起累计建设三个批次，总投资约 4.76 亿元，装机容量 62.1 兆瓦，涉及全县 15 个乡镇 187 个站点，项目于 2017 年 6 月 30 日前全部并网发电，覆盖了 65 个贫困村和 16675 户建档立卡贫困户（包括省任务 9700 户和县自建 6975 户）。

泗县致和新农村建设有限公司负责建设和运维管理，由北京汉能、浙江晶科、深圳能源三家公司承建。2017 年已经通过第三方检测验收合格，移交乡镇政府管理。农投公司每月与供电公司做好电费核算工作，截至 2019 年，全县光伏扶贫电站累计发电 15573 万千瓦时，实现收益 15261 万元，结算收益并按要求转入县财政账户。

以光伏扶贫为依托，全县 65 个贫困村，2018 年累计拨付村集体收入 450 万元，2019 年累计拨付村集体收入 390 万元。2019 年已有 16663 户享受光伏收益发放，每户 1000 元。光伏日常维护提供公益性岗位 168 个，每人每年按最高 3600 元发放，每年发放公益性岗位工资约 57.3 万元。光伏电站建设租地每年为农户带来约 225.67 万元收入，土地租金按年支付给提供土地的农户。

第三节　依托"农民工回归工程"，精准推进就业创业扶贫

一、泗县实施就业创业扶贫的社会背景

2015 年，习近平总书记在中央扶贫开发工作会议上提出要支持贫困地区农民在本地就地就业或外出务工创业，这是短期内增收最直接见效的办法。同年，习近平总书记在陕甘宁革命老区脱贫致富座谈会上的讲话中提到，家有良田万顷，不如薄技在身。要加强对贫困人口的技能培训，授之以渔，使他们掌握一项就业本领。

从 2014—2018 年泗县建档立卡贫困户主要致贫原因来看，因残、因病致贫的贫困人口基数居多，其次是缺资金、技术、劳力等方面。泗县农村贫困人口就业问题主要表现在以下几个方面：一是农村劳动力的文化水平和劳动技能偏低，难以适应用工单位的需求；二是贫困农村的经济发展水平极低，不能吸引企业在农村进行投资，从而不能为当地农村贫困人口提供工作岗位等问题；三是农村产业结构不合理，第三产业不仅总量小，而且专业化、社会化水平低，进而不利于增加工作岗位；四是转移就业人员权益受损，社会保障问题突出和农

村劳动力的就业环境比较差，不能及时掌握到就业岗位信息；五是因病因残而导致无法工作的农村贫困人口占相当大一部分，基本的生活、医疗、养老得不到充分的保障。为打好打赢脱贫攻坚战，泗县积极探索以贫困户为中心，集中投入人力资本，开展精准就业培训提高就业能力，将贫困地区低效闲置的人口资源劣势转化为有技术的劳动力资源优势，实现人口资源有效转型，助推快速有效可持续脱贫，并实现"一人就业、全家脱贫"。

二、泗县开展就业创业扶贫的主要措施

（一）出台就业扶贫相关政策

为推动全县就业扶贫工作，泗县出台了一系列相关政策文件，主要包括：《关于落实就业脱贫实施意见有关政策的通知》《泗县人民政府办公室关于印发泗县就业脱贫工程实施方案的通知》《关于落实就业脱贫实施意见有关政策的通知》《关于分解下达 2018 年就业脱贫工程目标任务的通知》《关于组织申报县级就业扶贫基地的通知》《关于印发〈泗县就业脱贫工程督查考核暂行办法〉的通知》等多个政策文件推动就业脱贫工作开展。这些政策主要明确了就业脱贫主要目标，通过提供就业技能培训、发展产业、就业促进、创业带动、政策扶持、就业服务等手段，健全"1+6+10"就业联动机制，开展村与村之间的帮扶计划，把全县的贫困人口就业任务分解到 10 个县直部门，落实到每个镇村，以及建立帮扶信息共享机制，加大就业扶贫的工作力度，为贫困户提供务工信息，鼓励贫困户积极就业创业脱贫。

（二）有效开展"农民工回归工程"，促进创业培训扶贫

泗县按照"一人就业、全家脱贫，一人创业、全家致富"的目

标，制定创业就业脱贫方案。首先是加强职业技能培训，加大对贫困户外出务工人员和贫困户家庭大中专毕业生等返乡创业的支持力度，促进以创业带动就业。抓住国家级农民工等人员返乡创业试点县建设机遇，建大建强县开发区、泗涂产业园及乡镇工业园区，重点发展机械电子、节能环保、农副产品深加工和品牌服装四大主导产业，引导农村贫困劳动力到园区企业、项目一线就业创业。同时引导异地创业的农民企业家和积累了一定资金、技术和管理经验的农民工返乡创业兴业，带动贫困劳动者就地就业。各级公共就业服务机构指导贫困劳动者结合当地实际，在投入小、风险低、自己熟悉的领域创业，重点支持通过"企业＋贫困户""合作社＋贫困户"或加盟农村电商等形式创业，提高创业成功率。同时，针对贫困劳动者开展了免费创业培训，符合条件的落实扶贫小额贷款或创业担保贷款及财政贴息，并给予一次性创业补助 5000 元。

此外，整合现有农民工创业园，鼓励镇、村盘活闲置厂房、撤并的中小学校舍等场地资源，为贫困劳动者创业提供低成本的创业孵化场所，落实创业孵化政策，降低创业成本。制定政府购买创业服务清单，调动教育培训机构、创业服务企业、电子商务平台等各方面积极性，提高创业服务质量和效率。

案例 4-6 返乡创业扶贫典型——张石

自 2016 年返乡创办宿州共福园畜牧养殖有限公司以来，张石严格按照县委县政府及草沟镇党委政府要求，采取"公司＋基地＋合作社＋农户"的产业化经营模式，以公司为龙头，基地为纽带，实行统一销售、统一供种、统一饲养标准、统一防疫管理，将公司与农户的利益紧紧联系在一起，实现了农企双赢。企业发展至今已吸纳合作社社员 56 户，合作社肉牛存栏 1 万头左右，已带动贫困户 30 人。企业先后被选为"秸秆综合利用试点县项目饲料化基地""粮改饲项目基地""2017 年宿州市市级产业化龙头企业"。

（三）开展按需定向技能脱贫培训

泗县结合实际情况，制定出台《泗县技能脱贫培训实施办法》《泗县职业技能培训质量管理办法》等系列政策文件。技能培训的对象主要是 16 周岁到 65 周岁有劳动能力和就业创业意愿的建档立卡贫困户家庭劳动力。2017 年以来，先后认定泗县技工学校、泗县公共就业和人才服务中心、泗县瑞星职业培训学校和泗县华友职业培训学校四家培训机构为技能脱贫培训定点机构。根据市场和培训对象的需求，开发了服装缝纫、制鞋、保洁、手工编织、电焊、电工、育婴员、保育员、美容等培训项目，切实提高培训就业率。主要采取以下四种技能培训方式：

定向培训助脱贫。泗县有针对性地开展技工技能培训民生工程，根据企业用工需求，引导技工院校、培训机构针对贫困劳动者开展订单定向技能培训，实施"菜单式培训"，将技能培训与泗涂产业园、经济开发区、南北两条扶贫产业示范带及扶贫工厂的岗位需求相接轨，分类培训制鞋制衣、保安保洁、包装仓管、餐饮服务、五金电气等 10 余种工种，劳动者根据自己的意愿选择培训工种，实现贫困劳动者"培训一人、就业一人、脱贫一户"。

精准培训促脱贫。组织乡镇（开发区）社保所对全县范围内贫困劳动者培训需求进行摸排，建立台账。针对部分贫困劳动者想培训电工、焊工、育婴员等工种但达不到集中开班要求的，采取"插班"的方式安排在就业技能培训班中，确保贫困劳动者可以随时"插班"学习所需要的各项技能。

创新培训模式服务脱贫。考虑到部分学员白天在家农忙抽不开身或者需白天打零工多挣点钱，但是又想学到一门就业技能，实现稳定就业。县人社局大胆创新，开创了"夜班培训模式"，得到了广大贫困劳动者的一致好评。

图 4-2 技能脱贫"夜班培训模式"

送岗进班稳培训。2019 年 3 月，泗县人社局在县公共实训基地组织开展"送岗位进培训班"活动。泗涂产业园和县经济开发区的大禾滤清器、皓驰车业、嘉凯汽车、好派文化体育用品等 10 余家企业组团来到泗县瑞星职业培训学校，把 1000 余个工作岗位送到即将结业的 147 名学员（其中贫困劳动者 28 人）面前，其中有 114 名学员当场与心仪的企业达成就业意向，待结业后从培训学员成功转变为产业工人。

（四）开发公益岗位就业促扶贫

为了切实帮助困难就业群体尽快实现公益岗位就业，由政府开发的安排就业困难人员或特殊群体从事非营利性的社会公共管理和公共服务活动，这些公益岗位主要包括：公共服务岗位、城乡辅助性社会管理和公共服务岗位、机关事业单位、社会组织、民办非企业单位等工勤服务辅助性岗位、家庭服务业企业、物业管理服务企业的托底性安置岗位等。上述公益性岗位主要服务于七类人群：零就业家庭成员、大龄就业困难人员、长期失业人员、享受最低生活保障的失业人员、残疾人员、高校毕业生。贫困劳动者在农村保洁、保绿、保安、护林、护路等辅助性岗位就业的，给予300元/月的辅助性岗位补贴。对在企业就业并签订劳动合同的贫困劳动者每月享受590元的岗位补贴和社保补贴，企业享受每月300元的补贴。对贫困劳动者与企业签订劳务协议并稳定就业的，给予200元/月的补助。

通过开发公益岗位，促进贫困劳动者居家稳定就业。结合美好乡村建设、农村环境整治等工作实际，按照"保证质量、兜住底线、持续帮扶"的要求，以泗县建档立卡16—59周岁贫困劳动力为主体，各乡镇加大公益岗位、居家就业岗位开发力度，鼓励农村贫困劳动力从事农村保洁、保绿、保安和护林、护路、护理等辅助性岗位，依托贫困村扶贫工厂和扶贫驿站入驻企业，开展贫困劳动者和岗位对接，最大限度安置就业，保证稳定就业率达95.3%以上，脱贫率达86.7%。2017年以来，为不能外出公益岗人员发放补贴2306.51万元，为130名成功创业贫困劳动者发放一次性创业补贴65万元，为266名居家就业人员发放补贴25.97万元，为351名跟企业签订协议贫困劳动者发放单位和个人补贴共计63.7万元。

（五）开展扶贫车间促扶贫

近年来，泗县在推进精准扶贫过程中，结合服装、鞋帽加工这类劳动密集型产业普遍存在"用工难"问题，针对农村一些贫困人口因为缺技术、缺资金、缺门路的"就业难"困扰，鼓励当地劳动密集型、加工型企业在贫困村设置"扶贫车间"，让有就业能力和愿望的建档立卡贫困人口就近从事手工业加工等工作，实现"挣钱顾家两不误"。通过开展扶贫车间促扶贫，不仅帮助贫困户实现脱贫，更能带动他们增收致富，同时也解决了企业招工难、用工贵、熟练工缺乏的问题，"两难"变成"双赢"。截至目前，泗县已建成"扶贫车间"70余个，直接安置和带动全县贫困群众1000余人实现了就业增收。

推动贫困劳动力居家就业。泗县贫困人口主要是因病因残致贫，由于这些特殊的贫困人口在农村很难就业，于是政府开始推动居家就业工程，依托"泗县药物布鞋"等传统知名产业，对接园区企业、扶贫工厂等资源，组织无法外出就业的贫困劳动力进行手工制作技能培训，在家从事手工编织、来料加工等工作，而且还对贫困劳动者居家就业的每户每月补贴 200 元，这不仅推动了无法离乡、无业可扶、无力脱贫的"三无"贫困劳动力的居家就业，而且有效解决了"扶志"的难题，实现"兜底"就业脱贫。

图 4-3　居家贫困户手工编织

（六）"1+10+16"就业联动机制

为了更好地保证农民工返乡工程的顺利进行，泗县着力健全"1+10+16"就业联动机制，把一个县的就业贫困人口分解到 10 个县直部门，最后落实到 16 个镇的每一个村。泗县通过实施农民工回归工程，精准推进就业创业扶贫，抓住国家级农民工返乡创业的机遇，依托于药物布鞋生产基地、服装加工厂等，引导原本劳动密集型的产业向农村布局，为返乡农民工创造更多工作岗位。到目前为止，已经建成扶贫工厂 65 个，扶贫驿站 23 个。2019 年以来，贫困人口在县内园区和就近就业的人数新增 6960 人。

三、构建金融扶贫和电商扶贫共享平台，增强贫困人口内生动力

（一）开展小额信贷，构建金融扶贫共享平台

通过制度设计和金融创新，引导金融资本进入农村扶贫，增加农村贫困人口的内生动力和发展能力，有助于破解贫困人口"惯性循环链条"。国际上，孟加拉国、玻利维亚等国家通过推广农村小额信贷方式，已取得了良好的社会效果，并成为落后地区成功脱贫的典型经验。20 世纪 80 年代中期以来，我国对农村贫困人口提供了扶贫贴息贷款服务，取得了一些积极成果。为了推动金融扶贫的制度创新，泗县扶贫局、农业农村局、商务局、人社局等十大工程牵头部门合作探索小额扶贫信贷与特色优势产业联动减贫机制，实现由"输血"向"造血"转变，形成脱贫致富长效机制。

加强领导，建立高效运转机制。通过政府合理介入金融市场，构建金融扶贫绿色通道，由县金融监管局与扶贫局成立工作专班，具体组织推进金融扶贫工作开展，形成"牵头有机制、推动有人员、服务有流程、落地有措施、后续有监督"的工作机制。

搭建信用平台，推动借贷双方合作。为解决银行"不敢贷"的顾虑，提高银行放贷的积极性，泗县建立健全银行金融风险补偿机制和风险分担机制，严格按照风险补偿金的设立要求，按照不低于1∶10比例拨付风险补偿金 3108 万元。同时，为解决贫困户"不想贷、不愿贷、不敢贷"的困境，金融监管局组织各银行、乡镇持续开展金融扶贫政策宣传，通过常态化政策宣传、集中宣传培训、进村入户发动等多种方式，提高金融扶贫政策的知晓率、认可度。减轻贫

困户贷款利息负担，落实扶贫小额信贷贴息政策。2014年以来，通过设立扶贫贷款贴息专项资金共发放扶贫小额信贷贴息3521.7万元。减少金融借贷风险，创新发展扶贫保险产品和服务，设置"合家安康"财险。按照每户130元标准，为18104户贫困户购买财产保险235.35万元。落实扶贫小额信贷人身意外伤害保险，拨付78.829万元，实现贫困人口100%覆盖。

扩大信贷规模，建立稳定的金融扶贫增长机制。扩大金融扶贫的覆盖面，提升扶贫的总体效果，确保小额贷款增速不低于新增贷款增速、增量占比，实现同比增长。从2014年精准扶贫以来，泗县累计发放扶贫小额贷款58824万元。其中，2015年26万元，2016年3144万元，2017年27942万元，2018年20080万元，2019年7632万元。按照投向用途划分，户贷户用18784万元（其中养殖11971万元，种植2377万元，其他4436万元）、"三合模式"40040万元。扶贫小额贷款使相关贫困户每年户均增收3000元以上。2014年以来，共实现9432户脱贫，其中，2014年脱贫684户，2015年脱贫904户，2016年脱贫2237户，2017年脱贫2945户，2018年脱贫2662户。

表4-2 泗县历年扶贫小额信贷投放情况统计表

年份	放 贷		收 回		贴息
	笔数	金额（万元）	笔数	金额（万元）	（万元）
2015	7	26	7	26	0.65
2016	728	3144	25	3129	124.3
2017	5694	27942	15989	7614	2229
2018	4143	20080	3195	15457	1056
2019	1613	7632	174	873	111.7
合计	12185	58824	20090	27099	3521.65

注：数据统计截至2019年9月。

提升内生动力，构建脱贫攻坚的长效机制。为提高精准扶贫效果，由扶贫局、农业农村局、商务局、人社局等十大工程牵头部门共同合作，探索形成扶贫小额信贷与特色优势产业的互动联动机制。通过金融与产业、项目结合，使贫困人口掌握技术、学会经营，增加脱贫能力。通过培育自我发展的社会氛围，做到学有标杆、干有标准，激发贫困户的内在潜力和参与热情，推动"输血"向"造血"转变，构建脱贫致富长效机制。

案例 4-7　山头镇开展扶贫小额信贷新模式

泗县山头镇为了给贫困户增收脱贫注入金融活水，大力促进信贷资金与产业资源相融合，打造"金融+产业"融合发展，努力探索"户贷户用、自我发展；户贷户用、合伙发展；户贷社管、合作发展；户贷社管、合营发展"，为贫困户"贷"出了脱贫新生活。

"户贷户用、自我发展"模式。山头镇一直以来坚持鼓励有发展能力的贫困户坚持扶贫小额信贷"户贷户用户还"，坚持贫困户自愿参与原则，紧紧围绕"户贷户用户还"主方向，完善和创新小额信贷"一自三合"四种模式，确保扶贫小额贷款用得好、用得准、用到点子上。骆庙村贫困户刘兴利就是这种扶贫模式的受益者之一，两年前刘兴利从泗县农村商业银行贷款 3 万元扶贫小额信贷，用于购买猪仔修建猪舍，同时还申请了特色养殖业补贴。经过两年发展，刘兴利不断扩大养殖规模，镇畜牧站主动帮助他改善养猪技术，如今猪存栏 81 头，收入明显增加，生活条件明显改善。

"户贷户用、合伙发展"模式。山头镇大柏村针对贫困户中因病因残致贫和缺劳动力致贫的比例较高，贫困户自主发展产业的内生动力不足，贫困户没有能力独立经营的现实情况，探索出"村党总支+合作社+贫困户"的金融脱贫路径，实现"户贷户用、合伙发展"。由村党总支牵头，将村里 1000 余亩果木林基地以每年 10 万元的租金承包给禾丰种植专业合作社，共有 10 余户有发展意愿的贫困户，利用扶贫小额信贷资金，入股禾丰种植专业合作社，由农民合作社进行经营管理，每年给贫困户分红3000元，同时带动20余户贫困户在果木基地务工，真正实现"户贷户用、合伙发展"。

（二）"互联网+电子商务"工程促精准扶贫

1. 泗县开展电商扶贫项目的主要优势

第一，县委县政府高度重视，为电商扶贫提供了扎实基础。泗县高度重视县域电商发展，将全县电子商务产业发展纳入县政府工作报告及"十三五"规划当中，将发展"互联网+"作为促进县域经济转型发展的重大战略来抓。成立了由县委书记任组长的电子商务发展领导小组，统筹领导全县电子商务发展工作。制定出台了《泗县人民政府关于加快我县电子商务发展实施意见》等文件，明确在财政、金融、人才、收费、土地等方面扶持电子商务产业发展的配套政策及优惠措施。同时，电子商务进农村综合示范项目为电商扶贫提供了强大动力。2016年，泗县成功申报第三批国家电子商务进农村综合示范县，获得2000万元中央财政专项资金支持。以此项目为契机，相继开展了"两中心、一站点"建设，完善了基础设施，开展了规模化、专业化的电商技能培训，培养出一批有一定专业素养的电商从业队伍，营造出电商发展的浓厚氛围。

第二，商贸流通业飞速发展为电商扶贫提供了有效途径。近年来，泗县积极组织实施农村商品流通服务体系建设，统筹城乡发展，完善农村社会化服务体系，打通农村流通网络，健全农村现代流通服务体系，更好地解决农民群众购物不便、农资质量等问题。县内重点商贸企业通过开展试点工作，推动农村连锁经营，形成了以城区店为龙头、乡镇店为骨干、村级店为基础的农村消费经营网络，镇农家店覆盖率达100%，各行政村农家店的覆盖率达90%以上，为泗县农村电子商务的发展奠定了坚实的基础。全县电商企业300余家，淘宝网店 1000 余家，微店近万家，电子商务经营主体正以每年 100 个的速度快速增长。2018 年，全县电子商务交易额超过 28 亿元，网络销售额超过 8 亿元，快递业务量超过 1800 万件，发件量超过 800 万件。

第三，特色产业的培育为电商扶贫提供了坚实支撑。泗县境内资源富饶，物产众多，注册的农产品商标共有 500 多件，名特优产品主要有大路口粉丝、丁湖螃蟹、大庄豆瓣酱、绿壳鸡蛋、山羊板皮、红瓜子、界牌大米、墩集花生等。县委县政府坚持宏观布局、产业联动，依托特色产业开展电商扶贫，形成了丁湖水产、屏山花卉、草庙水果、墩集草莓、大路口山芋等特色产业带，成为泗县的"产业名片"，从而为电商扶贫提供了坚实支撑。

第四，基础设施的完善为电商扶贫提供了有力保障。一是交通便利。泗县交通运输已形成公路、铁路、水路综合运输体系。境内道路总里程超过 2500 千米，路网密度达到 121 千米/百平方千米。基本上形成了以泗城为中心，以乡镇为节点，以"两高一铁"及国省道为骨架，乡村公路为网络，辐射与环形并举的全县路网格局。省际边界县区位独特，随着临港临空"大交通"发展，泗县作为苏北、皖北连接点，南上北下、东进西出、通江达海，奢享北京、上海、南京等核心经济圈辐射，区位优势进一步显现。二是农村网络覆盖率高。泗县近年不断加快电子商务基础通信设施、光纤宽带网和移动通信网等基础设施建设，推动"三网融合"及"互联网+"战略落地，助力全县电子商务发展。县电信、移动、联通均实现 100 兆光纤到企业、无线宽带覆盖工业园区、Wi-Fi 热点覆盖园区重点区域，实现规模以上企业宽带接入率 100%，信息基础设施完备。已实现城市、集镇、农村三级光纤的覆盖，全光网覆盖率达到 100%。4G 信号已经覆盖到全部行政村。

第五，物流运输业发展迅速，为电商扶贫提供了必备条件。一是邮政物流布局完整。泗县邮政现有农村邮路 52 条，城区段道 7 条，投递里程 513 公里，范围覆盖全县城乡、行政村，日投递频次 2 次，日均投递 2563 件，2015 年投递总量为 95.61 万件。二是社会物流发展迅猛。泗县物流业特别是现代物流业发展较快，规模不断扩大，全县现有各类物流企业 23 家，其中驻县城 18 家、乡镇 5 家，涉及工业品运输、农产品运输、超市货物配送、快递等领域。其中大名物流、徐泗物流、天一物流等企业具有一定规模，发展较快，体系完善。三是快递业覆盖全面。泗县快递企业已初具规模，顺丰、申通、圆通、韵达等 13 家快递公司都已在泗县落户，网点覆盖全县 15 个乡镇及绝大部分行政村，极大地方便了商品流通。

2. 泗县实施电商产业精准扶贫的主要做法

近年来泗县先后出台了《泗县电商产业精准扶贫实施意见》《泗县 2018 年度电商扶贫项目奖补实施方案》等电商扶贫项目政策，资金总投入 1785 万元，主要投向电子商务公共服务中心建设、村级电商服务网点建设、电商人才培训体系建设、农特产品品牌培育体系建设、乡村物流仓储配送体系建设和电子商务示范镇、示范村、示范点、示范企业培育等。主要做法如下：

"两中心、一站点"建设。泗县电子商务公共服务中心于 2017 年 1 月 4 日正式开园。该中心占地面积 1 万余平方米，可入驻 30 余家电子商务企业和 100 余名创客，是泗县唯一提供县域电子商务创新创业生态服务的电商平台，集"电商孵化、农产品上行、电商技能普及、电子商务公共服务"于一体，结合富于本地产业特色的工业、农业两大延伸，实现"技术支持+信息服务+营销推广+咨询管理+其他增值业务服务"一站式县域电子商务生态服务。该中心基于"整合资源、深耕本土"的特点，充分利用线上便利性与线下体验功能，将实体、互联网和电商服务三者有机结合，满足本地电子商务企业创业孵化发展的需求，实现全渠道贯通、线上线下同步发展。完善服务中心三大服务平台体系建设（实体平台、线上交易平台、公共服务平台）。建设泗县农村电商物流配送中心，于 2017 年投入运营，集聚圆通、中通、申通、韵达、天天、百世、宅急送等 10 余家快递物流企业，通过产业集聚，发挥规模效应。泗县快递业务量从2016年的860万件增长到2017年的1157万件，2018年超过1800万件，快递业务量呈现井喷式增长。通过政策扶持，支持中国邮政泗县分公司建设乡村电商服务网点，完善乡村电商服务网络，累计建设141个村级电商服务网点，按照设施齐全、功能健全的标准，为群众提供快递收发、代买代卖、生活缴费等便民服务，此外能够收集农特产品信息定期上报、协助电子商务企业采购农特产品，帮助贫困村贫困户农产品上行。

开展创建省级电商示范小镇和示范村工作。积极开展省级电商示范小镇、电商示范村、电商示范网点创建工作，申报并通过认定屏山镇为省级电商特色小镇，获得18万元省级奖补资金支持。申报并通过认定草庙镇治岗村、长沟镇汴河村、大路口乡网周村、泗城镇胡陈村、屏山镇白庙村、大庄镇曙光村、墩集镇石梁河村等7个行政村为省级电商示范村，获得42万元奖补资金支持。申报并通过认定草庙镇治岗村、长沟镇汴河村、屏山镇白庙村、草庙镇通海村、大杨乡赵集村、丁湖镇大桥村、墩集镇汴河村、屏山镇陈刘村等8个村级电商服务网点为省级电商示范网点，获得9.6万元奖补资金支持。此外，还成功申报泗县甘滋罗食品有限公司为省级电商示范企业，累计为农村电商发展争取上级奖补资金100余万元。

开展农村电商培训。开展电商培训115场，累计培训1.2万人次，其中培训贫困户3000余人次，培育100多名农村电子商务创业带头人。通过培训，部分贫困户走上开设网店脱贫致富的道路，另有部分贫困人口掌握一定技能，到电商企业从事相应工作获取报酬。

引导电商企业吸纳贫困人口就业。引导电商企业延长产业链，让贫困户成为产业链发展的重要环节。泗县天和公司整合传统工艺，将泗县传统的"中草药布鞋"开发为中草药手工布鞋产品，并将手工纳底工序交由贫困户去做，每纳完一双鞋底，公司出资21元，其中贫困户获得 18 元，村集体扶贫基金 2 元，村级工作经费 1 元。自开办以来累计与 8 个村签订协议。鼓励企业吸纳贫困户就业并按照就业人员数量给予一定的税收、金融等政策优惠，引导企业将贫困人口培养成为熟练工人。据统计，2018 年全县商贸流通行业新增就业 4500人，其中电子商务企业吸纳就业近 2000 人，建档立卡贫困人口新增就业近 400 人，月均稳定收入 1500 元。

打造村级电商扶贫（服务）示范网点。择优选取了 20 余个经营情况佳、示范带动好的村级电商服务站点打造成为电商扶贫（服务）示范站点。为了让群众增加收入，示范站点合伙人利用自身懂技术、会网销、自身有产业的优势，动员更多的贫困户纳入他们的产业，成为他们产业的一个环节。电商示范网点累计带动 600 余名贫困户实现增收。"农村电商+精准扶贫"模式越来越受到贫困群众的支持和欢迎。电子商务平台与贫困户签订协议，及时收购贫困户的农村土特产品，并通过网络将本地土特产通过物流及时发送至全国各地有需求的客户手中，最终实现"电商动起来，穷根拔起来，群众富起来"的目标。

加大宣传，树立典型。一是通过国家、省、市、县等各级媒体宣传报道泗县电商扶贫典型。泗县"小布鞋迈出大电商"先后被中安在线、凤凰网安徽、东方网、和讯科技、网易新闻等多家省级媒体报道转载；"e 路畅销，脱贫有奔头"被安徽经济日报头版报道，宣传了泗县电商扶贫的新面貌。二是推出"虹乡电商"系列节目，重点宣传房密姐、李洁玲、丁宗伟等通过电商企业、农业专业合作社等方式带贫减贫的电商经营者典型以及苏贤、朱敏等身残志坚，通过电商平台实现就业增收的贫困户典型，有力地宣传了电商产业扶贫的成效。

3. 电商产业扶贫取得的主要成效

泗县通过扎实推进电商产业扶贫机制，以网络销售推动泗县中草药布鞋、山芋等特色产业发展，有效地引导和促进贫困人群脱贫致富奔小康。

有效促进传统山芋产业发展。成功利用中国山芋之乡和地理标志产品两张名片，大力推进山芋及其衍生产品的网上销售，通过电商发展倒逼农业供给侧结构性改革。县政府聘请中国农业大学专业团队编制《泗县山芋产业规划》，从战略规划的角度积极谋划泗县山芋产业的改革发展。同时，县政府与安徽硒谷生物科技安徽省院士工作站建立战略合作，以打造单品冠军为目标，以"富硒富锌万亩功能农业示范区"为载体，促进泗县山芋种植结构的改善，扩大鲜食山芋种植面积，提高山芋附加值，延伸相关产业链，打响泗县山芋这个单品冠军的大品牌，积极争创创新型现代农业先行示范区泗县版，力争最大程度上改善贫困人群的生产和生活方式，提高农民收入。

有效激活传统中草药布鞋产业发展。泗县天和公司将传统"中草药布鞋"开发为中草药手工布鞋产品，并交由贫困户去完成手工纳底工序，实现在家门口就业脱贫。此项举措既帮助企业规避了因生产量不固定所带来的人力资源风险，更是开辟了贫困户增收脱贫致富的新路径。同时，采取微营销等适用于企业的销售模式和手段培训贫困户开设微店从事分销，在市场建立起富有地方特色的中草药布鞋品牌，打造一个泗县特色、良性循环的扶贫造血机制。

有效促进电商示范带动贫困户脱贫。通过建立村级电商扶贫（服务）示范站点，动员和带动更多的贫困户加入电商产业环节。扶贫示范站点还积极对接残疾人群，帮助其从事网络销售，与贫困户签订协议，及时收购贫困户的农村土特产品，并通过网络将本地土特产通过物流及时发送至全国各地有需求的客户手中，最终实现"电商动起来，穷根拔起来，群众富起来"的目标。2019年，有8家电商扶贫示范站点，网销额达到10亿元，带动贫困人口就业300人，带动贫困人口增收45万元。

有效建设电商公共品牌助力贫困户增收。依托古运河这一世界非物质文化遗产和古虹乡这一历史传承，按照"贫困户有什么，电商平台就帮助卖什么"的理念，注册"古韵虹香"县域电商公共品牌，通过互联网推动品牌建设，把贫困户的农产品"买进来、装进去、卖出去"，并确保卖上好价钱，助力贫困户增收脱贫。截至目前，"古韵虹香"共签订贫困户帮扶协议171份，签订瓜果蔬菜基地2个，收购贫困户五谷杂粮7370公斤，山芋粉丝6140公斤，禽蛋类农产品1120公斤，提升了贫困户调整产业结构的主动性，助推农业农村现代化，助力脱贫攻坚和乡村振兴。

案例4-8 电商平台有效促进草庙镇通海村脱贫

2017年11月，草庙镇通海村电商服务站建成。该服务站点网上代购代销、代缴电费话费、车票预订等便民服务功能齐全，为村民生活提供了便利。2018年以来，站点每月物流频次达28次，站点月服务村民代购代销金额平均达3000元以上，站点农资、水果产品月网络销售额达3万元以上。网点负责人李洁玲不仅自身创办泗县广军农业服务专业合作社，以专业合作社为撬动点结合村级电商服务站点带动贫困户增收，还经营200亩葡萄园，注册的"洁玲"牌商标荣获"绿色食品"标志，通过提高种植技术和更新品种，葡萄得到消费者的普遍认可。2019年上市的"阳光玫瑰"葡萄喜获丰收，渠道销售至各大城市，线上销售葡萄2万余斤，销售额达到30余万元，切实打通了通海村水果通往全国的电商销路。

通海村小韩庄贫困户韩家友，身体健康，具备劳动能力，因缺技术致贫。2017年通海村电商网点吸纳韩家友到葡萄生产基地从事种植、产品包装等工作，月均增收1000余元，年增收超过1万元，已于2018年实现稳定脱贫。该村贫困户赵桂红和包士才2017年被通海村电商网点吸纳到葡萄生产基地从事种植、产品包装等工作，各自月均增收800元，年增收近1万元，都于2017年实现稳定脱贫。

四、泗县就业创业扶贫工作取得的主要成效及经验

（一）就业创业扶贫的主要成效

泗县围绕脱贫攻坚工作，以"就业"这一基本民生问题为切入点，通过创业培训、劳动技能培训、公益岗位就业等方式，多路径解决贫困户可持续增收难题，成功帮助贫困人群"摘帽"，脱贫攻坚工作取得了明显的效果。

自就业脱贫工作开展以来，帮扶实现就业8782人，召开专场招聘会110场，提供岗位15983个，达成意向1240人。为96名成功创业贫困劳动者发放一次性创业补贴48万元，为266名居家就业人员发放补贴25.97万元，为40名跟企业签订协议贫困劳动者发放单位和个人补贴共计4.25万元，三年来为公益岗人员发放补贴2306.51万元。共组织实施技能脱贫培训45期，培训合格2377人，发放补贴375.917万元。2019年，全县安排公益岗位上岗33693人、居家就业上岗2人、成功创业29人。共认定就业扶贫基地15个，提供岗位数55人，安置贫困劳动者32人。认定扶贫驿站3个，开发岗位数8个，吸纳贫困劳动者6人。2019年以来，全县贫困劳动者实现就业4675人。

表4-3　2017—2019年技能脱贫培训情况

年份	脱贫期数	培训合格（人次）	合格率（%）	补助（万元）	完成任务（%）
2017	20	1173	99.58	202.495	234.6
2018	16	765	100	104.12	150
2019	9	475	100	69.302	108
总计	45	2413	—	375.917	—

在社会帮扶就业方面，定点帮扶单位直接投入 799 万元，其中资金投入 651 万元，项目投入 148 万元，实施帮扶项目 72 个，带动贫困户脱贫 2507 人次。帮助引进各类资金 7177 万元，引进项目 59 个，共有 2864 名贫困人口受益。举办各类培训班 63 期，培训 2478 人次。帮助贫困人口 8570 人劳务就业，实现劳务收入 1336.8 万元。

在贫困劳动力居家就业方面，对居家就业或家门口就业的贫困家庭给予就业补助。2017 年以来，成功引导 119 名贫困劳动者到县内企业就业，居家就业 246 人；安排 4377 人到公益性辅助性岗位就业；为 60 户贫困户发放一次性创业补贴 30 万元。建成村级扶贫工厂 56 个，安置劳动力就业近千人，人均每月增收 1800 元左右。

在全省率先编制县级清洁能源发展规划，鼓励贫困户通过小额信贷资金入股光伏产业，发放贫困村和贫困户光伏发电收益 2533.2 万元，其中发放贫困村 390 万元，发放贫困户 2143.2 万元。落实"产业扶贫+小额信贷"扶贫机制，为发展产业的贫困户提供资金保障。截至目前，泗县共为 4004 户贫困户投放小额扶贫贷款 19468.98 万元。

（二）泗县推进就业创业脱贫的实践启示

以本地产业为出发点，增强就业扶贫方向精准性。各地区在开展就业扶贫过程要充分结合当地产业发展特点，因地制宜，积极挖掘现有资源，从产业机构出发，帮助贫困群体实现原地就业。让贫困户就地就业安心脱贫，一是在农业产业转型中实现贫困户增收。泗县是农业大县，土地、劳动力资源较为充足。相关职能部门在为部分劳动力外出就业做好服务的同时，还积极鼓励农业发展带头人、思想解放的农民工返乡创业，创办农业基地，发展特色农产品，借助互联网平台销售农产品，带动贫困户共同生产，实现增收。二是在城乡统筹发展过程中实现贫困户增收。建立以工带农转移就业模式，依托当地的工业园区，梳理一批劳动力密集型企业，政府建立第三方信息平台，为当地贫困人口提供相关的就业信息，打通就业信息渠道，使当地劳动力能够及时就业。三是在挖掘特色文化资源发展产业过程中实现贫困户增收。例如，泗县利用传统文化底蕴丰厚的优势，发展与"非遗鞋"文化资源相关的特色产业，不仅满足了企业的用工需求，也为贫困人口增加了就业岗位及有效增收。

以实际需求为落脚点，开展贫困劳动力技能培训，增强就业扶贫内生动力。一是坚持普惠民生，培训范围贫困人口全覆盖，组织村干部以及驻村工作队对村内有劳动能力的贫困劳动者展开入户调查，登记就业需求相关信息，认真梳理，确定后期培训的工种。二是精准对接需求，送岗位进培训班。综合考虑贫困劳动力的兴趣特长、对口企业实际需求、社会技术市场需求度，根据贫困对象实际情况点对点小班化培训，量体裁衣，让贫困劳动力有目的地培训，实现"结业即就业"。

以工作实效为突破点，增强就业扶贫可持续性。一方面建立就业扶贫长效机制，大胆创新机制，充分发展合作股份的形式，增加农民多收入渠道。以"合作社+农户""龙头企业+农户""龙头企业+合作社"的模式，采用合作入股的方式发展产业，将单独进行生产的农户组织起来，抱团取暖，增强要扶贫工作可持续性。另一方面加强就业贫困户动态管理。深化精准识别工作，加强精准扶贫建档立卡贫困户动态的管理，将有限的扶贫资金用在真正需要脱贫的对象上，同时根据扶贫对象就业适应状况及时调整就业扶贫策略，把就业扶贫政策用好用足。

以人力资本投资为关键点，增强就业扶贫的综合性。人力资本的核心在于提高人口的质量，通过对贫困人口的知识、技能、健康等方面投入资金，推动劳动力教育水平的提高，进而促进生产力发展。通过加强对贫困地区教育发展的资金投入以及政策倾斜，提高贫困对象综合能力，实现"素质扶贫"。在对农村贫困劳动力的人力资本培训中，既注重相关技能的培训，又注重其文化素质尤其是扶贫与扶智扶志相结合，有效增强其内生发展动力，补齐贫困劳动力的"精神短板"。实施就业脱贫培训，不仅仅只是贫困劳动力被动的接受相应的能力培训，更多的是在政策扶持下，由贫困劳动力自觉地发现和挖掘自身的潜力和技能，主动进行创业，从"被动的就业者"成为一个就业创业脱贫的"创造者"，为更多的贫困劳动力提供就业岗位以及模范带头作用。

第五章

筑基提质：补齐脱贫攻坚短板，
推进乡村生态宜居建设

农村的基础设施、基本公共服务以及村容村貌建设是农村地区居民生存发展的基础条件和现实依据，也是关系农村地区居民实现基本生存权和发展权的基本诉求。在贫困落后地区，由于地方政府供给能力有限和长期投入不足，导致农村基本设施条件滞后，公共服务供给不足，城乡之间差距持续扩大，无法满足农村经济社会的发展需要和广大农民群众的期盼。习近平总书记强调，在贫穷落后地区，脱贫攻坚需要着重解决"基础设施和公共服务严重滞后，村内道路、入户路、环境卫生设施短缺，大量危房需要维修和重建等难题"。泗县紧抓脱贫攻坚机遇期，立足区情，提高站位，统筹规划，明确提出推动基础设施、基本公共服务、村庄基本面貌"三基共进"的发展策略，努力改变传统的粗放发展的旧路子，推进生产、生活、生态"三生融合"的创新发展新路径，促进县域城乡一体化发展，打造人与自然和谐共生的美丽乡村新图景。

第一节　加快县域基础设施建设，
　　　　有效促进城乡要素融通

习近平总书记强调，现阶段我国城乡差距大最直观的是基础设施和公共服务差距大，农业农村优先发展，要体现在公共资源配置上，要重点加强农村公共基础设施建设，促进城乡基础设施共建共享、互联互通，尤其是加快道路、农田水利、水利设施建设，完善管护运行机制。长期以来，泗县城乡之间公共基础设施发展存在较大差异。农村基础设施和公用设施配套普遍滞后，农民生活质量不高。县域内尚未实现"村村通"全覆盖，部分村庄道路仍以砂石路、土路为主，农民出行往往"晴天一身灰，雨天一身泥"。农民生活污水随意排放，有些村庄沿袭传统的井水、河水作为饮用水，水质缺乏安全保障。农村电力基础设施薄弱，难以满足冰箱、空调、洗衣机等日常用电及新型农村产业用电的增量需求。农田水利灌溉设施落后和管理滞后，难以发挥排涝、灌溉需要，新型特色农业发展受到抑制。

2014 年以来，泗县不断统筹各级政府的财政专项扶贫、农田水利建设、公路建设、环境整治等多方面资金，加大农村基础设施建设投入力度，强化政治意识和大局意识，统筹城乡布局，高位推动，强化落实，城乡均等化程度不断提升。2014—2019 年，泗县共投入财政资金 30.15 亿元用于基础设施，年均增速为 30.61%。农村公路、农村饮水、农村电网改造、农村信息化、农田改造等各项基础工程扎实推进，农民满意度不断提高。

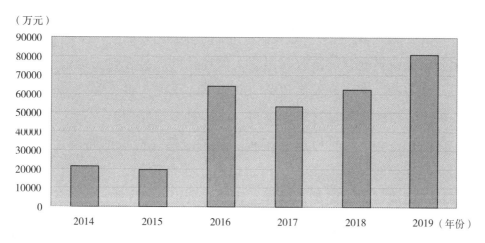

图 5-1　2014—2019 年泗县整合财政资金投入农村基础设施情况

一、发挥交通规划引领，构建城乡一体化交通网

泗县按照脱贫攻坚和乡村振兴的发展要求，树立"脱贫攻坚、交通先行"的发展理念，着眼于长远和全局发展，持续改善乡村交通设施条件，完善乡村交通服务体系，有效发挥交通运输对经济社会发展的服务和保障作用，从根本上解决农村群众"出行难"问题。

（一）泗县交通运输总体发展情况

2013年前，泗县路网密度低，技术等级差，农村公路总里程为1666.2千米，路网密度0.93千米/平方千米，其中县道213千米，乡道716千米，村道737.2千米。县道路面大多为混凝土结构。2006年至2010年实施乡村道路"村村通"工程后，每个行政村修建一条村部或学校通往最近主干道的水泥路，其余乡村道路均为砂石或土路面。多数乡村道路为"断头路""鸡爪路"，没有形成路网分布。

2014年以来，泗县公路交通建设进入项目多、投资大、发展快的最好时期。交通重点工程项目建设全面推进，国省干线公路升级改造，一级公路实现"零"的突破，宿淮铁路建成通车，徐明和泗许高速公路全线贯通，环县公路组建大循环路网。县乡村三级公路网络体系日臻完善，完成开发区道路、花园路、滨河大道、彩虹大道和泗城四关出入口改造等城区道路项目。实施县乡道路提升改造、农村道路生命防护工程、"村村通"工程、危桥改造、村级道路网化工程、美丽乡村连接线、畅通工程、村组道路、扶贫道路、"四好农村路"等项目，完成村组道路扩面延伸工程200公里。在加强公路交通基础建设的同时，大力推进城乡公交一体化建设。截至目前，泗县农村公路总里程达到约4807.4千米，包括一般县道8条213.4千米，乡道102条约716千米，村级道路6444条约3878千米。公路密度由2014年前的0.93千米每平方千米迅速增长到2.58千米每平方千米。县道

从以前的水泥路面逐步升级为沥青路面，宽度从 5—7 米逐步增加到 9—15 米。乡村道路由砂石路或土路基本改建为水泥路。"要想富，先修路"，一条条畅通的致富路、幸福路加快了全县人民步入小康的步伐，更为全县实施脱贫攻坚和乡村振兴打下了坚实基础。

表5-1　2014—2019年泗县农村道路建设情况

年份	数目（条）	长度（公里）	安保防护工程（条、公里）	
2014	30	41.2	5	17.7
2015	32	47.4	2	32.6
2016	348	604	4	76.9
2017	284	463.6	33*	86
2018	1387	1071.6	53*	182
2019	4363	1651	95*	529
合计	6444	3878.8	192*	924.2

注：＊为生命防护工程条数。

（二）泗县改善交通助力脱贫攻坚的主要措施

2014 年以来，泗县紧抓国家脱贫攻坚、加大农村基础设施投入等政策的重大机遇，以"四好农村路"建设为契机，积极整合各方资源，采取各种有效措施，深入实施"脱贫攻坚、交通先行"战略，加快农村道路建设，并取得了良好的工作成效。

提高政治站位，明确建设目标。立足为打赢脱贫攻坚战和实施乡村振兴提供基础设施保障的政治高度，充分了解群众的交通需求，进一步推进农村道路建设，出台关于加大"四好农村路"建设、农村公路扩面延伸工程、"示范路"建设、农村道路畅通工程等一系列政策文件。通过"三个结合"，促进城乡道路客运一体化与农村发展的深度融合。一是将城乡道路客运一体化工作与推进农村物流体系建设有机结合，努力实现"客货并举、交邮综合"的融合发展模式；二是将城乡道路客运一体化工作与推进现代农业基地建设有机结合，为实施乡村振兴战略、推进农民脱贫致富和加快农业、农村现代化提供有力支撑；三是把城乡道路客运一体化工作与推进美丽乡村、特色旅游体系建设有机结合，将运营好农村公交路作为转化"绿水青山就是金山银山"的重要途径，作为美丽乡村建设的重要抓手。

发挥交通规划引领，促进城乡一体化发展。在交通助推脱贫攻坚中，牢牢把握交通"先行官"定位，做好科学规划工作。依据县政府"15826"城镇规划体系，推进1个中心城区、5个重点镇、8个一般乡镇和200个美丽乡村、600个永久居住点之间的交通连接，在城区设立4个功能齐全的客运站及换乘中心，在农村设立14个乡镇客运综合服务站。新增县道257公里、乡道224公里、村道1400公里。目前，已初步建立城际、城市公交、城乡公交、村镇公交四级运营网络，实现长途与城市公交、城乡公交零换乘，以及城乡公交、镇镇公交、镇村公交零换乘，有效促进城乡要素融通。

提高建设标准和养护水平，满足城乡一体化发展需求。以城市化和现代农业发展为方向，进一步提高农村公路建设标准，确保中心城区与其他乡镇（中心镇和一般乡镇）连接线道路、中心镇与一般镇连接线道路等级均不低于二级公路。乡镇与中心村连接线道路等级不低于三级道路，中心村与自然村连接线道路等级不低于四级道路，自然村与自然村连接线道路等级为四级道路。构建"县道县管、乡道乡管、村道村管"的农村公路管理体制和责任明确、运转高效的养护运行机制，实现农村公路"有路必养、养必优良，有路必管、管必到位"。结合农村公路养护计划，重点打造10条"四好农村路"示范路，示范引领，以点带面，全面推进农村公路建设养护管理工作。

案例5-1 改善农村交通条件促脱贫

大路口乡西李村村民邓传宝在村级道路建设之前因本人及儿子残疾，下地干活不便，只能从事"一麦一豆"的传统种植，勉强维持生计，2014 年，邓传宝被纳入建档立卡贫困户。村级道路畅通后，机械可以下地作业，邓传宝便改种"山芋+洋葱"的种植模式，2016 年还流转亲友 5 亩土地，种植山芋 15 亩、洋葱 4 亩，年收入达 6 万元以上，2017 年即实现脱贫致富。

二、加强农村饮水建设，提升居民生活质量

农村饮水工程是关系普通百姓身体健康和生活品质的基础保障。泗县将解决农村饮水问题摆在突出地位，通过开展地表水饮用水水源地环境保护专项行动，保障饮用水安全。同时采取多种措施，加大资金投入，强化监督考核，确保饮水工程建设效果，有效解决了"靠天吃水""用水不便""水质不稳"等一系列问题，切实提升了农村居民的幸福感、安全感和获得感。

（一）泗县农村饮水脱贫工程发展情况

2014 年之前，泗县农村饮水安全方面存在诸多问题。一是水质安全存在隐患。有些地区存在氟超标问题，泗县高氟区涉及长沟镇、丁湖镇、黄圩镇、大庄镇、大杨乡、瓦坊乡、草沟镇等乡镇 7.10 万人，其中贫困人口 2.89 万人。有些地区存在苦咸水问题，涉及大路口乡、墩集镇、大庄镇、瓦坊乡、山头镇等乡镇 6.72 万人，其中贫困人口 1.76 万人。有些地区存在污染水问题，涉及草庙镇、长沟镇、山头镇、开发区、刘圩镇、草沟镇等乡镇 5.03 万人，其中贫困人口 1.52 万人。二是生活用水不方便。2014 年全县农村人口 87.65 万人，尚有 37.82 万人没有通上自来水，部分农村群众仍然使用浅层地下水作为生活饮用水。在墩集、屏山、黑塔镇等山丘高岗地区，由于浅层地下水源匮乏，水量不足，用水不方便，部分村民用水依然靠原有的土井提供，每遇干旱年份，只能到别处拉水。三是饮水工程标准低，效益不高。饮水工程一般规模小、标准低，供水受益人口少，使用率

较低，运行成本高，水处理能力达不到标准。

2014年以来，泗县农村饮水安全工程共投入资金30044.3万元，采取新建、扩建、改造配套、并网整合等措施，建成农村饮水安全工程45处，解决了55.82万人的饮水安全问题。到2018年底，全县实现了65个贫困村和所有贫困户自来水全覆盖，全县总户数213997户，自来水入户201799户，入户率达到94.3%。由于饮水水质的提高，农村居民的氟斑牙、结石病及沿河村庄村民的癌症发病率明显降低，减轻了群众就医负担，全县共减少医药费支出约4200万元，同时提高了群众生活质量，为脱贫致富提供了有力保障。在墩集、草庙、黑塔等严重缺水的乡镇，群众彻底告别远距离拉水吃的状况，解放了大量的劳动力，村民通过外出务工、第三产业，户均增加收入约2万元，很多农户摘掉了贫困的帽子。

表5-2　2014—2018年泗县农村饮水安全工程投资一览表

序号	年份	解决人数（万人）		投资（万元）			贫困村名称	工程处数
		小计	贫困人口	小计	贫困村	贫困人口		
1	2014	12.35	1.0333	6325	3238	517	魏圩村、大刘村、东风村、曙光村、新刘村、王官村、张楼村、陡张村、岳场村、小薛村	3
2	2015	12.59	1.0166	6400	3713	508	界牌张村、项沟村、石龙岗村、石丁村、索滩村、宋圩村、惠庙村、大柏村、绍庄村、朱彭村、马王村、汴河村、胡陈村	5
3	2016	3.7816	1.0336	1890.8	1707	517	枯河村、徐贺村、涂山村、彭鲍村、应宅村、大魏村、汤湖村、小丁村、李庙村	7

续表

序号	年份	解决人数（万人）		投资（万元）			贫困村名称	工程处数
		小计	贫困人口	小计	贫困村	贫困人口		
4	2017	16.2872	1.2534	8144	3223	627	三葛村、红旗村、王宅村、刘宅村、屏西村、屏北村、四山村、高渡村、潼南村、向阳村、樊集村、大梁村、张店村、周黄村、汴河村	13
5	2018	10.8156	2.0847	7284.5	1927	1042	椿韩村、韩徐村、界牌张村、石龙岗村、前戚村、骆庙村、侍圩村、新刘村	17
合计		55.8244	6.4216	30044.3	13808	3211		45

（二）泗县饮水脱贫工程建设的主要措施

重视多元化投入，扩大保障受益面。为实现自来水全覆盖目标，泗县采取国开行贷款为主、地方配套为辅的多元化投资方式，全县共贷款 1.25 亿元，结合国家投资，新建工程 33 处（新建水厂 12 处，现有水厂管网延伸 7 处，改造工程 6 处，水质净化和管网设施改造、消毒设备配套工程 8 处），供水设施建设及改造工程 33 处，工程总投资 1.88 亿元，新增受益总人口为 24.17 万人。2018 年底实现农村自来水村村通、全覆盖目标任务，实现贫困村贫困户自来水户户通。

做好精准施策，确保饮水工程效果。截至 2018 年 9 月，全县农户 21.4 万户，自来水入户 11.5 万户，自来水入户率 53.73%，贫困户入户率不到 5%。为此，泗县采取三项精准举措，确保饮水攻关效果。一是建立责任机制。县委县政府出台《泗县农村饮水安全工程集中攻坚行动实施方案》文件，县四大班子领导包乡镇，镇领导包村，一级抓一级，人人肩上有担子。县里对入户进度实行每周一通报，加强对乡镇量化考核。二是推进入户工作。全县上下齐抓共管，乡镇、村负责宣传发动、摸排、收费等工作，全县利用一个多月时间集中攻坚行动，实现贫困村户户通、贫困户户户通、非贫困村入户90%以上目标任务。三是让利于民。安徽省规定自来水入户费用不超过300元，泗县通过资金补助，减轻群众负担，自来水入户安装非贫困户只收取工料费230元/户，贫困户安装免费，调动群众参与自来水入户的积极性。

重视规范管理，巩固农村饮水脱贫攻坚成果。一是落实"三个"责任人。明确县、乡镇政府主要负责人为主体责任，水利局为行业管理责任，泗县清泉农村供水工程有限责任公司为运行管理主体。各水厂树立公示牌，在政府网站、其他媒体进行公示，公布水厂维修电话和水利局监督电话，方便群众咨询和监督。二是建立农村饮水安全工程长效管理机制。出台农村饮水安全工程运行管理、安全监督检查、水质污染事件应急管理等方面的政策，建立规范有效的饮水安全长效管理机制。县政府将全县水厂所有产权统一划归清泉公司所有，明确其为管理责任主体，落实管理责任，实现一条龙管水格局。建立水费规范化收缴制度，统一入户费和水费征收标准。落实县级农村饮水安全工程维修养护资金，制定维修养护资金管理办法。三是加快信息化管理。组建县级信息化管理中心，规模水厂完善信息化系统。实施农村饮水安全工程，做好从取水、制水到输配水的过程监管、水质在线监测、视频安防等。

守初心担使命，保障群众喝上放心水。一是实现从源头到龙头全过程检测制度。选取国家认证企业负责全县35处水厂出厂水、末梢水每月取样、检测，以及开展规模水厂相关的培训和指导工作。规模水厂负责出厂水和末梢水的日检测。县疾控中心对全县规模水厂进行枯水期、丰水期的检测。二是加强水源地保护。水源井划定30米为一级保护区，保护区设立警示标志，水厂对水源地进行巡查，有效地保证水源井水质安全。

三、推进农田水利建设，打通农业生产血脉

水利是农业发展的"血脉"。泗县作为农业大县，平原面积占比较大，河流纵横，农业发展条件优越。长期以来，由于投入不足和管理不善，农田水利发展中依然存在工程配套率偏低、沟渠不通、排水不畅、维修滞后、村塘污染等问题。实施脱贫攻坚以来，泗县将水利扶贫工作视为第一民生工程，通过实施重点工程项目建设、农田水利改造提升工程，明确基本建设工程标准以及日常巡查、管理、维护制度，农田水利条件有了很大的改善。

（一）泗县农田水利工程建设情况

2014 年之前，泗县农田水利建设主要存在以下问题：一是农田水利工程配套率低。由于多种原因导致 60% 的水利工程不能正常发挥作用，存在带"病"运行、节水灌溉措施缺乏、水资源浪费严重等问题。二是农田水利设施缺少维修养护。河灌区只有少数国营电灌站基本保持完好。集体电灌站建成后移交给乡镇、村使用，基本无人管理，使用率不高，很多电灌站接近报废，灌溉渠道大多夷为平地。小型水利工程数量多，分布广，管护资金投入不足，管护工作举步维艰。三是河沟连通不畅。泗县的排水系统中，除河道、大沟及主要中沟能保持运行以外，大部分小沟渠都存在人为破坏的现象，或被填平耕种或垫成临时道路，造成内涝现象频频发生。

2014 年以来，泗县农田水利建设项目共投入资金 41247.06 万元，在减灾、增收、改善人居环境等方面发挥了巨大作用，主要涉及六个方面：一是推进小型农田水利改造提升工程。2014—2017 年，小型农田水利改造取得较大进展。小型泵站更新改造 740 千瓦，小型

水闸新建及维修加固 45 座，中小型灌区改造 2 万亩，塘坝扩挖 64 面，机井修复新建 1467 眼。农村河沟清淤 299 条，其中流域面积 1—10 平方千米的有 280 条，流域面积 10—50 平方千米的有 19 条。二是落实重点县工程项目建设。项目总治理面积 10.31 万亩，其中包括高效节水 3.08 万亩，改善除涝面积 10 万亩，新增及改善灌溉面积约 6.7 万亩。三是实施"农田水利最后一公里"项目。2018 年，完成排水沟治理长度 296.31 千米，配套桥梁改造 10 座、新建 1063 座，涵闸改造 1 座，机井新建 545 眼，塘坝改造 20 座。四是扩大高效节水工程。新增高效节水灌溉面积 1.5 万亩，改善除涝面积 1.5 万亩。五是狠抓中小河流治理工程。投资 2340 万元用于龙河治理工程，产生防洪、排涝、灌溉及社会和生态等多方面效益，年经济效益 425.79 万元。投入资金 2260 万元用于小黄河治理工程，具有防洪、排涝、灌溉、生态等多方面效益，年经济效益 433.45 万元。投入资金 5420 万元用于唐河治理一期工程。六是加强山头闸重建工程。山头闸除险加固工程有利于恢复潼河的防洪排涝功能，提升灌溉能力，促进该区农业增产增收，改善周边居民枯水季节人畜饮用水严重缺乏的局面，保护生态环境。该项目共投资 2850 万元，2019 年项目竣工。

表5-3　2014—2019 年农田水利建设投资及效益情况

项目名称	总投资（万元）	涉及贫困村（个）	涉及贫困人口（人）	产出效益
小型农田水利改造提升工程	8949.1	65	28000	改善除涝面积约 80 万亩，改善灌溉面积约 30 万亩，年平均经济效益超过 8000 万元
小农水重点县工程	9266.81	4	2200	改善除涝面积 10 万亩，新增及改善灌溉面积约 6.7 万亩，年平均经济效益约为 2000 万元。项目区内人均年增收约 280 元

续表

项目名称	总投资（万元）	涉及贫困村（个）	涉及贫困人口（人）	产出效益
高效节水项目	2079		100	新增高效节水灌溉面积1.5万亩，改善除涝面积1.5万亩，年平均经济效益约350万元
农田水利最后一公里	4852.03	20	7600	改善除涝面积17万亩，新增及改善灌溉面积约7.2万亩，年平均经济效益约2500万元
中小河流治理工程	10020	19	8760	产生防洪效益、排涝效益、灌溉效益及社会和生态效益，年经济效益1859万元
山头闸重建工程	2850	5	6800	产生防洪效益、排涝效益、灌溉效益及社会和生态效益，年经济效益486.85万元
2017年水利扶贫	1369	15	5500	产生防洪效益、排涝效益、灌溉效益及社会和生态效益，年经济效益920万元
2018年水利扶贫	530	10	4500	产生防洪效益、排涝效益、灌溉效益及社会和生态效益，年经济效益640万元
2019年水利扶贫	2107	30	11000	产生防洪效益、排涝效益、灌溉效益及社会和生态效益，年经济效益1200万元
2019年第三批财政专项资金农饮工程	1883	48	35000	产生农村饮水安全及社会和生态效益，年经济效益1500万元

（二）推进农田水利建设促进产业扶贫的主要措施

强化政治导向，推动机制创新。泗县地势平坦，土地肥沃，建设好农田水利基础工程，有利于发展现代农业产业，激发农业农村发展活力，具有脱贫致富的长期效应。泗县先后出台了《基本建设工程标准》《农村小型水利工程管理体制改革》《农田水利最后一公里实施方案》等相关政策，将水利扶贫工作视为第一民生工程，加强组织领导，统筹推进，保证工程建设质量。

加大多元投入，有效保障项目建设。农田水利工程面大、量广、投资多，泗县逐步形成了以政府财政投入为主导，群众自筹为基础，其他社会投入为补充的多渠道多元化投入机制。2014年以来，泗县各级财政投入农田水利建设资金41247.06万元，有效保障了各项农田水利建设。加大贫困村水利项目建设的倾斜力度，自2014年以来，逐步实现小型水利改造提升工程贫困村全覆盖，重点解决沟渠不通、排水不畅、无水源灌溉、村塘污染等问题。2017—2018年，县扶贫办下达四批水利扶贫专项工程，总投资1365.4万元。将高标准农田建设与脱贫攻坚工作紧密结合，优先向贫困村倾斜，2014年以来，全县实施高标准农田项目39个，投入资金6.42亿元；建设规模66万亩，其中贫困村建设规模44万亩，投资约4.2亿元，涉及贫困村42个。

加强后期管护，保证水利工程运转正常。农田水利建设是一项复杂系统工程，建设是基础，管理是关键。2016年底，出台《泗县农田水利工程管理养护实施细则》，在全县成立了16个小型水利工程管理单位，由村集体和管护协会签订协议，对所辖范围内的小型水利工程管护工作进行承包式的管理和维护，实现水利工程管护全覆盖。各村水管员由水管合作社统一管理，负责本行政村范围内水利工程的日常巡查、管理、维护以及水利突发事件上报和应急处理等工作，并配合乡镇水利站做好本村的农田水利基本建设任务的实施工作。

案例5-2　夯实水利基础，助推草莓产业结"脱贫硕果"

墩集镇所产草莓，鲜美红嫩，香甜适口，远近闻名，享有"小小草莓红皖北"的美誉。以前由于水源缺乏，限制了墩集镇草莓产业的发展，只是露天种植几亩地，一直难以形成规模化发展。2014年开展脱贫攻坚行动后，通过对园区的主要供水设施——老虎沟电灌站进行改造提升，修建了3000多米的引水渠，在园区内打深水机井15眼，修建桥涵配套200多座；原先园区中心狭小的蓄水塘水面也扩大到20多亩。通过水利配套设施建设，草莓种植有了充足的水源，园区草莓产业迅速壮大。目前，园区规划面积2万亩，建成区达1万亩，草莓种植户398家、专业合作社4家、家庭农场12个，草莓年产值近1.5亿元。"墩集草莓"已申报中国地理标志产品。

该园区实施"产业+"扶贫模式的成效明显。一是创建"产业+创业"模式，通过小额信贷、大户带动等方式，充分调动贫困户种植草莓自主创业积极性，目前11户贫困户自主创业种植草莓，全部脱贫致富。二是创建"产业+就业"模式，鼓励合作社结对吸纳贫困户入园务工，持续增强脱贫内生动力，园区4家合作社结对帮扶贫困户31户，实现200多人就地就业、其中贫困劳动力近100人。三是创建"产业+入股"模式，通过政府投资租地建棚、种植主体承包、贫困户土地入股等方式，不断拓宽贫困户脱贫路，草莓村石梁河村有13户贫困户通过土地折股量化实现稳定增收。2019年，园区可实现新增就业岗位500个，增加村级年集体经济收入30余万元。

在园区辐射带动下，霸王村、汴河新村、墩集村等周边村群众及贫困户，主动到园区创业、种植草莓。大路口、丁湖、泗城、草庙、屏山等周边乡镇，到园区创业或引进草莓种植技术的种植户络绎不绝，其中，有10余家农业合作社及10多位致富能手与园区达成优良种苗供应、种植技术帮扶、销售渠道共享合作协议，8户外来群众成为园区种植大户。

四、加大农村供电建设，提升电力保障能力

电网是农村社会生活中必不可少的能源基础设施，是助力打赢脱

贫攻坚战的基本保障。泗县人民政府与当地电力部门围绕"脱贫攻坚、电力保障"的主题，开展密切合作，推动农村电网改造升级，实施村庄亮化工程，做好光伏扶贫电站运维服务，实施规范化、标准化、智能化的电力管理，为农村脱贫攻坚奠定了良好的基础。

（一）泗县农村供电设施建设基本情况

电网是农村社会生活中必不可少的能源基础设施，是助力打赢脱贫攻坚战的基本保障。2014 年以前，泗县供电建设主要存在以下问题：一是供电主网架与经济跨越式发展不适应，1 座 220 千伏变电站和 3 座 110 千伏变电站不能满足快速发展的用电需求。二是电网网架结构薄弱，供电可靠性难以保证。每条线路均挂接 2—3 个 35 千伏变电站，一旦有线路出现故障，便造成大面积停电。三是现有 10 千伏线路供电方式基本为单辐射型，超供电半径线路以及重过载线路仍然存在。四是由于变电站布点偏少，致使瓦韩、三湾、小梁、四山、大杨、张楼、巩沟等区域 10 千伏供电半径偏长，导致末端电压低和停电频繁。五是存在电网网架结构薄弱以及部分线路台区设备老化等现象，给光伏扶贫发电和生物质发电接入带来一定难度。六是户均容量偏低及配变容量小的台区均不同程度出现低电压现象，户均容量低于 0.7 千伏安配变台区有 676 台，80 千伏安以下的配变台区有 390 台，在高峰用电期间无法满足生产生活用电需求。

（二）泗县加强供电保障助力脱贫攻坚的主要措施

2014 年以来，泗县供电公司认真按照安徽省农村电网改造升级技术规定，提升农网供电能力和供电可靠性，落实"新农村、新电力、新服务"农电发展战略，并按照"统一规划、分步实施、因地制宜、适度超前"的原则，逐步建成"结构优化、布局合理、安全可靠、技术先进、供电质量高、电能损耗低"趋于智能化的新型农村电网。通过不断加大电网建设投入，泗县的电网结构、供电能力、供电可靠性、安全管理、经营管理等方面得到了很大提升，为地方经济的快速发展和脱贫攻坚起到了保驾护航的作用。

改进设施，做好电力供应服务。在主电网建设方面，2016 年以来，泗县积极争取省市供电公司加大主电网建设投入，先后建设 110 千伏东周变、110 千伏孟庄变、110 千伏泗城变，以及 220 千伏盘龙变。主网供电能力和供电可靠性不断提升，满足了泗县经济发展和脱贫攻坚用电需求。截至目前，建成 220 千伏变电站 2 座容量 51 万千伏安，110 千伏变电站 6 座，容量 51.15 万千伏安，供电能力极大提升。主网变电站的建设，既优化了主网网架结构，又解决了 35 千伏线路"串葫芦"供电瓶颈问题，同时还解决了刘圩镇、丁湖镇、泗城北部新城部分 10 千伏线路供电半径大、供电可靠性差的问题，为地方经济发展提供了强大的能源保障。在配电网建设方面，2016 年以来，共批复 35 千伏工程项目 9 项。2016—2019 年，共批复 10 千伏配网工程项目 579 项，目前完成竣工 509 项，在建 70 项。其中贫困村电网建设项目共 263 项。

表 5-4 泗县 2015 年以来农村电力供应主要变化情况

年度	用电最大负荷（万千瓦）	供电量（万千瓦时）	户均容量（千伏安/户）	电压合格率（%）	供电可靠率（%）
2015	17.37	58100	1.447	99.368	99.7806
2016	22.755	66961.91	1.89	99.378	99.7607
2017	26.313	75501.79	2.24	99.846	99.7931
2018	26.587	87095.77	2.52	99.865	99.824
2019	27.94	95700	2.83	99.878	99.869

通过实施农网改造升级工程，户均容量由 2015 年底的 1.447 千伏安/户提升至 2019 年的 2.83 千伏安/户；电压合格率由 2015 年的 99.368% 提升到 2019 年的 99.878%；供电可靠率由 2015 年 99.7806% 提升到 2019 年的 99.869%。2015—2019 年，泗县农村电网

供电可靠率、综合电压合格率、户均配电容量等指标稳步提升，全面达标。实施完成中心村电网改造升级工程、"机井通电"工程、贫困村通动力电工程、小康电示范县工程等项目建设。

加大投入，做好村庄农网改造升级。2014年以前，农村电网建设滞后。随着农村家用电器的普及，居民生活对电力的依赖性增强，用电负荷和用电量急剧增长，频繁出现低电压、"卡脖子"现象。为提升农村供电设施建设水平，泗县出台相关政策，持续实施电网改造升级工程建设。2016年以来，投资4亿多元开展农村电网改造升级工程，针对泗县65个贫困村进行重点排查、户表建设和表后线整治，供电质量显著提升，低电压、可靠性差、供电能力不足等问题得到有效整治。截至2019年，配变户均容量达到2.83千伏安/户，满足了广大群众生产生活用电需求。2015年以来，共计投入农村电网改造建设资金69903.32万元，实施项目1142项。其中贫困村电网精准扶贫项目共投资20976.57万元，项目469项，涉及贫困村141个。

表5-5　2015—2019年泗县农村电网改造升级情况

年度	投入资金（万元）	实施项目（个）	贫困村项目（个）	其中贫困村（个）
2015	26435.42	496	233	45
2016	16074.09	329	77	31
2017	11753.4	157	40	16
2018	12837.597	111	70	27
2019	2802.81	49	49	22
合计	69903.317	1142	469	141

注：根据相关统计数据整理。

部门协作，扎实做好村庄亮化工程。根据相关政策要求，泗县供电公司联合县扶贫办、财政、住建等部门推进各乡镇农村路灯配套建设。按照"统一规划，合理布局，光照适宜，经久耐用"的标准和低密度全覆盖要求，投资9695.89万元，在全县1796个自然村的主要道路和公共活动场所安装太阳能路灯，现已完成自然村路灯项目1552个，完成投资7183.09万元。

规范服务，做好光伏发电工作。加强对接服务，满足新建扶贫光伏发电分布式新能源接入的配套电网建设。加强光伏扶贫项目"一站式"服务，精简业务流程，开辟绿色通道，做到同步接网、全额消纳、及时结算。主动做好光伏扶贫电站运维的专业兜底服务，助力地方实现光伏扶贫电站的规范化、标准化、智能化的统一管理。加强光伏发电模式创新。与浙江杭州品联科技有限公司合作开发了泗县光伏扶贫项目智能监测管理系统，以农投公司智能运维中心为核心，依托杭州品联云平台，运用智能管理系统，实现发电数据实时在线采集分析、设备自检和故障报警及任务派发、全天候安防监控等，成功探索出"统一智能运维，分散地方管理"的运维模式，保证了光伏电站稳定运行，持续发挥扶贫效益。

党建引领，做好帮扶工程。首先，根据贫困户的需求，做好精准电力扶贫工作。供电公司客户经理主动走访贫困户，对建档立卡贫困户、边缘贫困户、卡外户业扩新装符合低压零散居民报装的客户实现"一证办理""容缺后补"，主动上门帮助贫困户排除用电隐患。主动对接危房改造用户，因地制宜解决新建房用电问题。做好易地扶贫搬迁配套电网建设工作，确保配套电网建设与搬迁项目同步建成。其次，做好结对帮扶服务。针对贫困户存在的困难和问题，制定供电公司扶贫"走访日"制度，公司领导班子和帮扶党员干部每月按期入户走访，认真开展地方政府布置的贫困户"户下住房核查""六个一"和"七个不落，一个不少"等活动，帮助贫困户检查线路、整治环境、介绍就业，切实做到"两不愁三保障"工作。

五、推动农村网络建设，凸显信息脱贫功能

网络建设属于农村基础建设的一部分，是连接农村与外界的一条

"看不见的路"。稳步推进农村网络通信设施建设，实现农村网络全覆盖，是脱贫攻坚和乡村振兴的重要任务。泗县通过农村信息化建设，不断提升网络服务水平，缩小城乡"数字鸿沟"。同时推动网络信息向生活、健康、就业、商业等领域延伸，打造"互联网+教育""互联网+健康""互联网+政务""互联网+电子商务"等特色扶贫项目平台，有序引导农民走上信息致富道路。

（一）泗县农村网络建设基本情况

网络建设属于农村基础建设的一部分，是连接农村与外界的一条"看不见的路"。稳步提升农村网络通信设施建设，实现农村网络全覆盖，是脱贫攻坚和乡村振兴的重要任务。2014 年以前，泗县农村基站约 440 处，无线网络以 2G、3G 覆盖为主，户均流量约 50 兆。宽带网络逐步推进"光进铜退"改造，但当时光纤端口占比低，大部分区域还是铜缆接入的 ADSL 宽带，速率不足 10 兆。

2014 年以来，泗县农村站址数量大幅增加，已达 1500 余处。4G网络已覆盖到全县所有乡镇村庄、全县主要公路沿线、城区等，网络覆盖率达到 99.99 %，用户均流量从 50 兆提升到 10G 左右。到 2016年底，在全县实现所有自然村光纤宽带全覆盖，提供百兆光纤到户接入服务，大大增加了网络速率。至 2017 年底，全县光端口占比100%，宽带用户从最初 10 兆全部提升至 50/100 兆，农村百兆宽带接入能力达 95%以上。2017 年度已经实现了全县行政村村部、农家书屋、中小学、卫生室 100%光纤通达和全县所有乡镇村庄、全县主要公路沿线、城区等场景 4G 网络全覆盖，2019 年初，推出 200 兆宽带业务的接入服务。

（二）泗县推动农村网络助力脱贫的主要措施

加大资金投入，提升服务能力。泗县农村信息化建设任务主要由电信、移动、联通三大公司来具体实施。2014—2018 年，泗县三家运营商共投入约 2.38 亿元，用于光网建设、4G 基站及附属设施建设，极大提升网络基础设施建设水平，有效缩小城乡"数字鸿沟"，带动贫困人口脱贫致富。2019 年，继续追加投资 2600 万元，对前期光网实施优化和稳步扩容，促进网络通信质量进一步提升。

重视惠贫便民，搭建便民服务平台。实施扶贫专属上网优惠，三家运营商响应国家号召，推出扶贫专属资费优惠套餐，降低贫困户上网资费。目前，泗县带宽资费和上网流量单价下降均超过 55%，惠及所有贫困人口。搭建便民生活服务平台。一是提供城乡便民生活服务。实现城乡居民通过信息终端进行水电缴费、金融服务和移动刷卡消费，并向医疗服务、劳动人事管理领域延伸。二是配合商务等部门，依托农村地区信息化网络，培育农村淘宝、电子商务示范村、示范店等，创新营销模式，实现工业品下乡和农产品进城双向流通。目前已完成 172 个电子商务进农村便民服务网点网络接入工作。依托通信运营商的基础服务，提供农技宝、农技通等手机应用 APP 技术服务，为农村人口及时提供就业、创业等信息。

加大服务创新，助推"互联网+"扶贫模式，有力促进了城乡之间产品、要素和服务双向流通，扩大了农村地区信息获取渠道，有效推动了农村、农民走上信息致富道路。开展"互联网+教育"精准扶智工程，帮扶少数教育资源匮乏的乡镇，减少区域教育资源配置不均衡问题。电信运营商为满足乡镇中小学及教学点的教学和办公需要，提供约 200 条 200 兆互联网专线。开展"互联网+健康"扶贫工程，泗县移动公司与泗县卫健委合作建设"云视讯"远程视频会议系统。云视讯主会场可以与市卫健委、17 个乡镇卫生院进行同步连接，及时传递政策文件或进行医护知识培训、经验知识共享，为广大农村患者，尤其是贫困患者提供更好的医疗服务。开展"互联网+政务"就业工程，泗县移动公司与泗县人力资源和社会保障局建设了"互联网+智慧就业"平台，通过云、大数据技术手段，对全县就业数据进行动态分析。目前该平台已完成全县约 60 万就业人才的信息统计，并提供岗位需求信息及就业咨询，有效解决"招工难，就业难"问题。开展"互联网+电子商务"经济发展工程，泗县是国家电子商务进农村综合示范县，2017 年 12 月，泗县分公司已累计完成 1 个县级电子商务产业园、15 个乡镇园区、171 个行政村，以及 172 个电子商务进农村便民服务网点网络接入。

第二节　提升基层公共服务水平，有效提升城乡均等化水平

我国城乡发展不平衡的突出表现之一是城乡基本公共服务水平之间的差异。改善农村基本服务条件、补齐发展短板既是脱贫攻坚和全面建成小康社会的重要任务，也是实现农村可持续发展和乡村振兴的必要基础。近年来，泗县立足于县域实际，结合扶贫工作需求，出台相关政策文件，成立了县加强基层基本公共服务功能建设领导小组，形成组织有力、联动高效的领导机制，同步推动县城、小城镇和乡村公共服务建设，有效推进区域公共服务均等化。2018 年，公共服务功能配置项目任务为 226 个，实际建成 332 个。其中，公办幼儿园建成 4 个，义务教育薄弱学校建成 11 个，县级体育设施"五个一"建成 4 个，乡镇体育设施"三个一"建成 16 个，乡镇卫生院提升实施 14 个，村卫生室标准化建成 60 个，乡镇公益性公墓建成 6 个，乡镇综合文化服务中心建成 11 个，村（社区）综合文化服务中心建成 95 个，残疾人之家建成 9 个，残疾人工作站建成 102 个。2019 年，基本公共服务功能配置项目任务共 164 个，截至 8 月底，实际建成 145 个。通过开展上述农村基层公共服务建设，提升全县农村教育、健康、文化、养老、助残等各项基层公共服务水平，城乡基层公共服务差异进一步缩小，有效改善了农村居民生活质量。

一、提升教育服务条件，推动城乡教育均等化

泗县地处皖北集中贫困连片区，地理位置偏僻，经济相对落后，教育体育基础薄弱，办学条件一度滞后于全省其他县区。村庄均没有幼儿教育设施。义务教育经费没有实现"三个增长"，学校占地面积和校舍建筑面积不足，大部分存在 D 类危房。教学设施缺乏，设备陈旧，信息化建设滞后。师资力量短缺，数量不足、学科专业结构失衡、年龄老化，不能满足教学需要。体育运动场地面积严重不足，全县有塑胶跑道的小学和初中数量为零。2014 年以来，泗县坚持教育优先发展战略，在科学规划、教育投入、城区教育扩容、布局调整、师资配置等方面进行积极探索，逐步扩大优质教育资源总量，改善城乡办学条件，缩小校际间办学差异，推进全县义务教育均衡发展。

（一）标本兼治，改善教育设施条件

首先，大力发展普惠性学前教育，着重解决贫困村学前教育问题。泗县优先支持贫困村利用闲置校舍改建幼儿园、增设村小附属幼儿园。实现 1 个乡镇至少办好 1 所公办幼儿园的工作目标，加强乡镇和村幼儿园的一体化管理。2014 年以来，泗县扎实推进第二、三期学前教育行动计划，投入资金 6824.5 万元，新建、改扩建幼儿园 71 所。落实"小区配套幼儿园"建设、管理和使用，扶持和规范民办普惠性幼儿园发展，现有 10 所小区幼儿园完成办园目标，幼儿园教育设施条件得到明显提高。到 2018 年底，贫困村学前教育覆盖率达到 100%。全县 2019 年秋季学前三年毛入园率达到 86%，基本解决"入园难""入园贵"问题。

其次，推进义务教育优质均衡发展。泗县将义务教育均衡发展作为基础教育发展的重中之重任务，通过区域经济社会发展总体规划明确各阶段发展任务。成立以政府一把手为组长、相关部门主要负责人

为成员的县域义务教育均衡发展领导小组，明确分工和责任，狠抓落实，形成政府主导、上下联动、部门协作、社会支持的良好工作机制。实施"全面改薄"工程，加大农村义务教育学校经费保障力度。2014年以来，泗县教育扶贫建设类项目投入资金12.1304亿元，其中中央专项资金1.4988亿元，教育扶贫县级配套资金0.6316亿元，县政府融资资金10亿元。中央专项和县级配套资金全部用于全县农村薄弱学校改造，改造提升农村学校154所，建设项目255个，建设面积328023平方米。同时加大城区学校的提升扩建，共投入10亿元左右，新建、改扩建泗县一中、二中、三中，泗城一小分校，泗县彭雪枫小学分校等18所城区学校，建设面积355300平方米，有效缓解城区学校就学压力，顺利通过国家义务教育均衡县达标验收。

（二）加快教育信息化建设，提升教育功能

推进"三通两平台"建设，中小学校宽带10兆以上开通率、"班班通"学校建设率、中小学数字化校园建设率均达到规定要求。教育设备设施条件得到明显改善，如投资2874万元用于购置学生用计算机7984台，投资1251万元用于配置"班班通"782套，投资1150万元用于配建录播教室23套，建成在线课堂主讲课堂45个、接收课堂142个，实现了数字化校园建设全覆盖。启动中小学智慧学校建设，农村中小学校生机比低于8∶1、师机比达到1∶1。加强在线课堂常态化教学应用的监管和指导，提高教学点和薄弱学校教学质量。组织建设全县优质数字教育资源，并通过各类平台提供农村学校免费使用。

二、加强医疗卫生投入，补齐农村健康保障短板

泗县医疗卫生发展的主要问题在于城乡之间、区域之间的医疗资源分布不均衡。由此需要加强医药卫生体制改革创新，加强内涵建

设，通过全县医疗卫生条件的改造升级，提高医疗资源结构优化和城乡一体化发展。同时，通过与县外的医疗资源丰富、技术实力雄厚的医院建立合作关系，带动区域整体医疗服务水平的提升。

（一）加强县乡村三级医疗基础设施建设投入，扩大城乡医疗供给能力

2014—2019 年，泗县共投入健康扶贫资金 382526 万元，年均增速为 22.69%。2016 年以来，投资 13.12 亿元用于县人民医院、县中医院、县妇计中心和县第二人民医院等县级医疗卫生机构建设，其中基础设施建设共 11.128 亿元，医疗设备采购 1.99293 亿元。加强乡镇卫生院医疗服务建设，投入 1.8513 亿元用于屏山等 12 家乡镇卫生院的改造和扩建，其中土建共 9024.66 万元，医疗设备采购共 5626.716 万元，装修与配套设施共 3861.486 万元。乡镇卫生院规模保持在 1570—6863 平方米，病床总数达 2000 多张。发挥村卫生室的健康保障"守门人"功能，投入 4134 万元用于 78 所村级卫生室标准化建设，全县 174 所村卫生室均达到标准化要求。

在医疗信息化建设方面，投入 400 万元建设"智医助理"项目，投入 3000 万元用于"智慧医疗"项目。智医助理系统已在全县 203 余家基层医疗机构部署完成，覆盖率达到 100%。逐步建立以 EMR 为核心的医疗系统、以人财物为中心的 HRP 系统、以"一卡通"为核心流程系统、以"互联网+"为目标的移动医疗系统和区域医疗平台等。

（二）促进城乡医疗资源共享，建立紧密型县域医共体

2019 年，泗县被列入安徽省 37 个紧密型县域医共体建设推进县之一，并入选国家紧密型县域医共体建设试点县。制定《泗县紧密型县域医共体建设实施方案》，计划到 2019 年底，建成紧密型县域医共体，到 2020 年，基本实现"大病不出县、小病不出乡（镇）"目

（万元）

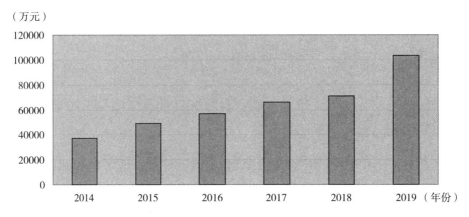

图 5-2　2014—2019 年泗县健康扶贫财政资金投入情况

标。泗县紧密型县域医共体由牵头医院（县人民医院、县中医院）和基层医疗卫生机构组成，落实基层医疗卫生人员"县管乡用"、村医"乡聘村用"制度。按照"两包三单六贯通"的建设路径，从资金打包、清单管理、服务群众三个方面，落实紧密型县域医共体建设。实施医疗资源共享、服务能力共同提升、密切服务贯通机制，在专家资源下沉基层、常见病多发病诊疗、药品供应保障、医保补偿、双向转诊、优化公共卫生服务等六个方面实现上下贯通，有效解决基层群众"看病难""看病贵"问题。

（三）促进跨区域医疗合作，营建资源互补型医联体

按照省市县有关精神，在多方推动下，泗县人民医院分别与宿州市立医院、蚌埠医学院一附院签订医联体协议，泗县中医院与安徽省中医药大学第一附属医院签订医联体协议。同时泗县人民医院与北京航空总院开展托管合作，安徽省妇幼保健院泗县分院正式挂牌。随着县级公立医疗卫生机构与城市大医院深入合作，有利于促进优质医疗资源下沉，推进县级医院综合能力建设，逐步解决现有医疗服务体系布局不完善、优质医疗资源不足和配置不合理等问题，实现区域医疗卫生资源优势互补和全县医疗卫生事业跨越式发展。

三、提升文化设施条件，打造乡村文化教育阵地

乡村文化振兴是完成脱贫攻坚任务，实现乡村可持续发展的思想保障和动力来源。中共中央办公厅、国务院办公厅印发《关于加强和改进乡村治理的指导意见》指出，要加强基层文化产品供给、文化阵地建设、文化活动开展和文化人才培养，传承发展提升农村优秀传统文化，推动农民共享城乡优质文化资源。近年来，泗县持续加强基层公共文化建设，激活乡村文化价值，凸显文化扶贫功能，着力解决农村文化短板问题，农村文化服务均等化水平有了显著提升。

（一）加强乡村文化建设，建构覆盖城乡的公共文化服务体系

加大资金投入力度，构建县乡村三级公共文化服务体系。由于长期城乡分割，泗县公共文化设施主要集中于县城中心地带，农村公共文化与活动设施比较落后，活动场所仅仅依托于村委会，辐射范围过小。近年来，泗县认真贯彻中央和上级政府关于加快现代城乡公共文化服务体系建设的部署与要求，注重满足群众文化需求，持续加大文化基础设施建设，建成覆盖城乡的公共文化设施网络。一是高起点规划建设县级"四馆"。在3A级景区清水湾公园内建设面积3500平方米的县文化馆，高标准建设面积各5000平方米的县博物馆、图书馆、家风馆，其中文化馆、图书馆先后被评为国家一级馆。2018年，泗县获评"书香城市（区县级）"称号，成为安徽省唯一入选的县。二是高标准打造乡镇综合文化站。全县建成15个乡镇综合文化站，面积均超过500平方米，室外活动场所面积都超过800平方米，一级站达标率100%。三是高质量建设村级综合文化服务中心。严格按照"一个文化广场、一个文化活动室、一个简易戏台、一个宣传栏、一套文化器材、一套广播器材、一套体育设施器材"的"七个一"标

准建成综合文化服务中心 160 余个，并配备了广场舞音响、书画创作用品、乐器、电脑、图书等文化设备器材。按照"一场两堂三室四墙"的标准，结合美丽乡村建设同步规划，配备电子阅览室、图书室、文化广场、舞台等场所设施，建成 17 个村级农民文化乐园。80 多个村居建成了乡贤文化馆、村史馆，全县建有 174 个农家书屋。2018 年泗县获评省级公共文化服务体系示范区创建优秀地区。

加大资源整合力度，提升乡村文化服务能力。大力推进文化扶贫工作，整合省、市、县关于美丽乡村、文化、体育、旅游等各类项目资金，统筹推进村级综合文化服务中心建设，重视村文化活动室、农家书屋、留守儿童活动室、农民体育健身工程的功能整合提升。全县已建成村级文化广场 218 个，每个镇区平均为 14 个，较好满足了村民文化娱乐活动。各基层综合性文化服务中心基本具备"十项文化服务功能"，即书刊借阅、电子阅览、娱乐健身、讲座培训、书画展览、非遗展示、影视欣赏、戏曲演唱、文艺排练、文化志愿服务。推动基层公共文化服务活动常态化，每月至少组织开展 1 次文化活动。每年举办各类活动、培训达 300 余次，提供文化惠民服务 60 多万人次，有效满足了广大群众的精神文化需求。

表 5-6　泗县村级文化设施、广场统计

序号	单位	辖行政村数（个）	建成文化广场数量（个）
1	黑塔镇	18	16
2	草沟镇	18	15
3	屏山镇	15	14
4	黄圩镇	14	24
5	大庄镇	13	13
6	山头镇	13	12
7	丁湖镇	12	14
8	大路口乡	10	11
9	大杨乡	10	18

续表

序号	单位	辖行政村数（个）	建成文化广场数量（个）
10	瓦坊乡	10	14
11	长沟镇	10	20
12	刘圩镇	10	11
13	墩集镇	7	9
14	草庙镇	4	4
15	泗城镇	16	16
16	开发区	7	7
合计		187	218

注：一村建成多个广场的全部纳入统计。

（二）强化组织领导，提升乡村文化保障能力

加强组织领导，推动资源向基层倾斜。泗县一直重视基层综合性文化服务中心建设，将其列入县委全面深化改革工作要点，成立由县政府主要负责人任组长的现代公共文化服务体系建设工作领导小组，制定《关于加快构建泗县现代公共文化服务体系的实施意见》《泗县基本公共文化服务实施标准（2016—2020 年）》等政策文件，明确建设目标、任务、步骤和周期。由县委宣传部牵头成立农民文化乐园建设工作领导小组，出台农民文化乐园建设工作实施方案，明确专人负责，开展试点工作。坚持城乡公共文化服务均等化和共建共享原则，提高财政投入比例。坚持重心下移，促进公共文化资源向基层倾斜，尤其加大向偏远乡镇倾斜力度。实施乡镇实施差别化管理，鼓励经济基础好的乡镇发挥优势，量力先行，打造亮点和品牌；引导经济发展一般的乡镇主动查摆问题，补齐短板，争取更大的发展；重点扶持经济落后的乡镇，提升公共文化服务水平，确保实现底线目标。坚持公共文化资源向特殊群体倾斜，根据老年人、未成年人、残疾人、农村留守妇女儿童、生活困难群众等特殊群体的不同文化需求，开展针对性文化服务。

完善"建管用"机制，扩大运行效能。健全村级综合文化服务中心管理与服务规范，公布公共文化建设服务标准及免费开放时间、内容，提高管理运营效率。加强人员配备，明确由乡镇文化站长负责指导村级综合文化服务中心开展工作，村书记直接负责日常事宜，同时安排大学生村官担任农民文化乐园信息员，负责活动策划和资料保管，确保事情有人做、设施有人管、活动有人办。创新工作机制，成立县图书馆、文化馆、博物馆和乡镇综合文化站参与的县域文化联盟，建立全县各级公共文化场馆（站）人力资源、设施设备和管理资源共享机制，提升公共文化服务的辐射力和影响力。完善基层文化工作考核机制，把公共文化服务体系建设纳入政府目标管理考核，加大督查力度，确保各项政策落到实处。

加大基层队伍建设，激发基层工作活力。确保公共文化服务机构人员足额配备，目前全县各乡镇文化站工作事业编制人员均不少于3人。开展文化协管员试点工作，按照"村级推荐、乡镇审核、县级考核"的程序，为每个村级综合文化服务中心配备一名专（兼）职文化协管员，负责指导组织具体文化活动。每个村级综合文化服务中心组建至少1支文艺队伍，定期开展各类文化活动。目前，泗县已培育各类文化队伍200多支，其中，广场舞队伍150余支、庄户剧团20余支、书画队伍30余支，参与人数超过3000人。加强基层文化人才的培训和指导，对基层各类文化队伍，分层次、分类别举办各类专题培训班，着重打造一支素质优良、充满活力的基层文化服务队伍。

（三）开展文化下乡活动，突出文化服务主旋律

创新文化传播渠道，补齐乡村文化短板。开展送戏曲、电影、图书、乐器等多种形式的文化下乡活动，使文化配送服务真正深入群众。每年组织以泗州戏为特色的送戏进校园、进乡村、进社区演出活动近300场次，服务群众近20万人次。每年开展送公益电影下乡放映2100余场，送图书下乡1.7万余册。开展农民体育活动200余场

次，广场舞大赛、曲艺大赛、唢呐大赛等群众文化活动100余场次，真正做到将文化设施搬到农村、文化活动办到农村、文明新风送入农家，实现农村公共文化服务常态化、多样化、特色化、品牌化。

搭建文化展示平台，突出文化活动主题。2018年以来，泗县开展送文化活动进敬老院演出200余场次。2019年，泗县宣传、文化部门印发《关于开展文化扶贫进村全覆盖工作的通知》，全县组织开展文化扶贫演出100余场次、乡村春晚近50场次。创作排演大型现代泗州戏《扶贫部长》、瑶剧《健康扶贫》及10余个扶贫主题鼓词、曲目，组织集中展演和巡演活动。通过宣扬脱贫攻坚、乡村振兴、社会主义核心价值观等主题内容，发挥公益文化活动的正面导向效应和教化功能，在寓教于乐和潜移默化中宣传政策、凝聚人心和改进村风民风，激发干群扶贫志。

图5-3 泗县乡村春晚活动

（四）挖掘地方文化特色资源，打造乡村文化精品

结合区域特色，推动文旅结合。挖掘泗县民间文化、传统戏曲文化、古泗州文化、楚汉文化、运河文化、饮食文化、手工技艺等非遗

资源，高水平设计具有地方特色的旅游纪念品、工艺品和文化旅游用品，通过产品创新让历史文化资源真正"活起来"。发展泗州皮影、泗州戏人物模型、大路口山芋粉丝、泗县药物布鞋、泗县金丝绞瓜、大庄豆瓣酱等特色文化旅游商品。举办"泗县泗州戏文化艺术节""泗州运河文化论坛""古泗州十三县（区）书画联展""小宋梨花节"等旅游节庆活动，创新营销方式方法，借助央视《相约》《美丽中国乡村行》等栏目，推介泗县文化旅游产业发展"六大名片"，提升泗县文化旅游产业知名度。

图 5-4　泗县惠民文化活动

从 2017 年开始，泗县文化部门指导村民举办乡村春晚，丰富农村文化活动。2019 年，泗县宣传、文化部门专门组织召开会议，统一部署乡村春晚工作，要求各乡镇结合文化扶贫工作，办好乡村春晚惠民文化项目，统筹不低于 5 万元资金用于开展乡村春晚等文化活动，为乡村春晚开展提供了组织保障和资金支持。县文化和旅游局成立乡村春晚工作领导小组，办公室设在县文化馆，统筹指导全县、乡、村春晚工作。县文化馆成立 4 支文艺小分队，分赴各乡镇，实地指导乡村春晚的组织策划和节目排练工作，帮助提高艺术水准和演出质量。县、乡、村春晚节目内容丰富，既有舞狮、舞龙、泗州戏、皮影戏等精彩的非遗展演，也有动人心弦的歌曲串烧，更有滑稽俏皮的杂技表演，还有震撼人心的民乐演奏及主旋律歌曲演唱，为广大群众奉上了一场文化盛宴。

第三节　整治基本村容村貌，有效推进乡村生态宜居建设

致贫原因的复杂性和贫困主体需求的多样性决定了脱贫攻坚工作的系统性，脱贫攻坚既要促进贫困地区产业发展和经济增长，又要提升乡村生态宜居和村民生活质量。习近平总书记强调，有些贫穷地区要转变思路，要通过改革创新，让贫困地区的土地、劳动力、资产、自然风光等要素活起来，让资源变资产、资金变股金、农民变股东，让绿水青山变金山银山，带动贫困人口增收。近年来，泗县始终坚持创新、协调、绿色、开放、共享的发展理念，大力实施"生态立县"战略，以绿色发展为引领，以改善环境质量、保障群众健康为目标，积极推动脱贫攻坚与生态建设共融发展。

一、泗县农村基本村容村貌整治的社会背景

2014 年之前，泗县农村基层人居环境问题比较突出，存在"七多两乱两差"等一系列问题，即农村破危房屋多、私搭乱建多、房前屋后旱厕多、畜禽圈舍多、柴草秸秆多、垃圾杂物多、污水坑塘多；村庄布局乱、农民建房乱；农村基础设施和基本公共服务保障较差。农村人居环境问题呈现整体性和区域性的双重特点。整体性问题主要是体现在传统农业向现代农业转型过程中，需要解决环境保护的

共性问题。随着农药、化肥、塑料薄膜等广泛应用，粮食安全和水体污染日趋严重，有些地区存在工业和城市废弃物污染，也有些地区牲畜散养、垃圾乱扔等落后的生产生活方式造成环境污染问题。区域性问题主要表现为特殊的地理环境和农村耕作方式导致的环境污染问题。泗县河流网密，老濉河、新濉河、新汴河、沱河，潼河、石梁河、唐河、大运河等流经县境，水体容易受到各种污染的影响。有些河流污染物源于上游其他地区，增加了协调和治理的困境。加之农村污染源点分散广布，监控难度大。从耕作条件看，泗县是我国重要商品粮基地之一，除了农业面源污染之外，当地农业生产相关的山芋打粉、秸秆焚烧及牲畜饲养也容易带来农村环境污染。

2015 年，《中共中央　国务院打赢脱贫攻坚战的决定》强调，要加大贫困村生活垃圾处理、污水治理、改厕和村庄绿化美化力度。继续推进贫困地区农村环境连片整治。2017 年，党的十九大报告明确提出要加强农业面源污染防治，开展农村人居环境整治行动。2018 年中央一号文件提出实施农村人居环境整治三年行动计划，以农村垃圾、污水治理和村容村貌提升为主攻方向，整合各种资源，强化各种举措，稳步有序推进农村人居环境突出问题治理。为了贯彻落实党和政府关于加强农村人居环境整治的各项政策精神，泗县编制完成《泗县"十三五"环境保护规划》《泗县生态县建设规划》《泗县农业面源污染治理规划（2017—2020 年）》《泗县农村人居环境整治三年行动实施方案》，制定出台农村人居环境改善、农村破危房屋整治、畜禽养殖废弃物综合利用、大气污染防治、土壤污染防治、农村生活垃圾、山芋粉加工废水污染防治、禁养区内畜禽养殖场（小区）和养殖专业户关闭或搬迁等具体政策，对县域整体的环境保护和环境治理进行统一规划，重点解决农村污水、畜禽养殖废弃物、农村厕所、生活垃圾、破危房屋、土壤污染、大气污染等方面的环境治理问题。

二、泗县农村基本村容村貌整治的基本措施及成效

泗县立足县域全局和乡村长远发展目标，推动环境治理手段的创新，以"三大革命"为重点，以"六注重六引领"①为手段，以"六化"②"六覆盖"③为治理目标，全域推进农村人居环境整治三年行动，探索和推行"12345"特色工作法，即坚持一把手领导、打造两支队伍、确保三个到位、突出四个重点、实现五个结合。坚持以"三清四拆"为抓手，从政策执行效果看，除按照土地规划纳入土地增减挂的自然村外，其他自然村庄均达到干净、整洁的要求。具体措施主要包括以下几方面：

（一）坚持一把手领导，推进部门联动

农村人居环境建设具有系统性、复杂性特点，涉及规划、拆违、治污、建设、管理等诸多方面。政府作为政策的制定者、执行者，以及公共服务的主要供给者，需要将环境治理、人居环境建设与扶贫攻坚任务紧密结合起来。为发挥统筹和协调作用，泗县建立一把手高位推进机制，突出党的领导，发挥县委"一线指挥部"作用，有效汇聚全县域干群力量。实行双组长制，由县委书记、县长任农村环境"三大革命"工作领导小组组长，明确各乡镇主要负责人为"三大革命"的执行主体和责任主体，全县上下形成一把手负总责、亲自抓，县、乡农村环境三大革命办公室具体抓的工作格局。

为消减政府缝隙和碎片化影响，减少政策执行中的相互摩擦和推

---

① "六注重六引领"包括注重政策承接，强化规划引领；注重以点带面，强化示范引领；注重投入保障，强化政策引领；注重力量整合，加强干部引领；注重群众主体，加强宣传引导；注重长效管理，加强机制引领。

② "六化"是指净化、硬化、绿化、亮化、美化、文化六个方面。

③ "六覆盖"主要涉及农村垃圾治理、农村改厕和粪污处理、农村生活污水治理、村容村貌整治、村庄规划管理、建设和管护长效机制等六个方面内容。

诱现象，泗县按照"整体性政府"的要求，形成一把手领导下的农村环境三大革命联席会议制度，按照命令统一原则，形成上下联动、部门协作、运转高效的工作机制。在具体任务分解、任务落实、协同推进方面，建立和完善生态环境保护部门"1+X"联席会商制度和信息共享机制，实行"一清单、一报告、一通报"，及时、有效地推进环境整治工作。

基于跨区域环境治理的特点，在上级政府指导下建立流域水环境保护联动协调机制及落实生态补偿机制。与灵璧县、泗洪县、五河县共同签订《跨界河流水污染联防联控水污染防治工作机制》，实现上下游联动治理，及时做好水质异常预警提示。与五河县人民政府签订的《两县河流跨界河流水污染联防联控合作协议》，对沱河流域进行监测预警、信息共享和联动治理，协商解决跨界水质、闸坝运行、渔业养殖等问题。按照《宿州市水污染防治工作领导小组办公室关于开展2019年地表水断面生态补偿工作的通知》要求，落实生态补偿机制工作。

（二）打造两支队伍，加大政策落实力度

组建农村环境"三大革命"专业队。为强力推进农村环境"三大革命"暨农村环境综合整治工作，泗县成立了由县委书记、县长任组长的领导小组，建立农村环境"三大革命"联席会议制度。根据部门职责，从相关部门统一抽调近300人组建县和乡镇农村环境"三大革命"办公室，专门负责督促、指导全县农村环境"三大革命"工作。制定《泗县农村环境网格化管理办法》，按照"属地管理、分级负责、无缝对接、责任明确、全面覆盖"的总体要求，将全县农村环境整治分成南北两大片区，划分5个网格，每个网格覆盖3个乡镇，实行县、片、乡、村、组五级网格化管理，将全体人员编排到网格内，明确网格人员的工作职责和工作标准，实现对各自环境监管区域和内容的全方位管理，做到环境监管不留死角、不留隐患。

组建农村环境整治突击队。充分发挥群众参与环境的主体作用，每个村组建以"五老"、乡贤、村民理事会及热爱环境的志愿者和贫困户为主体的环境治理突击队，整治工作量小时，以村组为单位，搞好日常环境治理；整治工作量大时，以乡镇为单位，组成千人环境整治突击队，统一悬插彩旗、佩戴袖标，集中开展环境整治，形成声势浩大的环境整治社会氛围。充分运用"一事一议"民主决策机制，完善农村人居环境整治项目公示制度，调动农民积极性，注重发挥农村乡贤、"五老"、村民理事会在村组道路建设、美丽乡村建设等领域的宣传动员和监督管理作用，让农民自己"说事、议事、主事"，增强群众主体意识，真正做到村里的事由村民商量着办。

（三）确保三个到位，提升保障能力

泗县推动农村人居环境建设工作重视资金保障、宣传动员、督查监控，切实保障农村环境整治工作高效、有序进行。

加大投入，资金保障到位。农村人居环境建设是一项系统性工程，依据规划要求和标本兼治原则，将农村人居环境整治与脱贫攻坚、农村"双基"建设、美丽乡村建设、产业发展和土地增减挂等工作深度融合，从整合财政资金、土地出让金、土地增减挂指标交易、城投债券发行、政策性银行贷款、社会力量捐助等6个渠道筹集资金。2018年，泗县县委县政府继续加大涉农资金整合力度，计划调配6亿元用于全域农村环境"三大革命"整治。每年购买垃圾处理全覆盖服务费3828.83万元。此外，2014—2019年公共厕所、村容整治、美丽乡村、污水处理等其他项目建设费用共达13.82亿元。

表5-7　2014—2019年农村人居环境整治项目的资金投入和投向

序号	项目名称	资金投入（万元）	投入方向	建设内容
1	垃圾处理	3828.83万元/年	无锡市金沙田保洁公司（泗县分公司）	15个乡镇辖区内各类垃圾收集、清运

续表

序号	项目名称	资金投入（万元）	投入方向	建设内容
2	公厕建设	21360	15 个乡镇、1 个经济开发区	全县 15 个乡镇 2566 座公厕建设
3	户厕改造	5880	15 个乡镇	全县 15 个乡镇 42317 户农户卫生厕所改造
4	村容整治	60000	15 个乡镇、1 个经济开发区	村庄绿化及"三清一改"
5	美丽乡村中心村建设	36000	全县 35 个美丽乡村中心村	村庄整治和污水治理及村容村貌提升
6	厕所粪污一体化治理	6000	15 个乡镇、部分自然庄	生活污水、厕所污水配套管网建设及污水处理设施建设
7	污水处理	8960	14 个乡镇	建设污水处理厂

营造氛围，宣传发动到位。农村人居环境建设的成败在于能否转变农民传统观念和卫生习惯，使其认识到整治环境、美化家园是一件利国利民的光荣事业。泗县通过广播电视、板报、标语等多种形式宣传，增强农民绿色生产、绿色消费的理念，推动农民从"不愿干"向"我要干"的良好风气转变。一是重视政府引导，开辟乡镇长农村环境"三大革命"访谈，录制农村环境治理宣传音频，引导农民自觉参与农村环境"三大革命"行动。二是重视组织发动，借助群众代表会、党员会、农村理事会、乡贤五老会、青年志愿队等农村自治组织向农户宣讲政策，促进村民相互学习、相互监督。通过村规民约，明确农村人居环境整治内容和管护要求。树立农村人居环境整治文化墙，通过"谁不说俺家乡美""荡涤脏乱差，拔掉贫穷根"等百姓话语宣传政策理念。组织青年志愿者开展"青春助力环境整治，共同创建美好家园"等系列活动，增加群众的自觉意识。三是发挥重点村、整治点示范带动效应。首批选取 30 个行政村作为农村环境重点整治村。连线扩面，扩大整治成果，将长沟镇汴河、马王、邵

庄、朱彭等村列为南部集中整治片，将上青大道—环县东路沿线村列为东部集中整治区域，将大庄曙光、王官、东风等村列为北部集中整治片，共涉及20个行政村。示范村和连片整治区建设成效明显，使村民真实地感知到环境整治效果，也为全县域农村环境整治提供了样板和经验。四是重视制度创新，激发主体参与动力。通过争创"五面红旗"和"五牌联动"，凝聚干群共识，增加环境整治的自觉性。结合"十星级文明户"创建活动，在各行政村设立村级爱心超市，村民通过参加"三大革命"环境整治、村级公益等多种方式获取积分，用积分置换必要的生活用品，营造群众自己的事自己干、自己管、自己爱的良好氛围。

高频督查，考核奖惩到位。出台农村环境综合整治系列考核制度，成立县环境保护大检查领导小组，开展县域环境保护全面排查工作，重点检查排污单位的污染物排放状况、各类资源开发利用环境影响情况、环境安全隐患情况以及建设项目环境影响评价制度、环保"三同时"制度执行情况等。坚持日巡查、周督查、月考核评比制度，加强对乡镇、保洁服务公司及工作人员的监督考核，明确问责内容、问责方式、问责程序，严格履行"党政同责、一岗双责、属地管理"等责任制度，实现农村环境整治工作的制度化、规范化、长效化。

（四）突出四个重点，明确治理任务

泗县在农村人居环境建设过程中，拉高站位，突出重点，既从实施乡村振兴的长远目标出发，又坚持亮点引领、难点攻坚，以"三清四拆"和"三大革命"为契机，重点突破农村垃圾、污水、厕所和村容村貌等重点治理难题，着力补齐农村人居环境短板，让农民切身感受到"山青、水绿、村庄美"的环境治理红利。

第一，重视垃圾治理。泗县垃圾整治主要涉及陈年垃圾清理、非正规垃圾堆放点排查整治、农村生活垃圾分类等方面。为推进农村生

活垃圾分类收集、分类处理和资源化利用，泗县出台了《泗县农村垃圾治理规划》等相关政策，建成"户分类、市场化保洁公司收集转运、县处理"和"分类收集、定点投放、回收利用、末端处置"的垃圾处理运行体系。实现农村柴草垛统一集中处理或有序堆放，建筑垃圾因地制宜地进行铺路填坑或就近填埋，其他各类垃圾实现有效处理。

推动垃圾处理模式创新，依据《农村生活垃圾治理全覆盖工程"PPP"实施方案》，引入金沙田保洁服务公司，实现县域内农村生活垃圾的收集、保洁、运输一体化和网格化管理，做到日产日清。按照"先示范、后推广"的原则，开展长沟镇、屏山镇、泗城镇、草庙镇农村生活垃圾分类和资源化利用试点工作。

完善垃圾治理的监督机制。加强乡镇、保洁服务公司及工作人员日常监督考核。设立农村垃圾治理有奖投诉举报信箱，通过举报电话、电子邮箱等公众参与方式对违规单位和人员依法进行及时处罚。

此外，还开展土壤污染状况详查，建立污染地块和农用地土壤环境管理信息化系统，强化固体废弃物处理、秸秆综合利用和农业面源污染防治。

目前，全县建成垃圾中转站 14 座，建设户外垃圾收集点 2005 处，建设水泥地坪 600 处，安装垃圾收集亭 300 个，配备保洁车 1280 辆，配备多功能清运车管理系统 26 套。按自然村人口 800∶1 的比例配备专职保洁员，招收管理及保洁人员 1300 多人。2017 年 2—4 月，泗县启动全域农村陈年垃圾的清理运动，共清理垃圾 5.36 万吨，基本做到"无暴露垃圾、无卫生死角"。垃圾无害化处理率达 100%，实现全域农村生活垃圾治理的制度化、规范化、常态化。在"三清四拆"基础上，进一步推进"五清一改"村庄清洁行动。2017—2018 年，全县共清理生活垃圾 14.19 万吨、建筑垃圾 223.56 万吨、沟渠汪塘 655 万方、柴草秸秆 186.1 万余方、畜禽粪便 135.8 万余方。2019 年，清理村内塘沟 4531 个、农业生产废弃物 85817.4 吨。

在宿州市统计局民调中心的农村陈年生活垃圾清理工作验收中，荣获第一名。

第二，加强厕所及畜禽圈舍整治。农村户厕改造是改善农村人居环境治理的突破口，是一项民心工程和惠民工程，是深入贯彻习近平总书记关于"厕所革命"重要指示精神的具体行动。泗县按照"政府引导、农民主体、因地制宜、分类推进、注重质量、示范引领、长效运行"的原则，建立健全组织机构，明确建设主体及责任人，统筹安排农村改厕任务和时间节点，有序推进农村厕所改造工作。

首先，规划引领，重视政府的推动作用。坚持规划引领，亮点示范、重点突破的原则，对旱厕进行集中拆除改造，并按户均 1400 元标准给予一次性奖补（含省、市奖补资金）。结合农民新建住房、灾后重建、易地扶贫搬迁、农村危房改造、拆旧集中新建美丽乡村等项目，推进无害化卫生厕所的规划、配建工作。开展"回头看"活动和集中突击大排查活动，通过地毯式检查，全面系统分析厕所布点、数量、功能等信息，查找问题，分级建立台账，分类逐项整改，盘点销号。现已完成户用厕所改造 42317 户，建成农村公厕 2566 个。

其次，因地制宜，发挥农民主体作用。采取传统媒体（电视、广播、报纸等）、网络新媒体（微信、微博等）以及社会动员（"致农民朋友一封信""承诺书"等）等多种方式进行宣传、教育和引导，推广各地典型经验和成功做法，采用示范户先行先试，群众认可后再推广的方式，增加群众理解、信任和支持，营造良好氛围。结合农村实际，按照"群众接受、经济适用、维护方便、不污染公共水体"的要求，充分考虑农户意愿和环境治理要求，让"厕所革命"更有效、更符合农户需求。严格执行国家改厕标准，整改施工结束后，各乡镇逐户进行验收，将群众使用效果、满意度等纳入验收考核指标。

最后，勇于创新，探索厕所改革的长效机制。依据全国爱卫办《农村户厕建设规范》规定的标准，依据村庄实际和农户要求，采用

"三瓮式""三格式""混凝土装配式""联户式化粪池""粪污一体化微动力处理"等多种模式。按照"统一采购、统一施工、统一验收"的原则组织施工建设。实行"分户改造、集中处理"与单户分散处理相结合，鼓励采取4—5户联户、结合改水改厕整村一体治理等简单实用、成本适中、农民群众能够接受的卫生改厕模式。鼓励农户与农业种植大户建立合作机制，利用粪液粪渣进行苗木培育、林果种植、有机农作物种植，推进厕所资源化利用。明确乡镇政府公共厕所管护主体责任，组织专门服务单位负责农户粪液粪渣清运工作，探索社会化管护机制。加强美丽乡村中心村、特色村、旅游村公共厕所的统一规划，按规定在适宜发展乡村旅游的场地配建旅游厕所，按照实际在其他村庄配建公共厕所，所有配建的公共厕所需要达到三类标准。

为解决农村面源污染问题，泗县集中整治各类畜禽圈舍，合理划定畜禽养殖禁养区、限养区。对禁养区内各类畜禽圈舍严格依法依规进行搬迁拆除，由乡镇村统一组织实施拆除工作，县财政给予每村10万元。全县共关闭拆除畜禽规模养殖场572家，拆除养殖专业户、散养户16400余户，拆除养殖圈舍面积共计155.3万平方米。鼓励农户对设施较好的圈舍进行改造，从事非养殖无害化生产。以乡镇为单位，对愿意继续从事畜禽养殖的农户进行统一规划，建设现代化养殖小区，集中入区饲养。为有效推进全国畜禽粪污资源化利用试点县建设，引导养殖户开展"退出散养、退出庭院、退出村庄，进入规模场、进入标准化养殖小区、进入品牌企业"为内容的"三退三进"活动，实现绿色养殖、转型发展。目前，非禁养区共有规模养殖场462家，关闭、拆除、转产22家，正常运行的畜禽规模场440家，其中已完善粪污处理设施设备配套的439家，规模养殖场粪污处理设施装备配套率达到99.8%。全县建成污染治理设施的规模以上养殖企业有398家，建成污染治理设施运行率达到90.5%。全县粪污综合利用率达到88%，有效地推动了传统养殖向现代无污染养殖模式更迭，实行农村畜禽养殖区与居民生活区相分离、畜禽养殖场（小区）标准化改造和畜禽粪污综合利用，实现畜禽养殖粪便减量化、资源化、无害化。

第三，推进污水治理。为着力打造山清水秀、生态宜居的美丽泗州，切实践行"绿水青山就是金山银山"理念，泗县以问题导向，聚焦污染源头，以"壮士断腕"之决心，强力打好治理污水之战。2019年以来全县共清理村内塘沟2075个，清理农业生产废弃物20585.5吨，清理乱搭乱建6820户，清理废旧广告牌7115个，清理无功能建筑158383.84平方米，拆除规模养殖场620户、村庄内散养户29504户。全面完成中小河流治理、农村安全饮水、农田水利等水利工程。扎实开展环保督查"回头看"工作，建立县、乡、村三级河长体系，全县河道水质明显改善，饮用水源地和生态保护红线区域内违法建筑全部整改，石龙湖国家湿地公园顺利通过国家验收，14个乡镇污水处理厂全部投入运行。主要措施包括：

制定和完善县域农村生活污水治理规划，按照统一规划布局、统一实施建设、统一组织运营、统一政府监管的"四统一"要求，制定2017—2020年乡镇政府驻地污水处理厂（站）及配套管网系统建设规划、村污水处理设施布局及配套管网系统建设规划，明确建设布局、建设数量、建设规模和长效管理机制。2018年，完成乡镇政府驻地和美丽乡村中心村污水处理厂提标扩容和托管运营。2019年，实现农村生活污水治理全覆盖。

重视生活污水源头减量和尾水回收利用，完成污染源普查工作。加强农村黑臭水体排查治理，实施农村房前屋后河塘沟渠清淤疏浚任务，着力打造"水清、河畅、岸绿、景美"的村庄水环境。采取综合措施恢复水生态，完善河长制、湖长制，明确农村河塘沟渠管控范围。重视水污染的季节性、区域性防治工作，推进农村面源污染、山芋打粉污染和畜禽养殖污染防治工作。

加强新汴河、石龙湖、唐沱河等重点流域水污染防治，沿岸500

图 5-5　环境整治前的村容环境

图 5-6　环境整治后的村容环境

米范围内养殖场（户）267 户全部拆除，推进农村黑臭水体排查治理，着力打好碧水保卫战。加大饮用水源水质和"划、立、治"提升工作。确保饮用水安全，将新汴河饮用水源地相关区域划定为一级保护区和二级保护区。农村集中式饮用水源 60 米范围内不得修建禽畜养殖场、渗水厕所等，禁止堆放垃圾、粪便、废渣等。设立边界及警示标志，拍摄新汴河饮用水源地保护宣传片，印发宣传公告 4000 份，悬挂条幅 70 余条，提高群众的生态保护意识。依法清除保护区河道内的网箱等阻水障碍物。在两岸约 11 公里范围内，实施围网全封闭并安装视频监控。加大饮用水源水质指标监测力度，实施网格化、常态化水质监管体系。实行环境污染"黑名单"制度，健全生态补偿机制。

图 5-7 泗县重点区域水资源治理

重视加大水污染治理设施建设。按照安徽省美丽乡村省级中心村和乡镇政府驻地整治建设要求，着力开展污水处理厂（站）建设，全县乡镇政府驻地建成区共建有污水处理厂 14 座。2013—2017 年，泗县美丽乡村省级中心村共建设污水处理站 32 座，设计规模均为 100 吨/日。2018 年，全县实施 5 个省级美丽乡村中心村污水处理站建设。2019 年，完成胡庄、顾庄、马厂、曹场等 5 个中心村实施污水微动力处理项目。

重视治理模式创新，按照"政府主导、企业运营、因村制宜、逐步推进"的总体思路，通过 EPC、PPP、政府购买服务等形式，优选专业化企业建设、运营、管理乡镇、村生活污水治理任务。积极探索污水旱厕一体化建设新模式，与北京首创合作，在黑塔镇韩徐村推进改水改厕一体化治理试点工作。与苏州首创嘉净环境工程有限公司合作对泗县已建乡镇村污水处理厂检查、整改及后续运行。

案例5-3 从"鱼"到"渔"的转变——
新型职业农民脱贫增收

黄圩镇王宅村前杨庄杨部习患有长期慢性病，妻子王祥芝曾患有重病。母亲王风英87岁，儿子杨镇业在黄圩镇上读初一。2014年，杨部习被纳入建档立卡贫困户，杨部习夫妻二人身体不好，无法外出务工，全家经济来源全靠3亩多地的收入。为了增加收入尽快脱贫，杨部习搞起了小型养殖经营项目，承包了村里最大的300多亩的鱼塘，并在家附近养猪。通过发展养殖业，家里经济收入明显增长，2016年，杨部习家顺利脱贫。

为了响应泗县大力开展"三大革命"环境整治工作的政策号召，杨部习主动制定了环境整治的计划：一是逐渐减少养猪投入，把主要精力投入到专业养鱼方面。二是通过发酵等现代科技法处理附近养殖户的鲜猪粪，把发酵好的猪粪用作鱼食，消解养殖户和群众对养猪产生环境污染的烦恼。2017年，杨部习家养鱼增收年收入近万元。为增加收入，杨部习计划对鱼塘进行改造，把单一的鱼塘改为休闲垂钓场所，由集市销鱼模式逐渐转变为垂钓经营和网络经营模式，使自己从一个传统农民逐步转变为一个新型职业农民。

第四，开展空气污染治理。2018年5月18日，习近平总书记在全国生态环境保护大会上的讲话中强调"环境就是民生，青山就是美丽，蓝天也是幸福"。泗县为打赢蓝天保卫战，在农村地区，结合脱贫攻坚任务，重点抓好秸秆综合利用和禁烧工作，效果明显，连续四年实现卫星监测"零火点"，被列入全省秸秆综合利用试点县，城乡人居环境明显改善。

持续完善秸秆禁烧工作机制。成立领导小组，加强对秸秆禁烧工作组织协调和督促检查。实施秸秆禁烧工作包保责任制，实行网格化管理，形成县级领导包保乡镇（开发区）、县直部门和乡镇（开发区）领导包保行政村（社区）、村（社区）负责人和党员包保地块的立体责任网络。加强部门联动，建立由环保、农委、公安、交通等部门参加的联动工作机制，形成强大合力。

加大农业生产废弃物资源化利用。推广作物秸秆再利用技术，发展秸秆肥料化、能源化、饲料化、基料化、工业原料化"五化"综合利用模式，建立秸秆粉碎还田、秸秆气化综合利用、秸秆青贮氨化示范区。以"全国农作物秸秆综合利用试点县"为依托，建立健全秸秆收储运体系，推进秸秆综合利用产业化，完成生物质发电厂建设，引进一批以农作物秸秆为原料的加工企业和环保企业，推进秸秆综合利用规模化、产业化。建立生态化秸秆综合利用模式和长效运行机制，2018 年秸秆综合利用率达 91%，争取 2020 年秸秆综合利用率达 93% 以上，2022 年秸秆综合利用率达 95% 以上。

强化秸秆焚烧督查执法工作。加强对重点地段和新汴河饮用水源地等敏感区域的督查和巡查，实行现场巡查和专人盯防相结合，实现全时段、全地域监控，严格制止秸秆焚烧和秸秆抛河行为。坚持"抓早、抓典、抓严"的工作思路，实行严格执法，尤其从快从严处置焚烧秸秆的"第一把火"，切实发挥震慑、警示作用。加强禁烧期大气环境质量监测、预报、评估工作，落实举报投诉、应急处置、现场巡查、后勤保障等工作责任。严格执行秸秆禁烧工作日报告制度和零报告制度，保证信息通畅性。

营造秸秆禁烧良好氛围。按照"疏堵并举、以疏为主、标本兼治"的原则，鼓励村民参与治理，从源头解决防治难题。采取秸秆禁烧宣传单、张贴通告、开通宣传车等多种宣传方式，深入田间地头巡回宣传，扩大宣传覆盖面。利用新闻媒体进行专题跟踪宣传，及时报道禁烧工作进展以及各地成功的做法，同时对焚烧秸秆的违规行为和反面典型及时进行曝光。

（五）实现"五个结合"，推动政策协同

习近平总书记提出："生态治理必须遵循规律，科学规划，因地制宜，统筹兼顾，打造多元共生的生态系统。"泗县牢固树立绿色生态理念，将环境整治和生态建设与县域区情紧密联系起来，与人们生产生活基础联系起来，与乡村振兴发展联系起来，用系统理念指导各项工作，实施农村人居环境整治与"三大革命"、美丽乡村建设、危房改造、村组道路建设、安全饮水工程、农网改造等相结合，推动环境治理与与脱贫攻坚、美丽乡村建设、土地增减挂钩、林业生产、群众需求相结合，最大程度提升政策效果，增加群众满意感。

1. 推动环境治理与群众需求相结合

习近平总书记提出"良好生态环境是最普惠的民生福祉。民之所好好之，民之所恶恶之"。泗县在环境治理和生态文明建设过程中，坚持以人为本，精准把握当地社会经济发展中公众反映最强烈、最突出的环境问题，将群众的向往与需求、政府工作的重点、新时代农村人居环境发展紧密结合起来，扎实推进各项工作有序进行。

首先，以群众诉求为出发点，细化政策。泗县地处江淮大地，地势平坦，河道密布，农村河流污染问题突出，生态保护区及饮用水源地保护任务重。秸秆利用、厕所卫生、旧危房居住、牲畜粪便污染、污水排放更是从传统模式向现代生态模式转变中凸显出的迫切有待解决的民生问题。在农村人居环境治理工作中，泗县将生态建设纳入社会综合发展目标，按照地域分布和村庄人口分布，在泗南、泗北各打造一个示范带。泗南是以古运河沿线村落环境综合整治和美丽乡村建设为轴线，打造泗城、长沟示范带。泗北是以上青大道为轴线，打造

草庙、屏山、黑塔示范带，把"盆景"连成"风景"，让农民群众看到身边实实在在的变化。

其次，坚持群众路线，改进工作方法。泗县在农村环境治理中，坚持创新、协调、绿色、开放、共享的发展理念，优选示范村、先进村，建设上坚持"五优先"，即优先在交通便利村、基层组织较强的村、群众积极性高的村、贫困村、省际交界村，推动农村人居环境综合整治。2017 年启动"三大革命"时，优先在贫困村和国省干道沿线选取 48 个行政村作为推进重点，坚持科学规划、量力而行、抓点带面，示范引领，梯次推动方式开展工作。工作方法上，坚持从群众中来到群众中去的路线。先从群众需求强烈的环境治理问题入手，选择群众基层条件好的乡村作为优先试点，以点带面，强化示范引领。通过组织县四大班子领导、乡镇主要负责同志、分管负责同志和县直"三大革命"相关部门到环境整治现场观摩，总结生态建设先行点取得的经验和存在的不足，让观摩的干部群众知晓该不该干、该干什么、该怎么干。同时，组织一般村的群众和村"两委"干部到现场学习观摩，切身感知生态环境建设对群众自身的益处，有效改变群众在环境治理的被动和消极情绪，推动群众从"要我治理"到"我要治理"的态度转变。

最后，将群众满意不满意作为评判政府工作的实际标准。在实践中，农村人居环境整治情况被列为考核县直部门和乡镇、行政村脱贫攻坚质量标准的重要指标。政府通过网络、邮箱、电话等各种途径，倾听群众的声音，对群众反映的问题作及时处理。泗县生态环境建设使群众真实享受到生态产品带来的福利，也有效地提升了群众对政府工作的满意度。

2. 推动环境治理与脱贫攻坚相结合

泗县正确处理环境治理与脱贫攻坚之间的关系，将农村人居环境整治作为脱贫摘帽的基础保障和乡村振兴的先导工程。在产业脱贫方面，针对以前农村畜禽养殖对河流污染严重问题，政府通过小额贷款、补助等方式引导农户向绿色环保产业转型或者向集中养殖小区迁移。鼓励农民从秸秆焚烧转向农家肥料、饲料、食用菌基料、工业原料、农村新型能源等生态化、产业化综合利用。在就业脱贫方面，鼓励贫困户从事蔬菜、瓜果、中草药、花卉种植，汪塘承包、布鞋加工等，解决自我就业问题，同时增设垃圾清运、卫生保洁、保绿护绿、公厕管护公益性岗位，共解决农村贫困人口和富余劳动力 1926 人就业，按照每人每月 1200 元劳动报酬计算，每人每年增加经济收入 14400 元。在易地扶贫搬迁和农村危房"清零"方面，结合"空心村"改造、危旧房改造、老年房改造和美丽乡村中心村建设，按照乡村规划、土地利用总体规划、土地整治规划，加强房屋的规划设计和规范化管理，优化乡村空间布局，改善乡村面貌。在基础建设方面，深入推进"双基+扶贫"模式，按照泗县脱贫攻坚摘帽要求，以贫困村、贫困户重点，按照硬化道路标准，实现"村村通、组组通、户户通"，2018 年以来，泗县投入 24.4 亿元用于"双基"建设，其中村组道路建设投入 16 亿元，完成 2254 公里村组道路建设任务。

为协同推动人居环境建设与脱贫攻坚等各项工作，泗县大力开展"六大行动"① 和 "1+6+3"春夏秋冬四季攻势②，在县级层面建立党政一把手领导的脱贫攻坚指挥部，统一规划，统筹推进各项工作协调发展。在基层组织方面，推动全县农村党组织开展争创"五面红旗"活动，做实"一抓双促"工程，将脱贫攻坚、基层党建、环境改善、乡风文明、信访维稳等五项重点任务细化到红旗村创建上，配套实施"五牌联动"工程，分类制定 27 项评定标准和评分细则，切实将各项任务抓好抓实。

---

① "六大行动"主要内容包括农村危房"清零"、人居环境整治、"双基"建设完善、政策落实推进、产业发展增效、基础管理提升等六大方面。
② "1+6+3"春夏秋冬四季攻势中，"1"是脱贫攻坚基础管理工作；"6"是产业扶贫、植树造林、基础设施、基本公共服务、"三大革命"、土地增减挂；"3"是基层组织、作风整治、社会治理。

3. 推动环境治理与美丽乡村建设相结合

人居环境建设包括破旧和立新两方面内容，二者是相辅相成的。首先，在拆旧与治理方面，泗县通过实施"三清四拆"行动，彻底改变农村脏乱差现象。坚持"三层推进"策略，全县1796个农村自然庄分三类。第一类，把美丽乡村中心村建设成为乡村振兴的先行版。第二类，将全县345个破危房存量较多的空心村庄，全部纳入土地增减挂，彻底整治。第三类，对其他需要较长时间保留的村庄，大力开展厕所、垃圾、污水"三大革命"和"五清一改"。2018年，全县已完成1359个自然庄人居环境整治，2019年，完成所有村庄人居环境整治任务。

其次，在美丽乡村建设方面，2018年，高质量完成43个美丽乡村中心村建设。在全域完成农村人居环境整治的基础上，按照"十年、三阶段、四版本"的步骤，突出重点，分层次推进美丽乡村建设工作。主要包括：切实推进200个"普通型"村庄的美丽乡村标准版中心村建设，打造10个"一村一品，一村一景，一村一韵，一村一业"的特色示范村、5个美丽乡村增强版和"美丽宜居示范带"。

4. 推动环境治理与土地增减挂钩相结合

土地增减挂钩与人居环境治理是从两个不同维度改善土地利用问题，以提高土地利用效率，更好地满足农村长远发展需求。前者通过农村"空心村"、废弃厂房、危房等低效建设用地进行开发，以节约集约用地、扩大耕地面积、优化土地利用结构和空间布局，推动城乡建设协调发展。后者是以农民为中心，对垃圾、污水、污气、厕所、破旧建筑、基本设施等各种生产生活问题进行综合治理。泗县在实践中，创造性地将土地增减挂钩与农村危房改造、农村孝道赡养、村居环境治理等工作结合起来，将增减挂钩周转指标优先用于农民住房、农村基础设施和公益设施建设，并预留一定比例指标支持农村新产业新业态的发展，优先满足乡村振兴战略计划项目的用地需求，减少政策执行阻力，扩大政策的经济、社会和生态效应，促进农业、农村、农民的长远发展。

坚持规划引领、拆建结合、统筹发展。按照"城乡统筹、因地制宜、彰显特色"的原则，围绕"532"城乡人口布局、"15826"城镇规划体系和"1146"产业发展布局，完善全县乡村建设规划修编，做到土地利用总体规划、城镇规划、村庄规划、土地整治规划"多规合一"。村庄规划编制是从农民需要出发，体现乡村特色，以中心村、美丽乡村、旅游休闲区、生态功能区的农房建设管理和人居环境整治为重点，提升贫困村基础设施和公共服务水平，突出农民主体性、科学实用性、村庄特色性、发展长远性的特点。

编制全县土地增减挂三年行动规划，主动谋划报批土地增减挂项目，将全县945个破危房存量较多的空心村庄纳入实施范围，逐步推进破危村庄土地增减挂行动。倡导建筑设计下乡活动，开展田园建筑示范，编制可供农民选用的农房设计图集。对整治效果明显的村庄，县财政优先提供整合资金，支持农村道路、绿化、亮化、污水和垃圾处理等配套基础设施建设，提升农村人居环境整体水平。同时利用建设用地指标置换和流转，获得一定比例的返还资金，有效弥补农村人居环境建设资金不足的困境，形成"指标反哺城市，资金反哺农村"的良性循环。环保部门加强农村人居环境治理中的突出问题进行管理，重视加强畜禽养殖的环保监管，加大处罚力度。联合开展"三清四拆"行动，切实改变农村脏乱差现象。畜牧部门按照科学规划、分类管理的方式，严格落实好禁养政策，推动农村养殖小区建设。卫计部门加强农村爱国卫生宣传教育活动，引导农民改变落后的生活方式，养成良好的生活习惯。文明办通过各种形式倡导文明新风，营造尊老爱幼、爱家爱村的社会环境。各乡镇（开发区）重视推广落实工作，指导应村规民约与村庄规划基本要求相融通，展示规划成果，引导农民主动参与，同时做好调查摸底，建档造册，具体实施和统筹推进工作。

5. 推动环境治理与林业生产相结合

泗县在脱贫攻坚过程中，深入践行"绿水青山就是金山银山"

的理念，将林业生产与脱贫攻坚、美丽乡村紧密结合起来，持续改善农村生态环境。实施"1235"林业扶贫工程，推进自然村庄、森林城镇、森林村庄的整体绿化以及见缝插绿、围村片林、农田林网建设，按照"一路一特色、一镇一景观"的思路，做好连村公路、村前屋后绿化工作。2018年，完成成片造林1.75万亩，创建省级森林城镇1个、省级森林村庄6个。2017年，泗城镇荣获"中国生态魅力镇"，2018年，彭铺村获得"中国十大最美乡村"和"全国百佳乡村旅游目的地"荣誉称号。

突出林业发展引擎作用，做好"生态+"文章，促进林业生产与脱贫致富、绿色产业的融合发展。实施"百果园、花世界、绿泗州"工程，发展经果林产业。实施"1235"林业扶贫工程，2018年完成造林面积5.27万亩，建成17条127公里绿色长廊，每侧建设林带宽度10—30米，造林面积7678亩；在32个贫困村实施薄壳山核桃"扶贫林"产业项目，完成造林面积3680.7亩；完成黑塔、刘圩、丁湖等乡镇薄壳山核桃示范基地造林面积2620亩；完成村庄绿化及其他造林折算面积38720亩；扎实推进20个省级森林村庄创建和300个村庄绿化及环境整治工作，全县累计投入林业扶贫资金1亿多元。

建立健全林业管护长效发展机制。发挥林长制作用，按照农村生态建设规律，统一部署、统一实施、统一考核，打造人与自然和谐共生的"田园乡村"。设立县、乡镇、村三级林长，建构党政领导为核心的责任体系，明确、细化"五绿"（护绿、增绿、管绿、用绿、活绿）发展的目标任务。全县15个乡镇179个行政村（社区）均制定工作方案，设立县、乡镇、村三级林长1052人，设立村级护林员605人，竖立县级林长公示牌数量21块，实施公益性岗位与农村环境"三大革命"、植树造林等工作挂钩，增加贫困人口就业机会，增强农民生态环境意识。

■ 小 结 三基共进：融合城乡发展，补齐脱贫攻坚短板，推进乡村生态宜居

近年来，泗县在农村基层设施建设、基本公共服务建设、基本村容村貌整治等方面已经取得显著成就，逐渐形成规范化、制度化、长效化的运转机制。获得安徽省级公共文化服务体系示范区创建优秀地区、安徽省"优秀乡村春晚演出单位"、安徽省优先发展公共交通示范城市、中国最具影响力文化旅游名县、安徽省农村环境"三大革命"考核先进县、安徽省人居环境三年行动示范县、安徽省美丽乡村建设先进县、安徽省美丽乡村整县推进试点县、全国农作物秸秆综合利用试点县、全国畜禽粪污资源化利用试点县、全国基本实现主要农作物生产全程机械化示范县等荣誉。有些成功经验在全省得到推广，并产生了一定的社会影响。概言之，泗县"三基共建"的成功做法主要涉及"人""物""时"三方面因素。

首先，通过行为激励，激发"人"的潜能。习近平总书记强调脱贫攻坚要取得效果，重点要解决好"扶持谁"和"谁来扶"的问题。一方面，重视激发干部队伍的工作热情。泗县持续推进党员干部政治学习，增强理论自信和战略定力，牢牢树立大局意识、担当意识、责任意识，着重打造一支讲政治、素质高、能吃苦、会办事的干部队伍。提高政治高位，强化一把手责任制，发挥县委"一线指挥部"作用，按照"县级统筹、乡镇主体、村级负责、专班推进"的工作机制，层层推进、步步落实。成立以政府一把手为组长的县域义务教育均衡发展领导小组和现代公共文化服务体系建设工作领导小组。尤其在人居环境治理中，成立由县委书记、县长担任双组长的农村环境三大革命工作领导小组，实行县、片、乡、村、组五级网格化管理，破除"打硬仗""啃硬骨头"中的畏难情绪，实行县乡两级挂

图作战，把每一个自然村庄作为一个堡垒，集中干群力量，创新工作方法，实现攻关夺寨。积极发挥基层党组织"桥头堡"作用，大力推行"争创'五面红旗'、实施'五牌联动'、助推脱贫攻坚、引领乡村振兴"工程。另一方面，重视激发群众的内生动力。"脱贫攻坚既要扶智也要扶志，既要输血更要造血"，各地方群众致贫的原因是多种多样的，既有共性的特点，又有地域的特色，这需要广大干部深刻学习领会党中央、国务院政策文件精神，既要避免被动、盲动，又要保持主动、创新，紧密结合实际，重点解决群众反映最强烈、最突出的关键难点问题，做好精准施策。如泗县加大投入，集中解决贫困人口"交通难""饮水难""看病难"等问题，群众满意度不断提升。坚持以人为本理念，强调"赋权"和农民发展能力培养。在农村人居环境综合整治和乡村文化建设中，组织人员入户宣讲政策，召开村经验交流宣讲会，通过树榜样，建示范，形成"比、学、赶、超"新局面。通过乡村春晚、送戏下乡等文化活动，宣扬脱贫攻坚、乡村振兴、社会主义核心价值观等主题内容，发挥文化扶贫扶智作用。

其次，通过制度创新，扩大"物"的效益。农村基础环境和基层公共服务是一项涉及群众多方面需求的系统性工程，客观需要通过科学规划，提高资源配置效率。一是树立大局意识，提升整体谋划。从大扶贫格局和系统视角看待乡村发展问题，既要关注矛盾的普遍性，又要关注矛盾特殊性。二是从群众需求出发，明确政策供给方向。脱贫攻坚政策是通过政府的有效介入和引导，汇聚群众需求，并通过整合各种资源投入，改善贫困人口生存状况，促进农村社会系统变迁。需要以贫困人口实际需求为依据，统筹做好县域环境治理、基础设施和公共服务规划。从操作层面看，"十大工程"就是围绕贫困人口当前和今后的发展需求，从各方面精准发力，推动贫困人口脱贫致富和农村持续发展。三是重视制度创新，推动资源共享。各项政策之间存在叠合效应，需要政策协同推动和资源共享。泗县坚持创新、协调、绿色、开放、共享的发展理念，推动资金供给侧改革，统筹整合中央、省、市、县涉农资金。推出争创"五面红旗"活动，其中"五面红旗"之一的"环境改善红旗村"评比的"四好"标准就包括规划布局、环境整治、基础设施、长效机制等多方面内容。通过建构县乡村养老托残服务体系、教育体系、公共文化体系，建立紧密型县域医共体，创新养老托残县乡"三合一"、村级"五合一"模式，促进城乡资源要素融合和优化配置。

最后，通过阶段规划，发挥"时"的效应。农村基础环境建设是一个历史问题，即在长期城乡二元体制之下形成的乡村公共设施、公共服务及人居环境的不均衡分布，同样消除这些差异也需要一个渐进的过程。习近平总书记强调突出改革的系统性、整体性、协同性，反对静止地、片面地、孤立地看待问题。这既要集中力量处理好现阶段脱贫攻坚的主要任务，同时又要尊重农村发展规律，因地制宜，加强科学规划，排好发展时序，推动农村长远发展。既要到2020年，稳定实现"两不愁三保障"目标，着力补齐贫困人口义务教育、基本医疗和饮水安全等方面的短板，又要通过实施乡村振兴战略，巩固脱贫成果，推动农村经济社会的可持续发展。泗县坚持脱贫攻坚与乡村振兴有效衔接，制定泗县乡村振兴战略规划，明确2018—2022年农村道路、水利、基本农田、农村信息化、农村人居环境整治、乡村文化、城乡基本公共服务均等化等方面的具体建设任务，并对2035年和2050年远景目标作了勾画。重视推进村庄规划和城乡规划。不仅着力补齐民生发展短板、提升农村公共服务水平，同时重视道路、电力、信息化、农田水利、环境治理等基础设施建设，进而推动农村物流体系、现代农业特色产业、特色旅游休闲产业等发展，构建乡村发展的长效机制。

第六章

扶志助力：激发脱贫攻坚内生动力，助推乡风文明建设

2018 年 2 月 12 日，习近平总书记在打好精准脱贫攻坚战座谈会上的讲话中提出：要加强扶贫同扶志、扶智相结合，激发贫困群众积极性和主动性，激励和引导他们靠自己的努力改变命运。……改进帮扶方式……提倡多劳多得……营造勤劳致富、光荣脱贫氛围。泗县在扶贫扶志宣传、发扬传统文化、改善乡风文明等方面作出了诸多努力，走出了一条培育脱贫攻坚内生动力及乡风文明的创新实践之路。

第一节　充分利用宣传平台，深入
实施扶贫扶志工程

泗县通过搭建各种平台，开展既有广度又有深度的"扶贫扶志"舆论宣传，使广大群众充分认识到脱贫攻坚内生动力的重要性与必要性，取得了较好的成效。

一、拓宽宣传平台和突出宣传重点，充分营造扶贫扶志社会氛围

脱贫攻坚是一场硬仗，鼓舞斗志、激励奋进扶贫扶志宣传工作至关重要。泗县牢牢抓好对外新闻媒体宣传报刊、广播电视和网络媒体、客户端宣传阵地，极大地提升泗县脱贫攻坚的社会美誉度和群众

知晓率。紧密结合扶贫开发实际开展宣传工作，注重调查研究，做到贴近实际、贴近生活、贴近群众。针对社会普遍关心的扶贫开发重点、热点、难点问题，及时提出宣传选题，协调有关媒体、集中开展系列、跟踪报道，把握正确舆论导向。把脱贫攻坚工作与泗县外宣紧密结合起来，提高宣传的实际效果，加强与有关媒体的联系，增强宣传的主动性，邀请新闻媒体参与脱贫攻坚调研或其他活动，从而有效地拓宽了扶贫扶志宣传平台，扩大了宣传效应。例如：2018年，泗县在《人民日报》刊发稿件一篇，在国务院扶贫网刊发稿件2篇，在《安徽日报》、安徽省扶贫网等省级媒体刊发稿件30余篇，安徽电视台播发稿件45篇，在市级媒体刊发稿件280余篇。2019年以来，泗县陆续刊发脱贫攻坚主题新闻稿件：《人民日报》上稿12篇，《农民日报》上稿15篇，新华每日电讯8篇，《中国改革报》3篇，中央电视台2条，人民网450条，新华网180条，《安徽日报》上稿58篇，安徽电视台上稿70篇，《拂晓报》上稿342多篇，"学习强国"上稿69篇。以上这些新闻报道为泗县脱贫攻坚和扶贫扶志营造了浓厚的舆论宣传氛围。

具体来说，泗县脱贫攻坚的主要宣传主题与内容包括：一是相关政策措施，主要宣传中央和省、市、县委关于脱贫攻坚决策部署和各项扶贫政策措施。二是工作动态，宣传国家、省、市、县领导调研脱贫攻坚，部门和乡镇驻村扶贫、党员干部结对帮扶的工作动态、工作亮点。三是工作举措和成效，宣传报道各部门各乡镇开展脱贫攻坚的工作举措、进展情况和成效。四是宣传脱贫攻坚先进典型，主要是宣传各乡镇各单位在脱贫攻坚工作中的积极探索和鲜活经验，宣传贫困户自力更生、艰苦奋斗的脱贫典型；宣传带领群众真抓实干、克难攻坚、脱贫致富的帮扶干部典型，宣传社会各界支持脱贫攻坚的先进典型。同时，对一些贫困群众的依赖思想以及不思进取、不赡养父母、赌博闹事等恶习在本地媒体上进行曝光和批评。

二、创新宣传机制，增强扶贫扶志宣传效果

针对新闻媒体宣传，继续实行扶贫宣传调研工作考核机制，将扶贫宣传纳入各单位、乡镇（开发区）考核，坚持半年一通报、年底一评比。按照"分级负责、分级筹资、分级奖励"的原则，对干部职工发表的扶贫宣传稿件给予一定的物质奖励。同时加强志智双扶，利用传习所，宣讲党的十九大精神，宣讲脱贫攻坚政策，宣讲农村环境整治和"六净一整齐"的意义。同时，还广泛发动社会和群主等多元主体参与到扶贫扶志的宣传活动中，主要包括：开展志愿者服务，动员广大志愿者参与农村环境整治；开展"小手牵大手"活动，引导中小学生回家宣传；开展文明村庄、文明农户评比等活动；以村为单位因地制宜地开展"星级文明户"评选活动，提高广大农村群众的科学文化素质和文明礼仪修养，实现居民自我约束、自我管理、自我提高；开展"爱心超市"积分兑换活动，激发贫困户内生动力；帮扶干部进村入户，上门进行宣传，引导贫困户转变思想观念，改善生活环境。

三、落实宣传责任，加强扶贫扶志宣传队伍建设

由县委宣传部牵头，县扶贫办、外宣办、县电视台、十大工程牵头单位等为成员单位，负责新闻宣传工作，打造一支热爱扶贫宣传事业、理论水平较好、扶贫业务娴熟、能够吃苦奉献的扶贫扶志宣传专班队伍。县扶贫办明确一名分管副主任和一名专职同志具体负责宣传工作组织、落实，建立新闻线索报送机制，明确专人负责，及时向扶贫扶志宣传专班报送相关情况和信息，反映全县各行各业扶贫动态和成效。进一步加强对骨干宣传信息员的培训，利用以会代训的形式对各乡镇负责扶贫宣传的领导和同志进行业务培训，先后对扶贫扶志专

班开展新闻宣传报道工作专项培训 8 场次。

第二节 打造乡风文明载体，积极探索文化扶贫创新

近年来，泗县致力于探索"法治+德治""法治+自治""法治+综治"扶贫新模式，乡风民风明显好转。同时，泗县还通过多种形式打造乡风文明载体，深入开展"十星级文明户""最美泗州人"等系列评选，开展"我把老人接回家"等活动，推动移风易俗，倡导孝道扶贫，推进乡风文明建设。2017 年，泗县荣获第四届安徽省文明县城、第三届安徽省未成年人思想道德建设先进县，获得省级文明单位 6 个、省级文明村镇 3 个、省级文明社区 2 个。

一、弘扬乡村优良传统文化，提倡孝道与勤劳淳朴民风

很长时间以来，泗县农村婚丧嫁娶大操大办、相互攀比，不仅造成铺张浪费、催生"人情债"，还有损清新乡风民风，与现代乡村文明建设背道而驰。提倡移风易俗摒除陈规陋习，是农村精神文明建设的重要内容，更是脱贫攻坚中文化扶贫的重要内容。泗县大力实施"1334"工程，多形式宣传移风易俗、发挥党员带头作用落实工作内容、制定村规民约实现村民自治，促进乡风文明，让农村更美。具体措施主要包括：

（一）注重政府的引导作用，明确文明乡风建设的方向

加强组织领导。泗县成立县、乡、村三级移风易俗工作领导小

组，同时成立督查组。按照属地管理原则，实行乡镇（开发区）干部包村（社区），村干部包组，班子成员为第一责任人，村（社区）书记、主任为直接责任人。县文明委统一制定《推进移风易俗 树文明乡风操作指南》，各乡镇（开发区）按照《指南》相关要求进行操作，一级抓一级，层层抓落实。

营造文明乡风的浓厚氛围。以县域为主导，以镇村（社区）为重点，逐级召开移风易俗树文明乡风工作动员会，形成全面发动高压态势。同时，充分利用媒体及宣传栏、电子显示屏等宣传媒介，形成铺天盖地舆论氛围，宣传文明乡风好的经验做法和典型，批评遗风陋俗的恶劣危害，教育引导群众从"拍手称赞"到"主动参与"中来。截至目前，发放移风易俗倡议书 30 万份，刷制标语横幅 1200 条幅，出动宣传车 1800 台次，新建美丽乡村文化墙 180 面等。

倡导养成良好风俗习惯。一方面，由县委宣传部牵头，联合县文明办、团县委、妇联等部门，利用传统节庆和重大节日活动，在泗城镇举办万人倡议宣誓签名活动，在大庄镇小宋梨园举办古风古韵传统文化活动；组织县文化馆、拂晓剧团、群众宣讲队，开展"百姓大舞台，文明新风树起来""夜校大讲堂""文艺宣讲"等主题活动，让群众在观看文艺演出等文化活动中潜移默化地传承文明新风。另一方面，组织文化市场综合执法队伍，联合公安部门，对低俗文艺演出、腐朽文化传播和"黄赌毒"等社会丑恶现象进行严厉打击，坚决整顿肃清社会不良风气和有害行为。

（二）发挥群众的主体作用，强化文明乡风建设的基础

积极推动村民自治。泗县充分发挥群众组织在推动乡风文明建设的积极作用，成立红白理事会、村民议事会、道德评议会、禁赌禁毒会等群众自治组织，吸纳德高望重、热心公益的乡贤人士、"五老"人员参加，提倡广大群众反对婚丧事宜大操大办，引导农民自我约束、自我管理、自我提高。截至目前，泗县充分利用各镇村（社区）

乡贤志愿服务站，成立 127 个红白理事会，取消近 300 个家庭大操大办计划。

完善村规民约和居民公约。制定完善镇村（社区）乡风文明的村规民约和居民公约，为村民提供积极的、正向的价值导向和道德约束。在镇村（社区）设立婚丧事宜事务公示栏，及时公示婚丧事宜办理情况，逐步形成喜事新办、孝养新葬、节俭养德、文明理事的社会新风尚。

突出重点人群示范带头作用。颁布《党员干部和国家公职人员办理婚丧事宜"十严禁"》《社会公民办理婚丧事宜"十提倡"》等规章制度，组织党员干部和国家公职人员签订严禁办理"升学宴""谢师宴"等喜庆事宜承诺书。注重发挥各级各类道德模范和"身边好人"等示范带动作用，重点树立和表彰一批自觉抵制歪风邪气、婚事新办、丧事简办的先进典型。

着力丰富多种载体。实行"移风易俗+"，把移风易俗工作与实施脱贫攻坚、美丽乡村建设、农村环境"三大革命"、"五面红旗村"创建、"扫黑除恶"专项行动和城乡文明创建有机结合起来，作为乡镇、村、社区和县直单位开展上述工作的一项重要内容和考核指标。春节期间，在全县开展"干净文明过大年"系列活动，积极支持乡镇、村举办乡村春晚 30 余场，反对封建迷信、反对赌博、反对婚丧事宜大操大办、反对"天价彩礼"的移风易俗理念正在全县落地生根、开花结果。

（三）强化体制机制的保障作用，实现文明乡风的长效发展

加强组织保障和监督管理。按照政治素质高、群众威望高、能够热心为群众服务的标准，选拔和培养基层文化工作队伍，实现红白理事会全覆盖。按照县文明委统一要求，建立工作台账，深入开展移风易俗工作。建立健全办理婚丧事宜承诺制、报告制、公示制、备案

制、考评制等制度，逐步推进移风易俗和文明乡风工作常态化、规范化、制度化。

完善服务机制和激励机制。全面履行属地责任，探索建立常态化婚事新办、丧事简办的场所和平台，建立村级红白理事堂，切实为广大群众提供便利服务。把移风易俗工作纳入年度考核重要内容，村作为争创"五面红旗村"之"乡风文明红旗村"的重要依据，农户作为创评"十星级文明户"之"移风易俗星"的重要依据。

二、发挥乡贤力量，促进文化扶贫和乡风文明建设

在泗县农村地区，乡贤以其自身丰富的人生经历和乡土情怀，在传播传统文化、教化群众、推动文化扶贫、引领乡风文明、维护农村稳定等方面发挥着积极作用。2014年10月，时任安徽宿州市委书记在泗县扶贫联系点——屏山镇彭鲍村驻村蹲点调研中，发现该村乡贤文化浓郁，建议打造乡贤阵地，积极发挥乡贤在社会稳定和经济发展中的引领作用。2015年2月25日，泗县第一个"乡贤志愿工作站"在彭鲍村正式启用，6名乡贤中年龄最大的70岁、最小的50岁，其中有4名党员。本着乡贤助和谐、乡贤为民生、乡贤督效能的宗旨，除了调解邻里纠纷外，彭鲍村乡贤们还经常开展宣传民生工程、平安创建等政策，接受百姓咨询，反映群众心声。2015年5月，泗县在总结彭鲍村经验的基础上，向全县171个行政村全面推广"乡贤志愿工作站"。

（一）发挥乡贤力量，加强乡村基层有效治理

在泗县乡村，乡贤在解决家庭纠葛、邻里矛盾、土地纠纷以及基层干部难以解决的一些问题方面发挥了积极作用。这些乡贤一般是村里威望高、口碑好的老干部、老党员、老军人、老教师和能人大户，他们充分发挥阅历丰富、处事公平的优势，从传统"老理儿"出发，

从家庭亲情乡情入手，凭借长辈身份和道德威望，用老百姓的"法儿"平老百姓的"事儿"，用春风化雨的方式化解矛盾，减少了社会不安定因素，成为乡村治理的重要力量。村"两委"定期邀请乡贤参加村里会议，让他们对涉及村庄发展的重要决策发表意见，同时也让乡贤对村"两委"的工作进行监督评判，每个行政村都至少选出 1 名乡贤志愿者参与村级财务监督，定期查验工程、审核财务，保障乡贤志愿者对村级资金使用的知情权，反映村民利益诉求，提出意见建议，促进决策公正公平。

案例 6-1　乡贤在农村治理中发挥重要作用

刘召明作为大庄镇沿河村的乡贤，曾任村小学任校长，有 40 多年教育工作经历。村里大部分中年人和年轻人都是他的学生，他利用自己这一独特的身份，多次调解化解邻里之间的矛盾。2016 年初，该村姚姓村民和刘姓村民因为土地问题发生争执。刘召明得知后，主动上门调解，最终使之握手言和。为维护好村容环境，他还义务做起了村容环境卫生"宣传员"。刘召明说："这两年政府在农村环境治理方面投入不少钱，现在村里的垃圾少了，河沟也干净了，我们有义务维护好。"

为完善乡村基层现代治理体系，泗县还积极完善"乡贤志愿工作站"的管理体制。2014 年以来，泗县共选出乡贤 1056 名，并以乡贤志愿工作站为主阵地，充分发挥他们在矛盾调解、民情联络、村务监督、文明教化等方面的独特作用，积极探索现代乡村治理新模式。该县建立了一整套乡贤选任、培训、管理办法，定期聘请专家为乡贤讲解党的历史、形势政策，教授他们群众工作的方法和艺术，帮助他们与时俱进、不断提升，更好地发挥示范引领作用。泗县泗城镇还建立了乡贤馆，用图片文字及声光电等新技术集中展示乡贤事迹，方便干部群众参观学习。截至 2015 年底，全县乡贤志愿工作站累计宣传各项政策 3650 余次，调解各种矛盾纠纷 1600 余起，化解信访案件 230 多件，矛盾纠纷调解成功率和群众满意率达 95% 以上，有力地促进了乡村社会和谐稳定与社会主义核心价值观落地扎根。

案例 6-2　乡贤志愿者为乡村社会和谐稳定保驾护航

许科良是一名 63 岁的老党员，家住泗县大庄镇东风村元青宅自然村，曾经当过兵，做过村干部，热衷做公益事业。自从村里成立乡贤志愿工作站以来，他便利用自己长期在农村工作的经验，继续为乡邻做一些力所能及的事情，4 年来共调处 40 多件邻里纠纷和矛盾，全村无一人到县以上机关上访。村民有啥纠纷、问题，可以随时到志愿工作站，乡贤会了解情况、帮助解决，解决不了的，也会向村"两委"集中反馈。

（二）充分发挥乡贤力量，为脱贫攻坚注入"造血"活力

为进一步凝聚乡贤力量，弘扬乡贤精神，发挥杰出乡贤在脱贫攻坚中的作用，泗县结合农村实际，积极探索创新，通过乡贤"造血"为脱贫攻坚注入新的内生动力。

寻找乡贤典型，激发群众干事创业激情。为发挥杰出乡贤干事创业的表率作用，激发全民创业激情，泗县泗城镇在全镇 16 个村、社区范围内开展"寻找最美乡贤"活动，把村、社区的"五老"人员、创业青年、道德模范、优秀企业家、乡里贤达等列为寻找对象。通过充分发掘乡贤事迹，宣传其精神影响，将基层群众中干事创业的锐意进取精神融汇其中，全面激发广大贫困群众的就业创业脱贫的积极性和主动性。

整合乡贤资源，助推农村经济社会发展。例如，泗城镇建立了乡贤参与城乡社会治理的议事机制、乡贤对泗城重大活动建言献策的对话机制、乡贤反哺社会和回报桑梓的回馈机制以及镇政府、社区（村）为乡贤排忧解难和促进乡贤发展提升的服务机制，并在全镇 16 个村、社区分别成立了乡贤议事会、乡贤工作站，将乡贤与村"两

委"班子、将村里的"田秀才"和养殖"专业户"聚在一起，多方合力拧成一股绳，共同汇聚起强劲的扶贫力量。同时，发挥乡贤"监督员"作用。泗县泗城镇党委牢固树立"精准扶贫还需精准监督"意识，在扶贫工作中主动接受乡贤和群众多方的监督，充分发挥乡贤在扶贫工作中的话语权，通过意见箱，让乡贤积极参与监督，确保扶贫攻坚工作取得实效。

（三）动员乡贤力量，促进乡村优秀传统文化传承与文化扶贫

泗县是传统文化积淀深厚的"泗州戏之乡"，2006年，泗州戏被列入首批国家级非物质文化遗产名录。目前，泗州戏演艺团队老化，优秀演员青黄不接，是这个传统剧种传承发展面临的最大困境，例如泗县剧团演员平均年龄都在50岁以上，而且普遍缺乏专门的训练。近年来，泗县创新脱贫模式，将文化扶贫作为脱贫攻坚的抓手，加大对泗州戏的保护力度，创新人才培养机制，先后投入资金60万元，选派14名贫困户子女到安徽省黄梅戏艺术职业学院免费学习泗州戏，并促成学员与县泗州戏演艺有限公司签订就业合同。这些贫困户子女靠着过硬的本领，可以很快让全家脱贫，同时为泗州戏传承与发展也注入了"新鲜血液"，在实践中探索出传统戏曲振兴与文化扶贫相结合的新模式。

案例6-3 传统文化既扶贫又扶志

由于泗州戏贴近群众，扎根乡土，老百姓都爱听爱唱。刘圩镇文化站站长魏本学是一个戏迷，说起泗州戏来头头是道。为了鼓励和带动更多的戏迷群众参与泗州戏演出，老魏和文化站的同事积极编写泗州戏剧本。《要彩礼》《村官家事》等一批以脱贫攻坚为主题的现代泗州戏小戏小品，让五里八乡的村民们在过足了戏瘾的同时，更坚定了脱贫致富的信心。刘圩镇秦场村贫困户

王广生，过去整天没精打采，自从听了几场脱贫戏之后，他一下子提起了精气神，搞起了肉鸡养殖，不出一年就摘了贫困帽。

第三节　凝聚多元主体力量，激发群众参与脱贫攻坚的积极性

脱贫攻坚工作，离不开政府组织领导和社会各界力量的参与，也离不开广大村民尤其是贫困人群的主动积极参与。泗县县委县政府在开展脱贫攻坚工作中，还采取多种形式广泛多元社会力量和广大群众参与扶贫扶志工作，共同开展脱贫攻坚工作。

一、设立"新时代农民传习所"，促进智志双扶促脱贫

泗县将文化扶贫作为全面建成小康泗县的重要抓手。2019 年初，泗城镇各村居率先试点设立"新时代农民传习所"，旨在构建一个智力扶贫宣教平台，将农业科技培训、新型职业农民培育与扶贫攻坚相结合，逐步走出一条文化扶贫新路子。为了进一步确保传习活动常态化、规范化地运行，泗城镇设立了三级传习场所，镇里设有容纳 200 多人的"新时代传习中心"，各村居设有可容纳 80 人的"新时代农民传习所"。各自然庄的"新时代农民传习所"则设在公园、广场或群众家中，每个场所均按照"四统一"标准规范建设，即"统一标识牌、统一背景板、统一管理制度、统一宣讲台"。同时建设"传习员"人才库，其中，"政策传习员"由各级领导干部及驻村帮扶干部担任，"技术传习员"由技术专家、农技人员和致富带头人等担任，而"文明传习员"则来自乡贤、文明户和各级好人、文艺骨干、"五老"志愿者及道德模范等。三级传习场所有鲜明的宣讲主题，每月

至少开展 4 次"传理论、传政策、传法律、传科技、传文化"活动，采取"说、唱、讲、演"等群众喜闻乐见的形式，将党的政策理论和科技文化知识传播到每家每户。目前，该镇 16 个村居传习所已开展传习活动 400 多场次，受教育群众 5.2 万余人次。

传习所根据群众的文化程度、年龄结构和语言习惯等特点，分类施策、因人施教，自由选取宣讲课程内容，通过打造亮点品牌，发挥优秀传习人才"传帮带"作用，辐射带动更多干部群众加入宣讲队伍，形成全民参与传习活动的良好局面。截至目前，仅泗城镇就有 400 多名贫困群众参加了学习，获得了一技之长，有了稳定脱贫的能力。与此同时，传习所还将讲习内容和贫困户的脱贫致富经验编制成传习教材，计划在全县范围推广。

二、完善村级爱心超市建设，激发贫困村民主动脱贫积极性

广泛动员全社会力量共同参与扶贫开发，是我国扶贫开发事业的成功经验，是中国特色扶贫开发道路的重要特征。近年来，泗县结合县域实际，积极探索"爱心超市"社会扶贫新模式，逐步把"爱心超市"打造成汇聚社会帮扶力量的中转站和激发贫困户内生动力的加油站，实现社会捐赠与贫困需求有效对接。其主要做法是：

（一）有偿领取，充分发挥捐赠款物效用

泗县通过创新"爱心超市"和"积分兑换"，提高扶贫效用，实现由简单"输血"向增强贫困群众"造血"功能转变，提升社会各界参与扶贫开发的积极性。驻村工作队和村"两委"通过把握评比活动和"积分劳务"的导向性，在提升贫困群众自我发展能力的同时，也提高了其对于扶贫政策知晓率和帮扶工作满意度。一方面，扶贫先扶志，增强贫困群众内生动力。创新捐赠款物发放方式，贫困群

众可参与村级开展的各项评比活动和"积分劳务"获得积分，按规定到爱心超市凭"积分"兑换所需物品。"爱心超市"建设和运行以来，贫困群众通过参与家庭环境卫生评比、德孝评比、扶贫政策问答评比等评比活动和"积分劳务"，有尊严地获取所需物品，改变贫困群众摆脱"等靠要"思想，生产生活积极性显著提高，家庭环境卫生明显改善，增强了脱贫致富的信心决心。另一方面，捐赠的款物被"明码标价"，并通过"爱心超市"发放给村民，既实现了社会捐赠款物的有效利用，也实现了向贫困群众传递社会爱心。

（二）建章立制，不断提高科学管理水平

捐赠款物承载着社会各界对贫困群众的鼓励和关怀，种类多、体量大，必须管好用好。泗县以制度建设为根本，出台《关于爱心超市建设及运转实施办法》，制定人员管理和办事流程等配套制度，不断提高"爱心超市"的科学管理水平。"爱心超市"的具体运营主要有以下三方面措施：

第一，明确各级组织的职责。县扶贫开发领导小组统筹全县"爱心超市"的建设和发展，县扶贫办和团县委负责对全县"爱心超市"运行管理情况进行监管考核。乡镇指定专人负责本辖区内"爱心超市"日常管理工作，村级指定专人负责本村"爱心超市"款物接收、物品兑换和积分卡管理等具体工作。实行月报表制度，村级每月月底对"爱心超市"款物进行盘点，上报乡镇，乡镇核实汇总后在次月初上报县扶贫办。

第二，科学管理款物。"爱心超市"在接到捐赠款物后，当场清点、记账，填写《捐赠物资接收表》和《专用收款收据》，做到账账相符、账实相符。对捐赠物品，统一验收，集中管理，按照有关规定进行消毒、分类、整理后方可入库。规范捐赠资金管理，其用途主要用于购买"爱心超市"所需物品，做到如实记录，专账管理，并接受相关部门监督。"爱心超市"对接收款物的数量、去向定期张榜公

布，接受社会各界监督。

第三，规范物品发放。"爱心超市"物品发放遵循公开、透明、公平原则，坚持所有捐赠物品"有偿"领取，保证捐赠物品发放到真正符合条件的贫困群众手中。村民到"爱心超市"选取物品，需持积分卡和相关证明（身份证、扶贫手册等）。工作人员需核实领取人员相关信息，扣除相应积分，按要求做好物品发放记录。对行动不便的老人、残疾人，根据情况开展上门兑换服务。每周固定一天为"爱心超市"物品集中兑换日。

案例6-4 大杨乡"爱心超市"助力脱贫攻坚

泗县大杨乡把"爱心超市"建设作为激发贫困群众内生动力、助力脱贫攻坚的重要举措，强化责任落实，合理规划布局，精心采购物资，健全运营机制，有力推动了"爱心超市"建设。目前，全乡10个行政村全部建成了"爱心超市"。该乡各村爱心超市统一建在村级便民服务室，主要商品为油盐酱醋、牙膏牙刷、面粉、卫生纸、保温瓶、洗脸盆等，全体村民均可以积分方式兑换所有物品。目前，全乡以"爱心超市"为平台，逐渐形成了"积分改变习惯，勤劳改变生活，环境提振精气神，全民共建美好乡村"的激励模式，提高村民参与家庭卫生环境治理、乡村扶贫和农村环境"三大革命"治理等各项工作的积极性，形成助力脱贫攻坚、创建文明乡风、改善人居环境的乡村新风尚。

▌ 小 结 搭建三大载体，激活乡村文化价值，培育脱贫攻坚内生动力及乡风文明

2015年11月29日，中共中央、国务院颁布了《中共中央 国务院关于打赢脱贫攻坚战的决定》，提出"加强贫困地区乡风文明建

设。培育和践行社会主义核心价值观，大力弘扬中华民族自强不息、扶贫济困传统美德，振奋贫困地区广大干部群众精神，坚定改变贫困落后面貌的信心和决心，凝聚全党全社会扶贫开发强大合力，支持贫困地区挖掘保护和开发利用红色、民族、民间文化资源。"2017 年 5 月 25 日，文化部颁布了《"十三五"时期文化扶贫工作实施方案》，提出"以人为本，激发群众内生动力。坚持以人民为中心的发展思想和工作导向，尊重人民主体地位和首创精神，保障贫困人口平等参与、平等发展的权利，着力满足贫困地区人民群众日益增长的精神文化需求；充分调动贫困地区广大干部群众积极性、主动性、创造性，依靠自身努力改变贫困落后面貌"。

近年来，泗县贯彻落实国家在文化扶贫方面的方针与政策指导，结合脱贫攻坚的现实要求与乡村治理的实践经验，通过搭建宣传载体、法治载体和爱心载体，有效激活了乡村文化价值，开展文化扶贫，加强和改进乡村治理，培育脱贫攻坚内生动力及乡风文明，取得了良好的社会成效。泗县文化扶贫实践经验具有以下政策启示：

一方面，文化扶贫重在补齐短板。加强公共文化建设，重在补齐短板，只有实现了公共文化服务均等化，才能实现真正意义上的文化小康。泗县以基层综合文化服务中心等公共文化设施建设为抓手，着力解决公共文化设施建设薄弱的农村，为群众提供一个好的文化娱乐平台。泗县突出以基层公共文化建设为重点，不仅补齐了短板，而且树立了标杆，切实满足了广大农村群众精神文化需求，增强了广大农民群众文化获得感。

另一方面，文化扶贫重在扶志。一是树立改善贫困地区群众的精神面貌和脱贫致富的信心和决心；二是致力于根除贫困地区人们头脑中的陈旧观念，积极引导革除"等靠要"的思想观念，树立"穷则思变"的进取精神和现代意识，提高贫困地区人们的文化素质和文化自信；三是传承发展贫困农村优秀的传统文化，去其糟粕，高扬时代主旋律，促进农村社会主义精神文明建设。

第七章

决胜收官：脱贫攻坚成果巩固 拓展与乡村振兴有效衔接

第一节　泗县脱贫攻坚具体做法

泗县县委县政府聚焦"两不愁三保障"，对照"四真"要求（扶真贫、真扶贫、脱真贫、真脱贫），坚持"三个统揽"（以脱贫攻坚统揽经济社会发展全局、以贫困县退出统揽脱贫攻坚、以脱贫攻坚摘帽统揽乡村振兴），以"绣花"功夫抓落实，切实做到"三精准""三落实"（精准识别、精准帮扶、精准脱贫，责任落实、政策落实、工作落实），确保完成贫困县高质量退出各项目标任务。泗县主要是围绕"六个三"来开展脱贫攻坚十大工程（图7-1）。

一、坚持"三精标准"，着力夯实脱贫攻坚的基层基础

脱贫攻坚贵在精准，重在精准，成败之举在于精准。泗县在推进脱贫攻坚的伟大进程中，严格落实精准扶贫精准脱贫基本方略，在精准施策上出实招、在精准推进上下实功、在精准落地上见实效，以"绣花"功夫抓推进，有效解决了"扶持谁""谁来扶""怎么扶"的问题。

（一）突出识别精准，夯实脱贫基础

精准识别贫困人口是打赢脱贫攻坚战的根本前提，只有把贫困

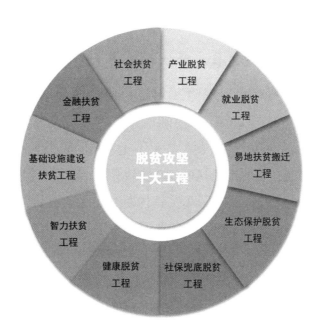

图 7-1 泗县脱贫攻坚十大工程

对象搞清楚，把贫困程度搞清楚，把致贫原因搞清楚，做到因户施策、因人施策，才能真正实现扶真贫、真扶贫、真脱贫。泗县始终把"六个精准"作为行动目标，下大力气抓好基础信息精准和到村到户措施精准，先后开展"七个不落、一个不少"大排查、"基础管理质量提升月"专项行动、帮扶"六个一"等活动，对 2014 年以来建档立卡贫困户、六类重点户全覆盖排查，确保"零漏评、零错退"。同时，加强数据共享和数据分析，聚集政府部门相关扶贫数据并融合外部多维度数据，将全国扶贫开发信息系统与公安、民政、残联等信息系统进行专项大数据比对，加强对贫困户家庭收入、看病就医、残疾补贴等情况监测，实现扶贫数据的实时观测、分析和对比，降低贫困户致贫、返贫现象的发生。在易地扶贫搬迁上，提出先定地域后定人，以迁出区域精准划定保证搬迁对象精准识别，明确住房面积、住房质量、自筹资金、不负新债"四条底线"，强化后续帮扶，既做到应搬尽搬，又确保搬迁贫困户搬得出、稳得住、能脱贫。

（二）突出落实精准，夯实政策基础

泗县对照"两不愁三保障"目标，通过明确细化脱贫标准，在户下明确脱贫标准"12334"、基础信息"六个完全一致"、环境卫生"六净一整齐"、生活条件改善"七不七要"、脱贫攻坚示范户"七有"等具体标准；在村级明确了脱贫攻坚示范村"七达标"标准及贫困村出列"1+7+2+5"等两项具体标准。在项目实施管理上，建立项目资金政策快速精准落地"直通车"机制，由驻村工作队自下而上摸排村级需求，经乡镇汇总、相关主管部门审核、县级统筹，不断完善县乡村三级项目库建设，推动资金、项目、政策精准落到村到户到人。组织扶贫、财政、审计、纪委以及项目主管部门对扶贫项目的实施情况、资金支付情况、项目资料整理归档及报送情况进行不定期督查，确保项目落地精准。严格按照当年地方财政收入增量的20%以上增列专项扶贫资金预算，政府清理收回的财政存量资金中可统筹使用部分按50%以上比例用于脱贫攻坚。2014年以来，累计投入21.7596亿元用于脱贫攻坚，其中中央、省、市、县财政专项扶贫资金7.937亿元，整合涉农资金10.8152亿元，盘活存量资金用于脱贫攻坚2596万元，地方债务资金2.3928亿元，结对帮扶资金3550万元。

（三）突出责任精准，夯实机制基础

脱贫攻坚战是一场实打实的硬仗，是对广大党员干部提出的新使命、新要求。泗县始终把脱贫攻坚作为最大政治任务、第一民生工程和最大发展机遇，以脱贫攻坚的实干实效体现对党和人民的忠诚度、对中央决策部署的执行力。党政一把手切实担起主体责任，突出抓一把手、一把手抓，明确县委书记是"一线总指挥"、乡镇党委书记是"主攻队长"、村支部书记是"尖刀排长"，形成了上下联动抓脱贫、全县动员促攻坚的生动局面。牵头部门挑起行业职责，十大工程牵头部门各负其责，又协调联动，统筹解决危房改造和易地扶贫搬迁、安全饮水、教育扶贫和健康扶贫等存在的问题。帮扶干部扛起帮扶责任，扎实做好驻村帮扶干部"选、育、管、用"各项工作，压实扶贫责任，推动帮扶干部用心用情用力开展帮扶工作。

二、瞄准"三大领域"，着力强化脱贫攻坚的基本保障

（一）有效实施农村危房改造和易地扶贫搬迁，高质量实现贫困群体住有所居

按照"应改尽改、不落一户"的原则，加大农村危房改造力度。2014 年以来，累计投入资金 2.31 亿元，完成农村危房改造 16256 户，其中 2017 年以来对建档立卡贫困户、分散供养特困人员、低保户、贫困残疾人家庭等四类对象中符合危改条件的 10875 户全部实施危房改造。加大棚户区改造力度，建成棚改安置房 29187 套，有效改善了困难家庭住房条件。采取集中安置方式，全面完成 541 户 2000 人的三年易地扶贫搬迁任务。建立"1+2+5"部门联动机制，妥善解决搬迁户的后续就业、就医、子女入学等问题，拓宽增收渠道，确保搬得出、住得稳、能脱贫。

（二）多举措实施教育扶贫，高质量促进贫困学生学有所教

坚持以保障义务教育为核心，全面落实教育扶贫政策，从根本上阻断贫困代际传递。2014 年以来，累计发放资助金 14377.9642 万元，259412 名贫困学生受益，实现了应助尽助。强化义务教育控辍保学联保联控责任，完善教师联系贫困家庭在校学生制度，落实精准帮扶

措施，落实"雨露计划"补助政策，不让一个贫困学生因贫失学、因贫辍学。落实高等教育生源地信用助学贷款政策，为考入普通高等学校贫困家庭学生发放就学补助金 3116 人次 268.85 万元，为 36186 名考入普通高等学校学生办理生源地信用助学贷款 25448 万元。实施义务教育阶段营养改善计划，政策执行以来共落实营养膳食补助经费 15462.2 万元。

（三）全面实施健康扶贫，高质量促使贫困人口病有所医和综合保障

全面落实健康扶贫"三个一批"行动计划，把重病重残贫困人口作为健康扶贫的重中之重，整合 17 家部门力量，形成联动帮扶机制。自 2016 年"351""180"政策实施以来，全县贫困人口住院受益 5.4 万人次，门诊受益 114.72 万人次。为贫困人口代缴家庭医生签约费用，专家服务团队进村入户为贫困群众提供健康指导、疾病咨询、预约挂号、上门随访等服务，让全县所有因病致贫人口在家就能享受健康指导。出台《泗县非贫困人口医疗补充保险实施办法》，对非贫困人口医疗自付费用超过 1.5 万元部分，纳入补充保险保障范围，提高非贫困人口医疗救助水平。政策实施以来，全县受益群众 11040 人次，补充报销医疗费用 3128.53 万元，切实拔除因病致贫这个最大"穷根"。

同时，扎实推进综合保障。推进低保线、扶贫线"两线合一"，并将符合农村低保条件的贫困家庭人口全部纳入农村低保范围，切实做到应保尽保。大力发展养老服务业，在坚持公办民营、民办公助相结合，加快实施乡镇养老、残疾人托养、医疗服务"三合一"，村级五保户集中供养、残疾人托养、养老、医疗、农村老年房"五合一"，加快构建乡镇村养老体系，切实解决农村贫困群众居家养老问题。

三、促进"三业联动"，着力提升脱贫攻坚与乡村振兴的产业基础

（一）立足农业多功能，加大产业扶贫力度

以"四带一自"产业扶贫模式为引领，深化拓展"三有一网"点位扶贫、"三业一岗"就业扶贫、"一自三合"小额信贷扶贫等扶贫模式，做强脱贫攻坚产业支撑。目前，全县每个贫困村都发展了一项或一项以上特色产业，建立了一个特色产业扶贫基地。积极调整产业结构，重点培育壮大农机装备、粮食加工、板材加工三大产业集群，大力实施"百果园、花世界、绿泗州"工程，大力发展经果林产业。2016—2018 年，共发放特色种养业奖补资金 4067 万元，惠及贫困户 20539 户次。大力实施林业扶贫工程，完成造林面积 6.17 万亩，建成 15 条 108 公里绿色长廊，在 32 个贫困村实施薄壳山核桃"扶贫林"产业项目。落实"产业扶贫+小额信贷"扶贫机制，为发展产业的贫困户提供资金保障。通过盘活集体资产资源增加村级集体经济收入，2018 年，村级总收入达 14798.78 万元，是 2010 年的 11.71 倍，全面消除了"空壳村"。2019 年，全县村级总收入 9171.2 万元，村集体经济收益情况 2999.89 万元。

大力推广农业产业化联合体与农村电子商务融合发展，通过"农业产业化联合体+农村电子商务+定制种养+终端销售"带动贫困村产业扶贫，促进贫困村、贫困户增收。全县共建设电子商务平台 171 个。在全省率先编制县级清洁能源发展规划，采取"集中建设、分户受益"模式，全县光伏扶贫电站累计发电 15573 万千瓦时，实现收益 15261 万元。实施乡村旅游富民工程，启动石龙湖田园综合体项目和运河特色小镇等文化旅游项目，泗城镇、大庄镇先后被评为"省级优秀旅游乡镇"，泗城镇大吴村、三湾社区、大庄镇曙光村、

大路口乡龙湖村先后被评为"省级乡村旅游示范村"，泗城镇彭铺村被评为"全国百佳乡村旅游目的地"。

（二）依托充足的农村劳动力资源，精准推进就业创业扶贫

坚持把就业脱贫作为长效脱贫的有力抓手，围绕"就业一人、脱贫一户"的目标，开发多层次就业岗位，全面提升贫困劳动力就业质量，保障稳定收入可持续。截至目前，开发公益岗位 2500 个，安置就业 2457 人，发放公益岗位补贴 830.12 万元。抓住国家级农民工等人员返乡创业试点县建设机遇，依托药物布鞋生产基地、轻纺服装加工基地等，实施"农民工回归工程"，举办"返乡创业助力脱贫攻坚、回家发展共建美好泗县"创业大赛等，引导手工纳鞋底、服装加工、饭盒制作等劳动密集型产业向农村布局，带动贫困劳动力居家就业。目前已组织实施技能脱贫培训 45 期，培训合格 2377 人，发放补贴 375.917 万元，实现劳务转移和就近就业 2196 人；开设创业培训班 17 期，培训 528 人，发放培训补贴 307.07 万元，领办经济实体 511 个，带动就业 2513 人，带动贫困劳动力就业 427 人。建立健全"1+10+16"就业联动机制，把全县贫困人口就业任务分解到 10 个县直部门，落实到每个镇村，进一步帮助有劳动、有意愿的贫困人口实现就业。

四、实施"三基共进"，着力补齐脱贫攻坚短板和促进城乡融合发展

（一）加快推进农村基础设施建设，促进城乡要素融通

积极争创全国全省"四好农村路"示范县，实现了国省干线公路以及城市道路的互联互通，形成较为完善的农村公路网络体系，全

县农村公路总里程约 3000 公里，基本实现"村村通、组组通、户户通"，入选安徽省"优先发展公共交通示范城市"。实施农村安全饮水巩固提升工程 63 处，总投资 3.63 亿元，自来水入户 20.18 万户，实现贫困村、贫困户通水两个 100%，农村集中供水率、自来水普及率、供水保证率和水质达标率全面达标。大力推进高标准农田建设，全县农业生产条件大幅提升。实施电网升级改造工程，2015 年以来累计投入资金 7.2789 亿元，实施项目 1199 个，供电可靠性大幅提高。大力推进农村信息化建设，实现自然村光纤全覆盖及 4G 网络信号全覆盖。

（二）提升基本公共服务配置水平，促进农村居民医疗卫生服务和提高生活质量

强化村级公共服务中心建设，完善基层公共文化服务体系，镇、村建成综合文化服务中心 160 个、农民文化广场 204 个。2014—2018 年，新建、改扩建幼儿园 73 所；完成城区新建、改扩建中小学 15 所；农村新建小学 3 所，改造提升农村中小学 214 所，高质量通过国家义务教育发展均衡县验收。建成乡镇残疾人之家 9 个、村（社区）残疾人工作站 102 个。对 18 所乡镇卫生院、174 个村卫生室分期分批进行改扩建，县人民医院新院、中医院新院、妇幼保健院新院、第二人民医院新院投入使用，县域医疗条件全面改善，泗县被列为全省着力建设的 8 个区域医疗基地之一。全县基本公共服务主要领域 8 大类 19 项主要指标均达到或接近全省平均水平。

（三）着力改善乡村基本村容村貌，促进农村生态宜居

以"三清四拆"为抓手，以"三大革命"为重点，以"六化"为目标，全域推进农村人居环境整治三年行动，除按照土地规划纳入土地增减挂的自然村外，其他自然庄全部达到干净、整洁的基本要求。完成土地增减挂 1.35 万亩。实施微动力改水改厕试点，完成户

用厕所改造 42317 户，建成农村公厕 2566 个。14 个乡镇污水处理厂全部投入运营。扎实开展农村面源污染治理，加强畜禽养殖污染和山芋废水治理，做好农村安全饮水水源地保护。实施农村亮化工程，推进自然庄路灯项目建设，安装路灯 30434 盏。农村人居环境整治经验在全省推广。

五、搭建"三大平台"，动员全社会力量参与脱贫攻坚

（一）提高多种宣传平台，激发乡村内生动力

深入实施扶贫扶志工程，充分利用新时代文明实践中心（所、站）、"道德大讲堂"、"农民夜校"等宣传平台，开辟学习专题专栏，营造浓厚氛围，切实增强贫困群众脱贫致富的信心决心。大力弘扬孝道文化，积极推动"孝道扶贫"实践探索，开展"我把老人接回家"活动，有效解决了独居老人居家养老问题。深入开展"十星级文明户""最美泗州人"等系列评选，推动移风易俗，倡导孝道扶贫。通过"十星级文明户"评选，进一步在全社会营造了勤劳致富光荣的良好氛围，激发贫困户脱贫意愿。

（二）汇聚社会力量，开展社会扶贫

积极调动社会各界力量参与扶贫，构建大扶贫格局。开展社会扶贫日认领认捐活动，2016—2019 年连续 4 年召开"10.17"扶贫日表彰大会，共计筹集社会善款 6241.3 万元。深入推进"百企帮百村""百企帮千户"活动，116 家企业参与扶贫捐助捐赠，共帮扶 1876 户贫困户。完善村级爱心超市建设，创新积分兑换方式，贫困群众通过参与村级开展的各项劳动及活动获得积分，凭积分兑换所需物品。"爱心超市"累计接收社会各界捐赠款物 390 余万元，发放物品折合资金 136 万元，发放 5 万人次，其中贫困户 3.5 万人次，成为了社会

扶贫的中转站，贫困户的加油站、群众就业创业的引导站。深化与当涂县的结对帮扶，自 2017 年 7 月结对以来，开展对接帮扶 40 余次，互派 36 名干部挂职交流。

（三）突出"法治+"扶贫，促进扶贫治理实效

探索"法治+德治""法治+自治""法治+综治"三个模块的扶贫新模式。健全"5+1+1+X"（公检法司信+职能部门+属地部门+涉及部门）联合办理机制，切实化解信访矛盾。公检法司等六家单位联合发文，并派驻工作组到 16 个乡镇，督导协助推进老年房整治，敦促限期将被赡养人接入安全住房共同生活，推进乡风文明建设。全县群众法治意识明显增强，社会治安、群众安全感和满意度不断提升。

六、推动"三力聚合"，推动脱贫攻坚的责任落实

（一）强化领导力量，统领脱贫攻坚目标任务

建立县四大班子成员包保联系镇村脱贫攻坚制度，每人包保一个乡镇、联系一个贫困村，县委县政府主要负责同志分南北两片实施包保，坚持每周至少 3 天时间抓扶贫，每周带队暗访 1 个乡镇 2 个村；县四大班子其他成员每周至少 2 天时间抓扶贫；县委县政府分管扶贫负责同志全天候抓扶贫。县委组织部主要负责同志分管扶贫，将抓干部、抓队伍、抓基层党建与扶贫工作合二为一。将每周五定为县四大班子"扶贫日"，一线推进脱贫工作。在 2018 年春季、夏季攻势期间，建立"三小一大"扶贫例会模式，将每周县扶贫例会下沉到乡镇召开，做到县领导高位推动与基层一线落实紧密结合。按照"五访五促""五查五推"要求，认真开展五级书记遍访贫困对象行动。

（二）强化专职力量，推动脱贫攻坚工作落实

建强县扶贫办、乡镇扶贫工作站、村扶贫专干三级专职扶贫力量，出台了《关于加强乡镇扶贫工作站建设的意见》。在招录关系不变的前提下，将 111 名 2017 年录用的公务员全部充实到县乡专职扶贫队伍，为每个乡镇扶贫工作站配备 10 — 15 名工作人员，将全县265 名村级计生专干全部转为村级扶贫专干，并为村级配备了 1822名扶贫小组长。整合县委组织部和县扶贫局部分力量，组建县驻村工作队和"双包"工作管理办公室，专司帮扶管理，全面压实包保单位、驻村工作队和帮扶干部的责任。建立健全"1+4+4"扶贫领域监督执纪问责工作机制，充实县级扶贫专职监督力量，专司脱贫攻坚监督执纪，及时调查处理涉贫信访问题，督查督办涉贫案件。

（三）强化村级力量，夯实脱贫攻坚基层基础

严把因村派人关，全县共选派 409 人驻村开展帮扶。省市县共109 家单位对行政村实行包保，省市县乡村五级 11272 名包保干部对全县贫困户实行包保。同时整合教体、卫计系统专业人员，对因学致贫户和因病因残致贫户实行"双包保"。以村"两委"换届为契机，建强村"两委"班子。从返乡的大专及以上毕业生中，公开选拔 200 余名村级后备干部充实到脱贫攻坚最前沿。推进驻村力量与村"两委"双融共促，实行"村为主"工作机制，明确驻村工作队长任村党总支第一书记、副队长任党总支副书记。集中攻坚阶段，组建 183 个专班进村包组开展工作，并建立了反馈报告、每日会商、问题交办整改、责任捆绑等制度，压实工作责任。坚持扶贫一线用人导向，使脱贫攻坚成为检验干部政治意识的大考场、提升综合能力的大学堂、锤炼工作作风的大阵地、砥砺意志品德的大熔炉、施展青春才华的大舞台。2015 年以来，全县 126 名扶贫一线干部得到提拔或重用。

第二节 泗县脱贫攻坚主要成果

泗县于 2012 年被列为国家扶贫开发工作重点县，有贫困人口 6.54 万人，贫困户 30129 户 78561 人，贫困发生率为 9.07%；贫困村 65 个，占全部行政村的 37.4%。2014 年以来，在党中央、国务院，省委、省政府和市委、市政府的坚强领导下，泗县全县上下深入学习贯彻习近平新时代中国特色社会主义思想、习近平总书记关于扶贫工作的重要论述和党的十九大精神，全面落实中央关于打赢脱贫攻坚战的决定和三年行动的指导意见，认真贯彻落实中央和省市脱贫攻坚决策部署，始终把脱贫攻坚作为最大政治任务、第一民生工程、最大发展机遇，以脱贫攻坚统揽经济社会发展全局，聚焦脱贫攻坚摘帽、高水平同步小康的目标任务，大力实施五大发展行动计划，确立了"全市争第一、全省争上游、全面达小康"的奋斗目标，制定了"532"城乡人口布局和"15826"城镇村规划体系，形成了"1146"产业发展布局和"4+3"产业发展路径，开创了现代化五大发展美好泗县建设新局面。全县脱贫攻坚取得决定性进展，实现连战连捷。2017 年全省县域结对帮扶工作现场会、2018 年全省"一抓双促"贫困县高质量退出现场推进会、全省人社扶贫工作推进和经验交流会先后在泗县召开。抓党建促脱贫、健康扶贫、"爱心超市"、光伏扶贫、驻村帮扶、"法治+"扶贫等工作经验在全省甚至全国推广交流。

2019 年，泗县紧紧围绕年度减贫任务和持续巩固提升脱贫攻坚成果目标，紧扣"四个不摘"总要求，坚守民生底线不偏离，强化盘资源增投入，以"春夏秋冬"四季攻势行动为具体抓手，推动脱贫攻坚各项举措精准落地。2020 年 10 月 17 日，全国脱贫攻坚奖表彰大会暨脱贫攻坚先进事迹报告会在北京召开，泗县荣获 2020 年全国脱贫攻坚组织创新奖。

一、脱贫攻坚产生的直接减贫效果

（一）贫困发生率不断降低，贫困人口收入明显增长

2012—2014 年，泗县贫困人口由 10.14 万人减少到 6.54 万人，3 年累计脱贫 3.6 万人，年均脱贫 1.2 万人。其中，2014 年脱贫 1.3 万人，脱贫率 16.6%。2014—2018 年累计脱贫 20750 户 64443 人，65 个贫困村全部出列，贫困发生率下降至 1.18%，2019 年 4 月，经省政府批复，泗县正式退出贫困县序列。截至 2019 年底，全县脱贫 4112 户 7942 人，尚有未脱贫 1053 户 1902 人，贫困发生率下降至 0.22%。

从图 7-2 可以看出，随着泗县脱贫攻坚力度不断加大，每年脱贫率不断提高，尤其是自 2017 年开始，脱贫率显著提高，达到 35.35%，比 2016 年增长 10.55 个百分点；2018 年脱贫率为 55.79%，比 2017 年增长 20.44 个百分点。

同时，泗县建档立卡贫困户人均纯收入也不断提高，从 2013 年的 2884.1 元增长到 2019 年的 9327.5 元，增长 2.23 倍。尤其是从 2016 年开始，建档立卡贫困户收入明显增长，比 2015 年增长 2005.8 元，增长率为 53.1%。2018 年比 2017 年增长 1344.8 元，增长率为 19.5%，超过泗县城乡居民人均可支配收入同比增长率。2019 年建档立卡贫困户收入为 9327.5 元，比 2018 年同比增长 1053.8 元，增长率为 12.7%（图 7-3）。

（二）贫困村有序出列，村集体经济收入不断壮大

2014 年，泗县有 174 个行政村，其中贫困村有 65 个，占全部行政村的 37.4%。自 2014 年泗县开始实施脱贫攻坚以来，贫困村数量

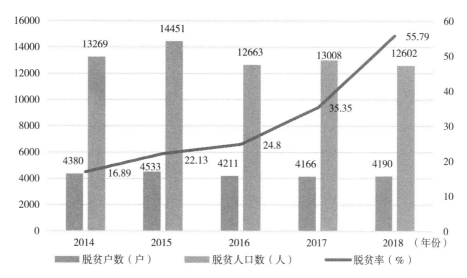

图 7-2 2014—2018 年泗县每年脱贫户数、脱贫人口数和脱贫率统计图

不断减少，2016 年有 25 个贫困村成功脱贫出列，2017 年有 21 个贫困村成功脱贫出列，2018 年有 19 个贫困村成功脱贫出列，到 2018 年底，全县 65 个贫困村全部脱贫出列。

表 7-1 泗县 65 个贫困村年度出列情况

乡镇	个数	2016 年出列村	2017 年出列村	2018 年出列村
屏山镇	6	屏西村、屏北村、彭鲍村	枯河村	涂山村、徐贺村
泗城镇	1	胡陈村	—	—
丁湖镇	6	春韩村、石丁村、樊集村	—	索滩村、汤湖村、向阳村
瓦坊乡	5	陡张村、张楼村	应宅村	小薛村、岳场村
山头镇	5	大柏村、宋圩村	骆庙、惠庙、张店	—
墩集镇	3	项沟村	—	石龙岗、界牌村
大杨乡	4	三时村	李庙村、马宅村	小丁村
大庄镇	4	曙光村	王官村、东风村、新刘村	—
开发区	1	大刘村	—	—
长沟镇	4	汴河村	邵庄村、马王村	朱彭村

续表

乡镇	个数	2016 年出列村	2017 年出列村	2018 年出列村
草庙镇	1	—	魏圩村	—
大路口乡	4	石霸村	网周村	龙湖村、龙沟村
黄圩镇	4	王宅村	东北村	刘宅村、华新村
刘圩镇	4	高渡村	潼南村	前戚村、四山村
黑塔镇	7	红旗村、大魏村、朱山村	韩徐村、三葛村、王武村	周黄村
草沟镇	6	于韩村、侍圩村、大梁村	瓦韩村、街西村	官塘村
合计	65	25	21	19

泗县在脱贫攻坚过程中，通过多种形式和渠道投入扶贫项目资金、发展村级特色产业、建设农业产业大棚、村级光伏电站、扶贫工厂以及配备农机设备等，盘活村级集体资产资源、量化资产收益等渠道增加村级集体经济收入，有效地促使贫困村集体经济有了新支撑。通过盘活集体资产资源增加村级集体经济收入，2018 年村级总收入达 14798.78 万元，是 2010 年的 11.71 倍，全面消除了"空壳村"。2018 年，全县 65 个脱贫村中，村集体经济收益在 7—10 万元为 5 个，10 万元以上 60 个，脱贫村集体经济不断壮大。2019 年全县村级总收入 9171.2 万元、村集体经济收益情况 2999.89 万元。

（三）农村基础设施和基本公共服务明显改善

泗县坚持以脱贫攻坚统揽经济社会发展全局，结合脱贫攻坚主要政策，着力加强全县基础设施建设和改善基本公共服务，既为脱贫攻坚工作打下了坚实的基础，也全面改善了泗县县域基础设施，为县域经济社会发展提供了坚实的基础（图 7-3、图 7-4）。

近年来，泗县建立国省干线公路以及城市道路互联互通，形成完善的农村公路网络体系，建设全县农村公路总里程约 3000 公里，基

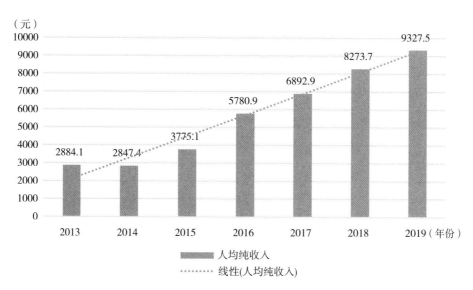

图 7-3　2013—2019 年建档立卡贫困户人均纯收入及增幅情况

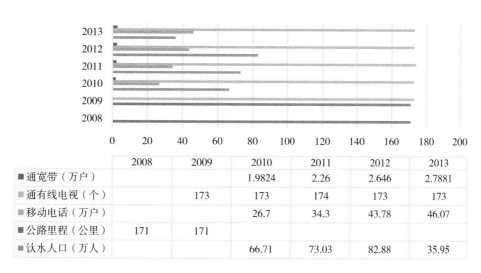

	2008	2009	2010	2011	2012	2013
■通宽带（万户）			1.9824	2.26	2.646	2.7881
▨通有线电视（个）		173	173	174	173	173
▨移动电话（万户）			26.7	34.3	43.78	46.07
■公路里程（公里）	171	171				
■饮水人口（万人）			66.71	73.03	82.88	35.95

图 7-4　2008—2013 年泗县基础设施情况

本实现"村村通、组组通、户户通"。实施农村安全饮水巩固提升工程，总投资 3.63 亿元，自来水入户 20.18 万户，实现贫困村、贫困户通水两个 100%，农村集中供水率、自来水普及率、供水保证率和水质达标率全面达标。加大农田水利工程建设，2014 年以来，总投资 41247.06 万元，补齐农田水利设施短板，确保农田及时有效排涝、灌溉，进一步保障农业减灾、农民增收、农村人居环境改善。实施农网改造项目，过去的低电压、"卡脖子"现象逐步得到治理，农村变电站布点逐步增加，主电网网架不断加强，电力供应能力增强，供电设备健康水平和安全供电能力明显提升，户均容量、供电可靠性及电压质量逐年提高，大力开展全光网建设，4G网络已覆盖到全县所有乡镇村庄、全县主要公路沿线、城区等地，基本实现了移动4G网络信号覆盖，实现所有自然村光纤宽带全覆盖。

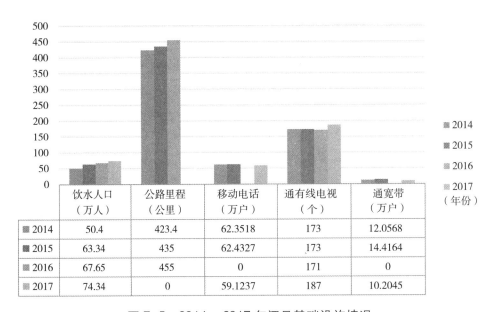

	饮水人口（万人）	公路里程（公里）	移动电话（万户）	通有线电视（个）	通宽带（万户）
2014	50.4	423.4	62.3518	173	12.0568
2015	63.34	435	62.4327	173	14.4164
2016	67.65	455	0	171	0
2017	74.34	0	59.1237	187	10.2045

图7-5　2014—2017年泗县基础设施情况

近年来，泗县农村基层基本公共服务8大领域18项指标均已达到或接近全省平均水平。强化村级公共服务中心建设，完善基层公共文化服务体系，基本公共文化体育服务显著增强，县、乡、村三级文化设施网络初步形成，镇、村建成综合文化服务中心160个、农民文化广场204个，公共文化惠民工程深入实施。基本劳动就业服务不断优化，乡村就业创业服务体系不断健全。基本公共教育更加公平，农村九年义务教育巩固率达到93%以上，通过新建、改扩建城区中小学、新建、改造提升农村中小学，义务教育阶段教育设施全面提升，高质量通过国家义务教育发展均衡县验收。新型农村合作医疗实现全覆盖，基本医疗卫生服务水平不断提升，实现所有乡镇有卫生院、行政村有卫生室；基本公共服务体系更加健全，社会养老体系基本建立；残疾人基本公共服务能力显著提高，合法权利得到有效维护。建立乡镇残疾人之家、村（社区）残疾人工作站，利用闲置校舍、村部、卫生室和农户空房等基础设施进行改造提升，打造成乡镇敬老院村级分院（村残疾人托养中心），在村部或五保、独居等困难老人聚居地等合适场所改造、租赁闲置房屋，综合设置养老托残服务站即村级幸福食堂、居家养老服务指导中心，农村助残养老服务水平进一步提升。

通过开展农村人居环境整治工作，农村环境面貌焕然一新，除纳入土地增减挂的自然村外，农村自然庄全部达到干净、整洁的基本要求进一步改善了农村人居环境，村容村貌得到显著提升。村民逐步树立了文明意识、环保意识和良好的生活卫生习惯，生活方式悄然发生了变化，村民的身心健康得到了保障。

二、脱贫攻坚产生的间接减贫效果

（一）农村特色产业有效发展，促进农村居民收入大幅提升

泗县立足农业大县的农业资源优势，坚持做强脱贫攻坚产业支撑，全县每个贫困村都发展了一项或一项以上特色产业，建立了一个特色产业扶贫基地，不断优化农业产业结构更加，不但发展壮大了山芋、金丝绞瓜、花卉苗木等传统产业，而且还培育壮大了农机装备、粮食加工、板材加工三大产业集群，有效地带动和促进了农村产业发展。

从表7-2可以看出，2008年至2013年，作为农业大县的泗县与安徽省、宿州市传统农业产业增速相比，基本上大体处于与省市持平状态，其中，2008年，泗县第一产业增速仅为3.42%，分别比安徽

省和宿州市少2.04、1.78个百分点。然而，从2013年开始，泗县第一产业发展速度明显加快，2013—2018年期间，泗县第一产业增速分别比安徽省和宿州市高出0.5和0.1个百分点、0.6和0.2个百分点、0.7和0.2个百分点、0.9和1个百分点、0和0.5个百分点、0.2和0.2个百分点。

表7-2　2008—2013年安徽省、宿州市、泗县第一产业增速情况

年份	第一产业增速（%）		
	安徽省	宿州市	泗县
2008	5.46	5.2	3.42
2009	15.6	6.2	12.79
2010	4.6	5.3	5.5
2011	4	5.1	5
2012	5.5	6.1	6
2013	3.4	3.8	3.9

表7-3　2014—2018年安徽省、宿州市、泗县第一产业增速情况

年份	第一产业增速（%）		
	安徽省	宿州市	泗县
2014	4.6	5	5.2
2015	4.2	4.7	4.9
2016	2.7	2.6	3.6
2017	4.1	3.6	4.1
2018	3.2	3.2	3.4

长期以来，作为传统农业大县，泗县农民收入难以有效增长，低于全国和安徽及宿州农民收入水平。2010年，泗县农村居民纯收入为4715元，比全国农民纯收入5919元少1204元，比安徽省农民纯收入5285元少570元，比宿州农民纯收入4766元少55元。2012年，

泗县被列为国家扶贫开发工作重点县。

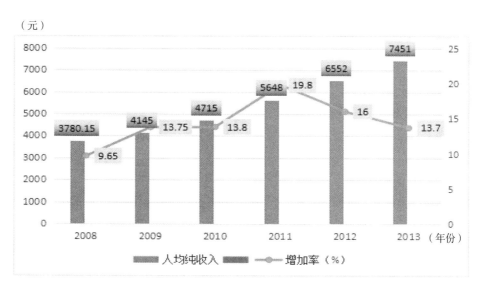

（元）

图 7-6 2008—2013 年泗县农村居民人均纯收入及变化情况

2014 年以来，泗县县委县政府高度重视产业扶贫，大力发展农村特色产业，2014 年泗县第一产业稳步增长有效地促进了农民增收，二三产业的联动发展也促使全县城乡居民收入逐年增加，其中农村居民收入和增幅接近城镇居民水平，增长幅度超过安徽省平均水平。2017 年，泗县农村居民人均可支配收入 10399 元，同比增长 9.5%，增幅高于安徽省 0.98 个百分点。2018 年，农村居民人均可支配收入 11455 元，同比增长 10.2%，比安徽省（农村居民人均可支配收入 13996 元，增长 9.7%）增幅高 0.5 个百分点。2019 年，泗县农村居民人均可支配收入 12675，同比增长 10.7%，比安徽省（农村居民人均可支配收入 15416 元，增长 10.1%）增幅高 0.6 个百分点。

表 7-4 2014—2018 年泗县城乡居民人均可支配收入及增幅

收入与增幅	2014 年	2015 年	2016 年	2017 年	2018 年	2019 年
全县居民人均可支配收入（元）	9748	1070	12308	13500	15728	17363

续表

收入与增幅	2014 年	2015 年	2016 年	2017 年	2018 年	2019 年
全县居民人均可支配收入增幅（%）	11.2	9.8	15	9.7	9.8	10.4
农村居民人均可支配收入（元）	7949	8752	9497	10399	11455	12675
农村居民人均可支配收入增幅（%）	11.8	10.1	8.5	9.5	10.2	10.7

（二）有效加强了基层组织建设，培育了一支"一懂两爱"的农村工作队伍

习近平总书记指出，农村要发展，农民要致富，关键靠支部。做好脱贫攻坚工作，基层是基础。泗县注重发挥基层党组织战斗堡垒作用，在全县范围内大力推进"争创'五面红旗'、实施'五牌联动'、助推脱贫攻坚、引领乡村振兴"工程，扶贫开发同基层组织建设深度融合，取得良好成效。实施"五面红旗""五牌联动"以来，全县共选派 400 多人到村任职，严把"优势组合"环节，把最合适的人匹配起来。结合"扛旗授牌"，泗县扶贫办、双包办等有关部门对各级扶贫干部定期进行培训，已组织培训百余场，实现扶贫领域干部培训全覆盖。一支听指挥、能吃苦、战斗力强的扶贫队伍正在扎根泗县农村，为全县打赢打好脱贫攻坚战提供了坚强的人力保障，培育了一支"撤不走"的"一懂两爱"的农村工作队伍，为脱贫攻坚与乡村振兴有效衔接奠定了坚实的组织基础和干部人才队伍保障。

（三）扶贫与扶志扶智相结合，增强了贫困人群内生发展动力

近年来，泗县通过干部帮扶、社会捐助、政策支持、典型示范，贫困群众脱贫致富的信心决心得到增强，坚持在政策倾斜、项目倾

斜、资金倾斜的基础上，把扶贫与扶志扶智，富口袋与富脑袋有机结合起来，从源头上破解"靠着墙根晒太阳，等着上级给政策"的"等靠要"思想，实现贫困户经济和精神的双提升。大力弘扬孝道文化，开展"十星级文明户""最美泗州人"等系列评选，推动移风易俗，勤劳致富光荣的良好氛围更加浓厚，贫困户脱贫动力和致富意愿更加明显。将"土里生，土里长，字字句句泥土香"的扶贫大戏曲搬到村口集镇。全县 183 个行政村（社区）实现"爱心超市"全覆盖，让贫困户用脱贫成效积分换取超市内物品；开设"红色传习所""双扶新讲堂"，让贫困户讲好自己的脱贫故事；在全县范围内选树脱贫典型人物，先后推出一批励志脱贫典型，用身边人树立好榜样，激发脱贫正能量，培育了贫困人群内生发展动力。

（四）脱贫攻坚促进了县域经济全面发展和城乡融合发展

近年来，泗县县委县政府始终坚持以习近平新时代中国特色社会主义思想为指引，深入贯彻党的十九大和十九届二中、三中、四中全会精神，以脱贫攻坚统揽经济社会发展全局，紧紧抓住工业化、城镇化"双轮驱动"，全面落实"六稳"要求，深入实施五大发展行动计划。制定了"532"城乡人口布局和"15826"城镇发展体系；形成了"1146"产业发展布局和"4+3"的产业发展路径；集中力量打赢打好精准脱贫、污染防治、防范风险"三大攻坚战"，着力做好壮大县域经济、城乡融合、改善民生"三篇大文章"。全县脱贫攻坚成效显著提升，产业发展显著加快，城乡面貌显著改善，人民福祉显著增进。有效阻断了贫困的代际传递，通过发展教育扶贫逐步扩大优质教育资源总量，改善了城乡办学条件，缩小了校际间办学差异，有效推进了全县义务教育均衡发展。

从图 7-7 可以看出，从 2008 年至 2012 年，泗县地区生产总值增速一直低于安徽省和宿州市的生产总值增速，其中，2008 年，泗县地区生产总值增速为 8.57%，远低于安徽省的 13.3% 和宿州市的

14.1%；2012 年，泗县地区生产总值增速为 9.6%，低于安徽省的 12.1% 和宿州市的 12.5%。

	生产总值	第一产业	第二产业	第三产业	生产总值	第一产业	第二产业	第三产业	生产总值	第一产业	第二产业	第三产业
	安徽省				宿州市				泗县			
2008	13.4%	5.46%	18.6%	10.3%	14.1%	5.2%	26.3%	12.4%	8.57%	3.42%	16.7%	5.68%
2009	22.9%	15.6%	31.2%	14.5%	12.1%	6.2%	19.1%	11.4%	19.31%	12.79%	28.4%	16.31%
2010	14.6%	4.6%	20.7%	10.1%	13.1%	5.3%	23.2%	10.5%	12.9%	5.5%	22.5%	11.9%
2011	13.5%	4%	18%	10.6%	13.7%	5.1%	22%	11.5%	11.6%	5%	19.8%	10%
2012	12.1%	5.5%	14.4%	11%	12.5%	6.1%	16.2%	13.1%	9.6%	6%	11.9%	11.1%
2013	10.4%	3.4%	11.5%	11.2%	10.5%	3.8%	13.8%	11%	10%	3.9%	15.3%	10%

■ 2008 ■ 2009 ■ 2010 ■ 2011 ■ 2012 ■ 2013

图 7-7　2008—2013 年安徽省、宿州市、泗县的地区生产总值和三产增加值增速情况

从图 7-7 和图 7-8 中可以看出，自 2013 年开始，泗县地区生产总值增速和三次产业增速都明显加快，与安徽省和宿州市的地区生产总值增速和三次产业增速差距不断缩小，到 2015 年，泗县地区生产总值增速达到 8.7%，与安徽省地区生产总值增速持平，2016 年和 2017 年，泗县地区生产总值增速分别比安徽省地区生产总值增速高出 0.3 和 0.4 个百分点，比宿州市仅少 0.1 个百分点。三次产业增速均超过安徽省和宿州市增速。

城乡统筹发展加速推进，城镇化速度和质量双提升，在加快城镇化建设方面形成了新思路、新路径。全面推进美丽乡村建设，大力推进中心村建设和自然村环境整治，一体化推进农村垃圾污水厕所专项整治"三大革命"，实现乡村建设规划全覆盖。2018 年，泗县人居环境整治等工作经验在全国全省推广交流。2017—2019 年连续三年荣登"全国中小城市投资潜力百强县市"榜单，先后被列为国家农村集体产权制度改革试点县、国家级农民工等人员返乡创业试点县、国

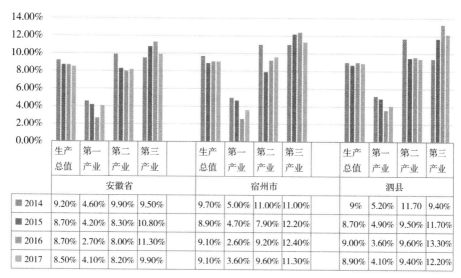

	生产总值	第一产业	第二产业	第三产业	生产总值	第一产业	第二产业	第三产业	生产总值	第一产业	第二产业	第三产业
	安徽省				宿州市				泗县			
2014	9.20%	4.60%	9.90%	9.50%	9.70%	5.00%	11.00%	11.00%	9%	5.20%	11.70	9.40%
2015	8.70%	4.20%	8.30%	10.80%	8.90%	4.70%	7.90%	12.20%	8.70%	4.90%	9.50%	11.70%
2016	8.70%	2.70%	8.00%	11.30%	9.10%	2.60%	9.20%	12.40%	9.00%	3.60%	9.60%	13.30%
2017	8.50%	4.10%	8.20%	9.90%	9.10%	3.60%	9.60%	11.30%	8.90%	4.10%	9.40%	12.20%

■ 2014 ■ 2015 ■ 2016 ▨ 2017

图 7-8 2014—2017 年安徽省、宿州市、泗县的地区
生产总值和三产增加值增速情况

家电子商务进农村综合示范县、全国光伏扶贫试点县、全国健康扶贫
工程示范县、全国健康扶贫先进县、全国农作物秸秆综合利用试点
县、全国畜禽粪污资源化利用试点县、全国基本实现主要农作物生产
全程机械化示范县、中国最具影响力文化旅游名县、全省农村人居环
境整治三年行动示范县、安徽省"优先发展公共交通示范城市"、全
省美丽乡村整县推进试点县等。

三、脱贫攻坚溢出效应：巩固脱贫攻坚成果，促进与乡村振兴有效衔接

为完善脱贫攻坚期内稳定脱贫政策措施，确保贫困人口有序稳定
退出，制定了《泗县后续帮扶和巩固提升方案》，实施脱贫质量巩固
提升行动、现代产业发展提升行动、公共服务保障提升行动、农村基
础设施完善提升行动、党的基层组织建设提升行动、社会治理提升行
动等"六大提升行动"，确保到 2020 年，与全国同步建成小康社会，

现行标准下农村人口全部稳定脱贫，实现稳定持续增收、"两不愁三保障"，自我发展能力全面提升；出列贫困村基础设施、基本公共服务、人居环境持续改善，村级集体经济发展的"造血"功能明显增强，村特色产业不断壮大，有效带动群众增收致富；县域经济、社会、文化、生态文明快速发展，实施乡村振兴战略取得良好开局。基层基本公共服务八大领域 19 项指标均已达到或接近全省平均水平。民生福祉和全民幸福感得到提升，通过精准落实脱贫攻坚各项政策，泗县在幼有所育、学有所教、劳有所得、病有所医、老有所养、住有所居、弱有所扶上不断取得新进展，让老百姓在共建共享发展中有更多获得感、幸福感和归属感。

表 7-5 2012—2017 年泗县实施脱贫攻坚以来农村发展取得的成效

分类	序号	主要指标	单位	2012 年	2017 年	年均增长率（%）
农业生产	1	高标准农田	万亩	7.7	16.7	23.4
	2	农业科技进步贡献率	%	55.5	62	［6.5］
	3	主要农作物耕种收综合机械化率	%	82	86.78	［4.78］
	4	各类新型农业经营主体	家	138	2380	324.9
农村发展	5	农村自来水普及率	%	53.6	75.4	［21.8］
	6	农村集中供水率	%	54.7	78	［23.3］
	7	建制村通硬化路比例	%	99.99	99.99	—
	8	森林覆盖率	%	20.59	25.04	［4.45］
农民生活	9	城乡居民收入比	—	—	2.11	—
	10	新农合人均补助标准	元	240	450	13.4
	11	农村低保覆盖人数	万人	—	4.29	—
	12	农村贫困发生率	%	12.6	2.64	［-9.7］
	13	农村居民恩格尔系数	%	39.9	33.55	［-5.8］

注：［ ］内的数字为累计增加。

2019 年以来，泗县贯彻习近平新时代中国特色社会主义思想和习近平总书记关于扶贫工作的重要论述以及在解决"两不愁三保障"突出问题座谈会上的重要讲话精神，围绕中央和省市决策部署，推动各项政策精准落地落实。根据乡村振兴战略目标，泗县着力打造产业兴旺、生态宜居、乡风文明、治理有效新农村，让农村成为安居乐业的美丽家园。推行乡村振兴"四个一"工作法，即"一个村一个合作社""一个村一个扶贫工厂""一个村一个扶贫产业""一个村一个双培双带示范基地"，让增收有抓手可持续；加强"双基"建设，以"三清四拆""三大革命"为抓手，进行农村环境整治，让生产条件、生态条件、生活条件实现"三生同步"发展；开展乡风文明创建，把村民公约上墙，开展"十星级文明户"评比，让文明示范村、示范户成为传播乡风文明和社会正能量的旗帜和标杆；夯实基层基础，通过村"两委"换届，严把选人用人关，将干净、担当、干事的干部充实到基层组织，提高带动群众致富的源动力。

第三节　泗县脱贫攻坚实践经验及政策启示

泗县作为中部地区一个传统的农业贫困县，能够在短期内成功地完成了脱贫攻坚任务，其主要实践经验在于：以"红色引擎"抓党建促脱贫、坚持"三个统揽"（以脱贫攻坚统揽经济社会发展全局、以贫困县退出统揽脱贫攻坚、以脱贫攻坚摘帽统揽乡村振兴）、健康扶贫、"法治+"扶贫、农村人居环境整治与生态宜居等。泗县诸多脱贫攻坚的实践经验也得到了各级政府的充分肯定和社会各界的广泛关注和推广借鉴（图 7-9）。

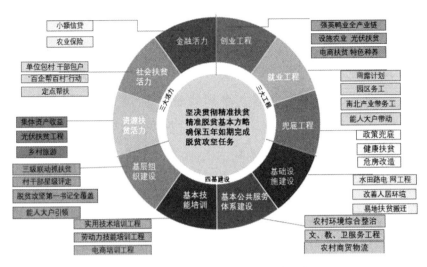

图 7-9　泗县脱贫攻坚主要实践创新

一、脱贫攻坚的实践经验

（一）打造脱贫攻坚"红色引擎"，抓党建促扶贫

在全县实施"争创'五面红旗'、实施'五牌联动'、助推脱贫攻坚、引领乡村振兴"工程，将"五面红旗村"争创与村干部星级评定、村干部绩效报酬、驻村工作队绩效和考核挂钩，在"红旗村"争创中压实驻村帮扶干部与村"两委"责任，明确驻村工作队长、副队长分别任村党总支第一书记、副书记，推进驻村力量与村"两委"双融共促。泗县抓党建促脱贫经验得到中组部充分肯定并推广，驻村帮扶管理工作做法被列为中组部案例教材。

（二）淬炼驻村帮扶"尖刀班"，加强基层组织建设

实行"村为主"工作机制，突出"选、用、管、服"，明确驻村工作队长任村党总支第一书记、副队长任党总支副书记，推进驻村力

量与村"两委"双融共促。一是"选得好"。严把选优选强、优势组合、因村派人、跟进补充"四个环节"，把最能攻坚的人选出来用起来。二是"用得好"。立足职责明确到位、培训指导到位、力量融合到位、需求直通到位"四个到位"，切实发挥好驻村帮扶力量。三是"管得好"。严格执行驻村制度、查岗制度、请销假制度、日志制度"四个制度"，进一步加强驻村工作队管理。四是"服务好"。县、乡、村从不同层面共同为驻村人员做好保障服务，解决其在工作和生活方面遇到的实际困难。

（三）建立问题排查"直通车"机制，保障政策落实

坚持"一竿子插到底"工作方法，制定"两不愁三保障"及饮水安全问题排查清单，按照"村摸排、镇汇总、县审核、部门落实"原则，村级清单直报县扶贫开发领导小组，每周扶贫例会集中通报，审定清单内容，明确落实举措，由县级统筹，按职责任务分解到水利、住建、教体、卫健、医保等各个职能部门，分类抓好整改落实，切实缩短问题排查与整改落实的距离，确保户下突出问题在第一时间解决。

（四）培育增收致富特色产业，促进贫困户有效增收，夯实产业发展基础

坚持把产业扶贫就业扶贫作为推动脱贫攻坚的根本出路，按照"强龙头、创品牌、带农户"思路，大力实施"25811"特色产业培育工程，依托南北两条产业扶贫示范带，构建强筋麦生产区、杂粮生产区、石龙湖田园综合体城市花园、城市东部果园、城市西部蔬菜园五大产业布局，建立水产养殖、山核桃、花卉苗木、猕猴桃种植、乡村旅游示范园、土地全程托管综合试验区、生态养殖、现代环保产业示范园八大产业基地，发展金丝绞瓜主导产业，全县65个贫困村特色种养业扶贫基地全覆盖。实施"1235"林业扶贫工程，大力发展

花卉苗木、林下经济、庭院经济，在实现贫困群众增收的同时，绿化美化村庄环境。

（五）采取多种形式，激发贫困群众内生动力

改变将社会捐赠款物直接发放给贫困群众的方式，出台《泗县爱心超市建设及运转实施办法》，在全县 183 个有扶贫开发任务的行政村全部建立"爱心超市"，将社会捐助的物资聚集到"爱心超市"，坚持所有物品都要"有偿"领取，即群众可通过参与家庭环境卫生评比、德孝评比、扶贫政策问答等评比活动和"积分劳务"，获得相应积分，凭积分兑换商品，既实现社会捐赠与贫困需求有效对接，又鼓励贫困群众自强自立，调动一般群众参与农村"三大革命"、家庭环境改善、精神文明创建的积极性，真正将"爱心超市"打造成汇聚社会帮扶力量的中转站和激发贫困户内生动力的加油站。

（六）筑牢养老托残民生底线，提高贫困群众生活质量

针对农村分散供养五保户、重病重残户较多的实际，积极探索"县为龙头、乡镇主体、村为补充"集中供养护理模式，整合民政、卫计、残联等部门资源，制定了《关于加强全县重度残疾人托养和农村集中养老服务的意见》，在全县构建以县社会福利中心为龙头，乡镇敬老院和乡镇卫生院为主体，村级敬老院分院和村级养老托残服务站为补充的养老、托残、医疗服务"三合一"协同发展服务体系。利用农村现有闲置校舍、村部、卫生室、老年房和农户空房等，打造成乡镇敬老院村级分院，建成县乡"三合一"中心 17 所、村级"五合一"中心 19 所，有效破解了乡镇兜底脱贫的困惑，"三合一""五合一"模式开辟了村级基本公共服务的新途径，提高了农村重病重残困难群众的生活质量，形成了符合实际、特色鲜明的"泗县模式"。

（七）探索多种渠道，实现人居环境"乡村蝶变"

以"三清四拆"为抓手，以"三大革命"为重点，以"六化"为目标，通过"六注重六引领"，实行城镇规划、土地利用总体规划、土地整治规划"三规合一"，坚持美丽乡村中心村先行，贫困村、国省干线沿线村跟进，保留性村庄全面铺开"三步走"整治路径，着力在政策承接、人居环境整治资源化利用、"四好农村路"建设、农村人居环境整治项目库建设、发挥群众主体作用、打造社会参与平台、建立长效机制等七个方面探索示范，打造一批普通型、特色型、精品型示范村，形成可复制、可推广的"泗县样板"，列入全省农村人居环境整治三年行动示范县，经验做法在全省推广。

（八）探索"法治+"扶贫模式，有效促进贫困治理

通过法治扶贫、孝道扶贫，全县群众法治意识明显增强，乡风民风明显好转，群众安全感和满意度不断提升，"法治+"扶贫模式在全省推广。深入开展扫黑除恶专项斗争。以软弱涣散村整顿为重点，通过大力加强基层组织建设，为铲除黑恶势力滋生土壤提供坚强组织保障。健全"5+1+1+X"联合办理机制，切实化解信访矛盾。公检法司等 6 家单位联合发文，并派驻工作组到 16 个乡镇，督导老年房整治，敦促限期将被赡养人接入安全住房共同生活。深入开展"十星级文明户""最美泗州人"等系列评选，开展"我把老人接回家"活动，推动移风易俗，倡导孝道扶贫，推进乡风文明建设。

二、政策启示：脱贫攻坚成果巩固拓展与乡村振兴有效衔接

泗县 2012 年被列为国家扶贫开发工作重点县。2014 年以来，泗县县委县政府凝心聚力实施了一系列脱贫攻坚创新实践工作，其中，

抓党建促脱贫、健康扶贫、"爱心超市"、光伏扶贫、驻村帮扶、"法治+"扶贫等工作经验在安徽省及全国推广交流。几年来，泗县脱贫攻坚工作取得了决定性进展，2019 年 4 月经安徽省政府批复，正式退出贫困县序列。作为安徽省欠发达地区的农业大县，泗县脱贫攻坚与县域经济社会发展统筹融合的实践创新经验对于欠发达地区的传统农业大县有效实施脱贫攻坚成果巩固拓展与乡村振兴有效衔接具有理论政策启示和现实借鉴价值。

（一）加强党对脱贫攻坚的全面领导，以脱贫攻坚统揽县域经济社会发展

习近平总书记指出，深度贫困地区党委和政府要坚持把脱贫攻坚作为"十三五"期间头等大事和第一民生工程来抓，坚持以脱贫攻坚统揽经济社会发展全局。县级党委是全县脱贫攻坚的总指挥部，县委书记要统揽脱贫攻坚，统筹做好进度安排、项目落地、资金使用、人力调配、推进实施等工作。泗县县委县政府深入学习习近平总书关于扶贫工作的重要论述和党的十九大精神，全面落实中央关于打赢脱贫攻坚战的决定和三年行动的指导意见，始终把脱贫攻坚作为最大政治任务、第一民生工程、最大发展机遇，以脱贫攻坚统揽经济社会发展全局，聚焦脱贫攻坚摘帽、高水平同步小康的目标任务。经过前期充分深入的实地调研，针对 2014 年全县建档立卡贫困户和贫困村的贫困特点及致贫原因，泗县县委通过建立红色引擎抓党建促扶贫，争创"五面红旗"，实施"五牌联动"，着力打造脱贫攻坚与乡村振兴有效衔接的领导组织体系。2015 年开始连续制定出台关于精准扶贫精准脱贫的实施意见、总体规划、专项规划及年度实施计划，启动实施"1334"脱贫攻坚行动，围绕泗县率先脱贫与全面实现小康目标，首先实施促进贫困人口的就业、创业和兜底"三大工程"，同时激发资源扶贫、金融扶贫和社会扶贫"三大活力"，通过加强基本就业技能培训建设、基本公共服务建设、基础设施建设以及基层党组织建设

"四基建设"，在全省乃至全国率先探索精准扶贫精准脱贫路径。2018年，泗县县委县政府聚焦脱贫攻坚摘帽总目标，制定了《泗县2018年脱贫摘帽工作方案》《泗县脱贫攻坚摘帽推进方案》《关于打赢脱贫攻坚战三年行动实施意见》以及一系列配套文件，成立脱贫攻坚摘帽总指挥部，开展以"1+6+3"为主要内容的春夏秋冬四季攻势，集中开展农村危房"清零"、人居环境整治、"双基"建设完善、政策落实推进、产业发展增效、基础管理提升"六大行动"，持续巩固提升脱贫成果，同时也有效地促进了全县经济社会发展。

《中国共产党农村工作条例》指出，要坚持和加强党对农村工作的全面领导，确保党在农村工作中总揽全局、协调各方，推动城乡融合发展，集中精力做好脱贫攻坚、防贫减贫工作，走共同富裕道路。2019年，泗县县委县政府深入学习贯彻习近平新时代中国特色社会主义思想、习近平总书记在解决"两不愁三保障"突出问题座谈会上的重要讲话精神，全面贯彻落实党中央和省、市脱贫攻坚决策部署，扎实开展"两不愁三保障"及饮水安全大排查，结合中央专项巡视、国家和省考核反馈问题整改，全面排查脱贫攻坚期内存在问题和不足，抓实抓好整改，相继掀起"春夏秋冬"四季攻势行动高潮，各项工作稳步推进。全县脱贫攻坚呈现出统揽格局更加优化、攻坚氛围更加浓厚、脱贫路径更加清晰、脱贫举措更加有力、体制机制更加完善的良好态势。

（二）强化上下联动扶贫扶志，激发多元主体共同参与脱贫攻坚，培育乡村振兴的内生动力

习近平总书记指出，扶贫开发工作已进入啃硬骨头、攻坚拔寨的冲刺期。各级党委和政府要要坚定信心。只要有信心，黄土变成金。充分调动广大干部群众的积极性，树立脱贫致富、加快发展的坚定信心，发扬自力更生、艰苦奋斗精神，坚持苦干实干，就一定能改变面貌。贫困地区发展要靠内生动力，仅靠外部帮扶，帮扶再多，也不能

从根本上解决问题。扶贫工作中"输血"重要，"造血"更重要，扶贫先扶志，培育内生动力一定要把扶贫与扶志有机地结合起来。近年来，泗县以脱贫攻坚为统揽，强化上下联动扶贫扶志，激发多元主体共同参与脱贫攻坚，培育乡村振兴的内生动力。

首先，牢固树立"围绕扶贫抓党建，抓好党建促扶贫，检验党建看脱贫"的理念，着力培育和强化各级组织和领导干部的扶贫工作志气和信心，激发其内生动力。坚持把脱贫攻坚工作同基层组织建设、领导干部队伍建设和党员先锋模范作用发挥有机结合，将脱贫攻坚作为最大政治任务，检验"四个意识"强不强的大考场、锤炼领导干部综合能力的大学校、展现担当作为的大舞台以及锤炼干部党性作风的大熔炉，创新实施"争创'五面红旗'、实施'五牌联动'、助推脱贫攻坚、引领乡村振兴"工程。通过培育和强化负责扶贫开发工作的各级组织和领导干部的扶贫志气和内生动力，提升干部队伍的能力和作风建设，有效地坚定各级党员干部从事脱贫攻坚工作和其他工作的信心、激情和决心，从而为脱贫攻坚与乡村振兴有效衔接锤炼了一支有理想有信念有担当有作为的干部队伍。

其次，采取多种形式深入实施扶贫扶志工程，激发贫困群众的内生动力。充分利用新时代文明实践中心（所、站）、"道德大讲堂"、"农民夜校"等宣传平台，开辟学习专题专栏，营造浓厚氛围，切实增强贫困群众脱贫致富的信心决心。大力弘扬孝道文化，积极推动"孝道扶贫"实践探索，开展"我把老人接回家"活动和"十星级文明户""最美泗州人""好媳妇""好婆婆"等系列评选，推动移风易俗，倡导孝道扶贫，加强乡风文明建设，激发贫困群众自力更生艰苦奋斗的脱贫意愿和内生动力。

积极调动社会各界力量参与扶贫，构建"大扶贫"格局，充分发挥"爱心超市"作为"汇聚社会力量的中转站、激发群众内生动力的加油站"作用。通过深入推进"百企帮百村""百企帮千户"活动，调动多家企业参与扶贫捐助捐赠，筹集社会善款建立村级"爱心超市"帮扶贫困户。依托村级"爱心超市"载体，激发贫困群众通过参与村级开展的各项劳动及活动获得积分，凭积分兑换所需物品。鼓励贫困群众通过参与家庭环境卫生评比、德孝评比、"积分劳务"等方式获取所需物品，提升贫困群众自我发展能力，促使"爱心超市"成为社会扶贫的中转站、贫困户的加油站、群众就业创业的引导站。

（三）挖掘和利用乡村价值，因地制宜地促进脱贫攻坚成果巩固与乡村振兴有效衔接

《乡村振兴战略规划》指出，乡村是具有自然、社会、经济特征的地域综合体，兼具生产、生活、生态、文化等多重功能，要挖掘利用乡村多种功能和价值。如前所述，泗县作为安徽一个传统农业大县，具有较好的农业农村发展的资源潜力，然而，限于地居偏远边界区位、相关政策难以有效惠及洼地等原因，贫困村多面广点散以及基础设施、基本医疗卫生以及劳动技能培训等公共服务落后，导致贫困人群面临发展型贫困和能力型贫困。2014 年以来，泗县县委县政府根据全县贫困状况和致贫原因，挖掘和利用乡村价值，因地制宜地将脱贫攻坚与县域经济社会发展统筹融合，促进脱贫攻坚与乡村振兴有效衔接。

第一，强化脱贫攻坚基本保障，提升农村居民生活质量。主要是聚焦"两不愁三保障"，扎实推进农村危房改造和易地扶贫搬迁，有效解决贫困户住有所居；精准实施教育扶贫，有效解决学有所教，阻断贫困代际传递；全面落实健康扶贫"三不再"，医疗保障"斩穷根"；织牢保障网、守住兜底线的低保扶贫，有效巩固脱贫和预防返贫。

第二，重塑农业多功能价值，有效推进产业扶贫与乡村产业振兴。挖掘利用农业的生态功能、文化功能和休闲功能等多功能价值，加大"三产深度融合"的产业扶贫力度；精准推进就业扶贫，全面

提升贫困劳动力就业质量和稳定收入；有效开展"农民工回归工程"，精准实施创业扶贫。

第三，融合城乡发展，补齐脱贫攻坚短板，推进乡村生态宜居和生态振兴。以脱贫攻坚统揽经济社会发展全局，加快推进县域基础设施建设，有效促进城乡要素融通；提升基层基本公共服务配置水平，有效改善村民生活质量；着力改善乡村基本村容村貌，有效优化农村人居环境。

第四，激活乡村文化价值，加强文化扶贫和促进乡村有效治理，培育脱贫攻坚的内生动力及乡村文化振兴。打造宣传载体，深入实施扶贫扶志工程，充分利用新时代文明实践中心、道德大讲堂、农民夜校等宣传平台，切实增强贫困群众脱贫致富的信心决心。打造法治载体，大力弘扬孝道文化和勤劳致富文化，发挥红白理事会、乡贤、"五老"积极作用，积极探索通过移风易俗、文明乡风的文化扶贫创新实践。打造爱心载体，积极调动和汇聚社会各界力量参与扶贫，激发贫困群众参与村级各项活动的积极性和主动性。

第五，加强农村组织建设和人才培育，推动脱贫攻坚与乡村振兴的组织人才保障。加强脱贫攻坚领导责任，建立县乡村三级联动机制，强化领导力量；加强县扶贫办、乡镇扶贫工作站、村扶贫专干三级专职扶贫队伍，强化专职力量；加强脱贫攻坚驻村帮扶工作队能力建设，培育"懂农业、爱农村、爱农民的"农村工作队伍，强化村级组织人才力量。

第四节　促进脱贫攻坚成果巩固拓展与乡村振兴有效衔接的基本路径

《乡村振兴战略规划》明确指出，坚决打好精准脱贫攻坚战。把打好精准脱贫攻坚战作为实施乡村振兴战略的优先任务，推动脱贫攻坚与乡村振兴有机结合相互促进。坚决打赢脱贫攻坚战与全面推进乡村振兴成为当前"三农"工作的重点。因此，脱贫攻坚是乡村振兴的基础和前提，乡村振兴是脱贫攻坚的巩固和深化，两者既相互独立又紧密联系，做好两者的统筹衔接，是确保如期实现脱贫攻坚目标、顺利实施乡村振兴战略的关键。

2020 年中央一号文件指出，今年"三农"工作总的要求是集中力量完成打赢脱贫攻坚战和补上全面小康"三农"领域突出短板两大重点任务。要将解决相对发展型贫困问题纳入实施乡村振兴战略统筹安排。然而，2020 年新冠肺炎疫情的暴发给脱贫攻坚带来了巨大挑战，因此，3 月 6 日，习近平总书记在决战决胜脱贫攻坚座谈会上的重要讲话中指出，脱贫攻坚战不是轻轻松松一冲锋就能打赢的，必须高度重视面临的困难挑战。剩余脱贫攻坚任务艰巨，新冠肺炎疫情带来新的挑战，巩固脱贫成果难度很大，部分贫困群众发展的内生动力不足，脱贫攻坚工作需要加强。2020 年是脱贫攻坚战最后一年，收官之年又遭遇疫情影响，各项工作任务更重、要求更高。各地区各部门要坚定不移把党中央决策部署落实好，确保如期完成脱贫攻坚目标任务。2020 年第 11 期《求是》杂志刊发的习近平总书记重要文章《关于全面建成小康社会补短板问题》中指出，全面建成小康社会牵涉到方方面面，但补短板是硬任务。要集中优势兵力打歼灭战。一是要全面完成脱贫攻坚任务。二是要解决好重点地区环境污染突出问题。三是要加快民生领域工作推进。四是要健全社保兜底机制。党的十九届五中全会进一步指出，要深化农村改革，实现脱贫攻坚成果巩固拓展与乡村振兴有效衔接。

2019 年 4 月泗县成功脱贫出列后，泗县县委县政府贯彻落实党的十九届四中全会关于推进国家治理体系和治理能力现代化等重要精神、习近平新时代中国特色社会主义思想以及习近平总书记关于扶贫工作的重要论述等，立足新时代脱贫攻坚和乡村振兴战略目标，开始着手谋篇布局，探索促进农业大县的脱贫攻坚成果巩固与乡村振兴有效衔接的基本路径。从泗县农村贫困有效治理实践的分析中可以看出，该县立足农业大县的资源潜力和后发优势，充分尊重乡村发展规律，挖掘利用乡村多种功能和价值，既实现了脱贫攻坚目标，也有效地补齐了农业农村发展短板，奠定了实施乡村振兴战略的坚实基础，从而对于欠发达地区农业大县实施脱贫攻坚工作、巩固脱贫攻坚成果以及与乡村振兴有效衔接具有理论政策启示和现实借鉴价值。

一、基于新时代发展理念，探索脱贫攻坚成果巩固与乡村振兴有效衔接的共融共享共建机制

《中共中央　国务院关于打赢脱贫攻坚战的决定》（以下简称《脱贫攻坚决定》）指出，要牢固树立并切实贯彻创新、协调、绿色、开放、共享的发展理念，把精准扶贫、精准脱贫作为基本方略。李小云等人认为，脱贫摘帽后需要加大推进城乡一体化和扶贫开发与社会公共服务一体化改革以及发育新的综合性贫困治理机制和贫困治理结构。[①]因此，要探索新时代脱贫攻坚与乡村振兴共融机制，坚持扶贫开发与经济社会发展相互促进，切实提高扶贫成果可持续性，让贫困人口在共建共享发展中有更多的获得感，增强发展动力。要坚持精准帮扶与集中连片特殊困难地区开发紧密结合，坚持扶贫开发与生态保护并重，探索生态脱贫新路子，让贫困人口从生态建设与修复中得到更多实惠。《乡村振兴战略规划》指出，实施乡村振兴战略要把维护农民群众根本利益、促进农民共同富裕作为出发点和落脚点，促进农民持续增收，不断提升农民的获得感、幸福感、安全感。2020年第11期《求是》杂志刊发的习近平总书记重要文章《关于全面建

---

① 李小云、许汉泽：《2020 年后扶贫工作的若干思考》，《国家行政学院学报》2018 年第 1 期。

成小康社会补短板问题》中指出，衡量全面小康社会建成与否，既要看量化指标，也要充分考虑人民群众的实际生活状态和现实获得感。要全面完成脱贫攻坚任务，要把扶贫工作重心向深度贫困地区聚焦，在普遍实现"两不愁"的基础上，重点攻克"三保障"面临的最后堡垒。要坚决克服"数字"脱贫、"指标"脱贫等问题，有效防止脱贫户返贫和边缘户掉队。

因此，探索脱贫攻坚成果巩固与乡村振兴有效衔接工作中，必须要明确其首要和最终目标应该是以村民发展为核心，通过构建贫困人群的精准脱贫、村民的安居乐业与乡村振兴的共享机制，更好地满足其新时代的美好生活需要。构建以城乡互动和要素融合为导向的稳定脱贫与县域发展和基层治理有机结合的长效机制。[1]要充分发掘乡村特色文化资源优势和价值，推动传统农耕与乡村旅游等一二三产业多种形式的有机融合，[2] 促进产业兴旺，有效提高村民收入和村集体经济收入，实现精准脱贫和安居乐业协同发展，让贫困人口和普通村民共享乡村发展成果。只有这样才能真正地激发广大村民参与脱贫攻坚与农村发展的积极性、主动性和创造性，实现脱贫攻坚成果巩固与乡村振兴有效衔接的共融共享共建。

二、重塑乡村多种价值，巩固脱贫攻坚成果与乡村产业振兴有效衔接

近年来，习近平总书记多次指出，贫困地区尽管自然条件差、基础设施落后、发展水平较低，但也有各自的有利条件和优势。推进扶贫开发、推动经济社会发展，首先要有一个好思路、好路子。要坚持

---

[1] 李海金、陈文华：《稳定脱贫长效机制的构建策略与路径》，《中州学刊》2019年第12期。
[2] 秦红增：《乡土变迁与重塑——文化农民与民族地区和谐乡村建设研究》，商务印书馆2012年版，第301页。

从实际出发，因地制宜，理清思路、完善规划、找准突破口。要把扶贫开发、现代农业发展、美丽乡村建设有机结合起来，实现农民富、农业强、农村美。党的十九届四中全会《决定》指出，坚决打赢脱贫攻坚战，巩固脱贫攻坚成果，建立解决相对发展型贫困的长效机制。实施乡村振兴战略，完善农业农村优先发展和保障国家粮食安全的制度政策，健全城乡融合发展体制机制。因此，《脱贫攻坚决定》指出要坚持保护生态，实现绿色发展。要牢固树立绿水青山就是金山银山的理念，把生态保护放在优先位置，探索生态脱贫新路子，让贫困人口从生态建设与修复中得到更多实惠。

通过近年来实施精准扶贫和脱贫攻坚工作，原来属于贫困地区的农村基础设施明显改善，尤其是一些地处山区或大江、大河源头以及森林、草场等生态保护区的民族村寨，更是拥有得天独厚的区域优势和丰富多样的乡村文化价值，例如，青山绿水蓝天、安全美味的土特产品、淳朴的民族风土人情、悠久的传统乡村文化等。随着越来越多的城里人由于越发严重的"城市病"而更加牵挂心中那份浓浓的乡愁，乡村潜在的多元文化价值正在被人们发现。随着乡村旅游的迅速强劲发展，村民们也逐渐发现乡村的青山绿水就是金山银山。左停等人提出脱贫攻坚与乡村振兴的衔接，既要着眼于脱贫攻坚政策措施的延续巩固脱贫成果，又要立足脱贫攻坚的坚实基础，积极促进乡村经济的"质性"转化和发展以实现乡村振兴。[①]近年来，一些欠发达地区在实施脱贫攻坚战略的过程中，结合自身优势发展特色农业产业，有效促进了农村一二三产业融合发展，成为带动贫困地区脱贫致富的重要手段，要加大政策扶持力度，促进"扎根乡土"的特色农业。[②]

《乡村振兴战略规划》指出，要准确把握乡村振兴的科学内涵，

---

① 左停、刘文婧、李博：《梯度推进与优化升级：脱贫攻坚与乡村振兴有效衔接研究》，《华中农业大学学报（社会科学版）》2019 年第 5 期。

② 付伟：《乡土社会与产业扎根——脱贫攻坚背景下特色农业发展的社会学研究》，《北京工业大学学报（社会科学版）》2019 年第 5 期。

挖掘乡村多种功能和价值，统筹谋划农村经济建设、政治建设、文化建设、社会建设、生态文明建设和党的建设，注重协同性、关联性，整体部署，协调推进，实现乡村全面振兴。2020 年 4 月 21—23 日，习近平总书记在陕西考察时指出，发展扶贫产业，重在群众受益，难在持续稳定。要延伸产业链条，提高抗风险能力，建立更加稳定的利益联结机制，确保贫困群众持续稳定增收。脱贫摘帽不是终点，而是新生活、新奋斗的起点。接下来要做好乡村振兴这篇大文章，推动乡村产业、人才、文化、生态、组织等全面振兴。因此，贫困地区的脱贫攻坚和乡村振兴有机衔接要立足独具特色的乡村多样化资源，要遵从持续性和内源性的发展理念，更多地发挥乡土资源和知识体系对于减贫的作用，[①]重新发现和合理重塑乡村多种功能和价值，精准开展特色产业扶贫，促进产业兴旺，将"青山绿水蓝天"变成"金山银山"，重建安居乐业的幸福乡村共同体。

三、激发乡村后发优势，强化扶贫扶志成果与乡村内生发展动力培育有效衔接

2020 年 3 月 6 日，习近平总书记在决战决胜脱贫攻坚座谈会上的重要讲话中指出，今年是脱贫攻坚战最后一年，收官之年又遭遇新冠肺炎疫情带来新的挑战。受疫情影响，巩固脱贫成果难度很大，部分贫困群众发展的内生动力不足，脱贫攻坚各项工作任务更重、要求更高。要接续推进全面脱贫与乡村振兴有效衔接，推动减贫战略和工作体系平稳转型，统筹纳入乡村振兴战略，建立长短结合、标本兼治的体制机制。总的要有利于激发欠发达地区和农村低收入人口发展的内生动力，有利于实施精准帮扶，促进逐步实现共同富裕。《脱贫攻坚指导意见》指出，要开展扶贫扶志行动，正确处理外部帮扶和贫困群众

---

① 左停：《乡土资源、知识体系与精准脱贫的内源扶贫机制》，《改革》2017 年第 10 期。

自身努力的关系，强化脱贫光荣导向，更加注重培养贫困群众依靠自力更生实现脱贫致富的意识，更加注重提高贫困地区和贫困人口自我发展能力。

　　研究发现，对于那些仍然以传统农业生产为主、集体经济薄弱的后发型农村社区而言，虽然发展起步较迟、发展水平较低，但是村民发家致富的愿望及主动参与是社区发展的动力源，社区精英的发展创新与示范驱动是促进社区发展的发动机和启动器，守望相助的村落共同体文化是社区发展的精神动力（内聚力），村落依然具有后发优势。①通过总结泗县脱贫攻坚创新实践经验可以看出，通过强化上下联动扶贫扶志，激发政府、社会与农村居民等多元主体的内生动力，不但有效地改善了农村的基础设施和生产生活条件，有效地解决了贫困群众的"两不愁三保障"问题，而且还充分挖掘整合和利用乡村价值资源以及激发村民主体性的发挥等，从而有效地促进了农村经济社会的可持续发展。

　　因此，基于新形势下脱贫攻坚和乡村振兴面临的新机遇新挑战，首先需要立足于脱贫地区农村多元性文化价值，充分发挥其后发优势，需要将内源发展与外部干预有机互动相互整合起来，强化上下联动扶贫扶志，激发党委、政府、社会以及基层组织等多元主体的政治自信和文化自觉，统领和协同推进脱贫攻坚与乡村振兴有效衔接。其次需要激发、培养和整合乡村精英和新乡贤的力量，充分发挥其示范和带动作用，通过对乡村传统文化创造性转化和创新性发展，②通过村落共同体的多种价值和功能再造重塑互助合作的机制。最后需要坚持以村民为主体，充分调动其积极性和创造性，发扬自力更生、艰苦奋斗、勤劳致富精神，通过多种形式传承包括勤劳节俭、诚实守信等

---

① 鲁可荣、朱启臻：《新农村建设背景下后发型农村社区发展动力研究》，《农业经济问题》2008年第8期。
② 方坤、秦红增：《乡村振兴进程中的文化自信：内在理路与行动策略》，《广西民族大学学报（哲学社会科学版）》2019年第2期。

乡风民俗、乡规民约等乡村优秀传统文化，注重扶贫扶志，激发脱贫村村民对美好生活的新需求和更高的发展愿望，培养村民们对于独特乡村文化价值的文化自信、文化自觉以及自我发展能力，从而重塑守望相助的乡村共同体，激发乡村内生发展动力，有效促进脱贫攻坚成果巩固与乡村振兴有效衔接。

参 考 文 献

一、专著

1. 李兴江：《中国农村扶贫开发的伟大实践与创新》，中国社会科学出版社 2005 年版。

2. 张巍：《中国农村反贫困制度变迁》，中国政法大学出版社 2008 年版。

3. 中共中央文献研究室：《十四大以来重要文献选编（下）》，人民出版社 1999 年版。

4. 张惠君：《外资扶贫对云南省民族地区的影响与可持续研究》，中国社会科学出版社 2017 年版。

5. 刘坚：《新阶段扶贫开发的成就与挑战：中国农村扶贫开发纲要（2001—2010 年）》，中国财经出版社 2006 年版。

6. 乐施会：《扶贫毅行：乐施会在中国内地二十年》，知识产权出版社 2011 年版。

7. 李培林：《村落的终结：羊城村的故事》，商务印书馆 2004 年版。

8. ［日］祖田修：《农学原论》，张玉林译，中国人民大学出版社 2003 年版。

9. ［法］孟德拉斯：《农民的终结》，李培林译，中国社会科学出版社 1991 年版。

10. ［美］埃弗里特·M. 罗吉斯、拉伯尔·J. 伯德格：《乡村社会变迁》，浙江人民出版社 1988 年版。

11. ［德］费迪南·滕尼斯：《共同体与社会——纯粹社会学的基本概念》，

商务印书馆 1999 年版。

12．朱启臻、赵晨鸣：《留住美丽乡村——乡村存在的价值》，北京大学出版社 2014 年版。

二、期刊论文

1．朱小玲、陈俊：《建国以来我国农村扶贫开发的历史回顾与现实启示》，《生产力研究》2012 年第 5 期。

2．陈标平、胡传明：《建国 60 年中国农村反贫困模式演进与基本经验》，《求实》2009 年第 7 期。

3．王玉福、闫艳：《改革开放 40 年扶贫开发：历程·成就·经验》，《理论导刊》2018 年第 11 期。

4．韩广富、何玲：《中国政府同国际社会在扶贫开发领域交流与合作问题探析》，《当代中国史研究》2015 年第 3 期。

5．刘源：《精准扶贫视野下的国际非政府组织与中国减贫：以乐施会为例》，《中国农业大学学报（社会科学版）》2016 年第 5 期。

6．徐佳君：《世界银行援助与中国减贫制度的变迁》，《经济社会体制改革》2016 年第 1 期。

7．曲海燕、张斌、吴国宝：《社区动力的激发对精准扶贫的启示——基于社区主导发展理论的概述、演变与争议》，《理论月刊》2018 年第 9 期。

8．鲁可荣、胡凤娇：《传统村落的综合多元性价值解析及其活态传承》，《福建论坛（人文社会科学版）》2016 年第 12 期。

9．鲁可荣、金菁：《基于文化自觉的传统村落文化传承路径分析——以月山村为例》，《福建农林大学学报（哲学社会科学版）》2016 年第 3 期。

10．李军明、向轼：《论乡村振兴中的文化重构》，《广西民族研究》2018 年第 5 期。

11．吴庆华、王美喆：《文化再造：乡村振兴战略的关键抉择》，《成都行政学院学报》2018 年第 5 期。

12．李小云、许汉泽：《2020 年后扶贫工作的若干思考》，《国家行政学院学报》2018 年第 1 期。

13．朱启臻：《"柔性扶贫"理念的精准扶贫》，《中国农业大学学报（社会科学版）》2017 年第 1 期。

14．左停：《乡土资源、知识体系与精准脱贫的内源扶贫机制》，《改革》2017 年第 10 期。

15．辛秋水：《来自莲云乡文化扶贫的报告》，《江淮论坛》1996 年第 6 期。

16．饶世权、鞠廷英：《从文化扶贫到文化精准扶贫：近三十年来我国文化扶贫研究述评》，《西华大学学报（哲学社会科学版）》2017 年第 2 期。

17．方清云：《贫困文化理论对文化扶贫的启示及对策建议》，《广西民族研究》2012 年第 4 期。

18．刘铁芳：《乡村的终结与乡村教育的文化缺失》，《书屋》2006 年第 10 期。

19．田毅鹏、韩丹：《城市化与"村落终结"》，《吉林大学社会科学学报》2011 年第 2 期。

20．朱启臻、芦晓春：《村落存在的价值》，《南京农业大学学报（社会科学版）》2011 年第 1 期。

21．梁流涛、曲福田、冯淑怡：《农村生态资源的生态服务价值评估及时空特征分析》，《中国人口·资源与环境》2011 年第 7 期。

22．张孝德：《中国的城市化不能以终结乡村文明为代价》，《行政管理改革》2012 年第 9 期。

23．范少言、陈宗兴：《试论乡村聚落空间结构的研究内容》，《经济地理》1995 年第 2 期。

24．赖功欧、郭东：《钱穆对中国农业文明起源及其发展的基本认识》，《农业考古》2008 年第 3 期。

25．鲁可荣：《脱贫村的文化重塑与乡村振兴》，《广西民族大学学报（哲学社会科学版）》2019 年第 1 期。

26．鲁可荣、Dokora Tteva：《民族地区精准扶贫与乡村价值再造——基于云南省禄劝县扶贫项目的实践反思》，《浙江师范大学学报（社会科学版）》2017 年第 3 期。

27．叶敬忠、陆继霞：《论农村发展中的公众参与》，《中国农村观察》2002 年第 3 期。

28．王春光：《社会治理视角下的农村开发扶贫问题研究》，《中共福建省委党校学报》2015 年第 3 期。

29．林万龙、钟玲、陆汉文：《合作型反贫困理论与与仪陇的实践》，《农业经济问题》2008 年第 11 期。

30．鲁可荣、朱启臻：《农村社区精英的发展创新及动力分析——以北京、安徽三个农村社区发展为例》，《青年研究》2008 年第 2 期。

三、报纸

1．杨新柱：《为了希望的田野鲜花盛开——记香港乐施会援助"澜沧江—湄公河流域农村扶贫和生态环境恢复示范项目"建设》，《云南日报》2003 年 1 月 21 日。

2．李小云：《脱贫摘帽重在不返贫》，《人民日报》2018 年 8 月 26 日第 5 版。

四、地方志

1．泗县地方志办公室编：《泗县志（1986—2008）》，时代传媒股份有限公司、安徽人民出版社 2017 年版。

2．泗县地方志编纂委员会：《泗县志》，浙江人民出版社 1990 年版。

五、学位论文

1．何玲：《中国政府与国际社会在扶贫开发领域合作问题研究》，吉林大学博士学位论文，2015 年。

2．胡敏：《境外公益性民间组织在华发展状况调研报告》，清华大学硕士学位论文，2004 年。

后　记

　　脱贫攻坚是实现我们党第一个百年奋斗目标的标志性指标，是全面建成小康社会必须完成的硬任务。党的十八大以来，以习近平同志为核心的党中央把脱贫攻坚纳入"五位一体"总体布局和"四个全面"战略布局，摆到治国理政的突出位置，采取一系列具有原创性、独特性的重大举措，组织实施了人类历史上规模空前、力度最大、惠及人口最多的脱贫攻坚战。经过 8 年持续奋斗，现行标准下 9899 万农村贫困人口全部脱贫，832 个贫困县全部摘帽，12.8 万个贫困村全部出列，区域性整体贫困得到解决，完成了消除绝对贫困的艰巨任务，脱贫攻坚目标任务如期完成，困扰中华民族几千年的绝对贫困问题得到历史性解决，取得了令全世界刮目相看的重大胜利。

　　根据国务院扶贫办的安排，全国扶贫宣传教育中心从中西部 22 个省（区、市）和新疆生产建设兵团中选择河北省魏县、山西省岢岚县、内蒙古自治区科尔沁左翼后旗、吉林省镇赉县、黑龙江省望奎县、安徽省泗县、江西省石城县、河南省光山县、湖北省丹江口市、湖南省宜章县、广西壮族自治区百色市田阳区、海南省保亭县、重庆市石柱县、四川省仪陇县、四川省丹巴县、贵州省赤水市、贵州省黔西县、云南省西盟佤族自治县、云南省双江拉祜族佤族布朗族傣族自治县、西藏自治区朗县、陕西省镇安县、甘肃省成县、甘肃省平凉市崆峒区、青海省西宁市湟中区、青海省互助土族自治县、宁夏回族自治区隆德县、新疆维吾尔自治区尼勒克县、新疆维吾尔自治区泽普县、新疆生产建设兵团图木舒克市等29个县（市、区、旗），组织中国农业大学、华中科技大学、华中师范大学等高校开展贫困县脱贫摘帽研究，旨在深入总结习近平总书记关于扶贫工作的重要论述在贫困县的实践创新，全面评估脱贫攻坚对县域发展与县域治理产生的综合效应，为巩固拓展脱贫攻坚成果同乡村振兴有效衔接提供决策参考，具有重大的理论和实践意义。

脱贫摘帽不是终点，而是新生活、新奋斗的起点。脱贫攻坚目标任务完成后，"三农"工作重心实现向全面推进乡村振兴的历史性转移。我们要高举习近平新时代中国特色社会主义思想伟大旗帜，紧密团结在以习近平同志为核心的党中央周围，开拓创新，奋发进取，真抓实干，巩固拓展脱贫攻坚成果，全面推进乡村振兴，以优异成绩迎接党的二十大胜利召开。

由于时间仓促，加之编写水平有限，本书难免有不少疏漏之处，敬请广大读者批评指正！

本书编写组

责任编辑：高晓璐
封面设计：姚　菲
版式设计：王欢欢
责任校对：史伟伟

图书在版编目（CIP）数据

泗县:脱贫攻坚与乡村振兴有效衔接/全国扶贫宣传教育中心 组织编写. —北京：
　人民出版社,2022.9
（新时代中国县域脱贫攻坚案例研究丛书）
ISBN 978－7－01－024176－0

Ⅰ.①泗…　Ⅱ.①全…　Ⅲ.①扶贫-研究-泗县 ②农村-社会主义建设-研究-
　泗县　Ⅳ.①F127.544②F327.544

中国版本图书馆 CIP 数据核字（2021）第 253866 号

泗县:脱贫攻坚与乡村振兴有效衔接
SIXIAN TUOPINGONGJIAN YU XIANGCUN ZHENXING YOUXIAO XIANJIE

全国扶贫宣传教育中心　组织编写

人民出版社 出版发行
（100706　北京市东城区隆福寺街 99 号）

北京盛通印刷股份有限公司印刷　新华书店经销

2022 年 9 月第 1 版　2022 年 9 月北京第 1 次印刷
开本:787 毫米×1092 毫米 1/16　印张:17.75
字数:269 千字

ISBN 978－7－01－024176－0　定价:52.00 元

邮购地址 100706　北京市东城区隆福寺街 99 号
人民东方图书销售中心　电话 （010）65250042　65289539